山西昔榆高速公路建设精细化管理实践

山西昔榆高速公路有限公司 编著

人民交通出版社
北京

内 容 提 要

本书基于山西昔榆高速公路建设项目实践，提炼形成了可复制、可推广的山区高速公路精细化管理模式，从党建引领、管理升级、技术创新、文化传承、运维展望等方面着手，梳理和总结在项目管理、质量管理、安全管理、环境保护、智慧建设等方面的管理经验，对昔榆高速公路项目建设管理工作体系和项目成果进行全方位、立体化、清单式的梳理展示。

本书可供公路工程建设单位和相关人员参考。

图书在版编目(CIP)数据

山西昔榆高速公路建设精细化管理实践 / 山西昔榆高速公路有限公司编著 . — 北京 : 人民交通出版社股份有限公司 , 2025. 5. — ISBN 978-7-114-19729-1

Ⅰ. U412.36

中国国家版本馆 CIP 数据核字第 2024LE6110 号

Shanxi Xi-Yu Gaosu Gonglu Jianshe Jingxihua Guanli Shijian

书　　名： 山西昔榆高速公路建设精细化管理实践
著 作 者： 山西昔榆高速公路有限公司
责任编辑： 张维青　朱明周
责任校对： 赵媛媛　刘　璇
责任印制： 张　凯
出版发行： 人民交通出版社
地　　址：（100011）北京市朝阳区安定门外外馆斜街3号
网　　址： http://www.ccpcl.com.cn
销售电话：（010）85285857
总 经 销： 人民交通出版社发行部
经　　销： 各地新华书店
印　　刷： 北京印匠彩色印刷有限公司
开　　本： 787×1092　1/16
印　　张： 20
字　　数： 417千
版　　次： 2025年5月　第1版
印　　次： 2025年5月　第1版　第1次印刷
书　　号： ISBN 978-7-114-19729-1
定　　价： 158.00元

编写委员会

顾　问： 郭聪林　王战兵　崔君毅　张浩宇　丁林虎　范志红　赵国锋

主　编： 温郁斌　贾坚华　魏　杰　李永琴　牛玺荣

副主编： 张　军　蒲智明　李贵龙　田利民　白永胜　卫晋芳　高国刚　梁新春　杨志芳　王　强　宋庆瑞　李逢晟　宗敬云　张志峰

编　委： 王　蒙　安江龙　李　娟　张亚军　李素勤　田俊军　姚永春　郭　鑫　许桂青　张永刚　成治纲　尹晋相　贺明俊　成丽萍　张宏伟　刘换青　苗秋福　郭　宏　武晓燕　安晋生　耿晓勇　王　鹏　王　俊　师天香　吕锦峰　张正峰　王东东　郭　杰　刘　强　李璐璐　高山森

前言

PREFACE

在经济飞速发展、区域联系日益紧密的时代浪潮中，高速公路作为交通基础设施的关键纽带，宛如一条条纵横交错的脉络，为地区间的资源流通、经济合作以及社会协同发展输送着源源不断的活力，已然成为衡量区域现代化程度的重要标尺。山西，这片承载着厚重历史与蓬勃发展潜力的土地，亦深知高速公路建设对于推动全省经济腾飞、提升民生福祉的重大意义，山西昔（阳）榆（次）高速公路项目便是在此背景下承载着殷切期望而启动建设。

昔榆高速公路，不仅仅是一条连接昔阳与榆次的道路，更是晋中大地上的希望之路、发展之路，对完善山西省高速公路网络、加强区域互联互通起着不可或缺的支撑作用。然而，这条意义非凡的高速公路在建设过程中遭遇了诸多复杂且棘手的难题，宛如重重山峦横亘在建设者们面前。沿线地质条件复杂多样，既有需要谨慎应对的软土地基，又有对施工工艺要求极高的岩石路段，给工程质量把控带来了巨大挑战；紧张的建设工期如同高悬的达摩克利斯之剑，时刻提醒着要在有限时间内完成庞大的建设任务，进度管理成为决定项目成败的关键环节；同时，巨额的投资规模意味着每一笔资金的使用都需精打细算，投资控制压力不容小觑。面对如此纷繁复杂的局面，传统的管理方式显然难以满足项目的高标准要求。我们深知，唯有引入精细化管理理念，才能在这重重挑战中披荆斩棘，打造出经得起时间考验的品质工程。

精细化管理理念，犹如一盏明灯，照亮了昔榆高速公路建设前行的道路。它是一种对细节的极致雕琢，一种将精准贯穿始终的管理哲学，更是一种追求卓越、力求完美的精神体现。在昔榆高速公路的建设历程中，它渗透到了每一个环节、每一个角落。从项目最初的规划策划阶段开始，就摒弃了粗放式的思维模式，而是运用精细化管理的方法，深入调研、精准分析，依据翔实的数据和全面的考量，制定出科学合理的建设目标、融资策略以及施工组织方案；进入施工建设阶段，更是将精细化管理发挥得淋漓尽致，无论是对人员的精准分工与高效协作管理，还是对材料设备从采购源头到使用过程的严格把控，抑或是对每一道施工工序质量的严苛监督，都体现着精细化管理对品质的执着追求。在进度管理方面，借助精细化的进度计划制定与实时监控机制，精确到每一个时间节点、每一道施工工序，确保项目按部就班推进，不延误分毫；投资管理上，通过细致入微的成本核算、严格的预算控制以及风险预警机制，让每一分钱都花在刀刃上，实现资源的最优配置。

《山西昔榆高速公路建设精细化管理实践》共分为四篇、十章，以建设高品质工程为核心，围绕“精细化管理”主线，系统阐述了项目全生命周期管理体系的构建与实践。第一篇立足项目全局，从精细化管理理论切入，结合昔榆高速概况，提出涵盖建设目标、融资模式、施工组织、进度管控及创新管理的系统性策划方案，并革新管理理念，通过多维项目管理模式改革、品质工程创建及保障措施，为项目高质量推进筑牢坚实基础。第二篇聚焦实践应用，创新构建“多维项目管理体系”，以“1442”工作清单为统领，细化安全管理、质量管理、进度控制等十大工程模块的标准化流程，结合典型案例形成可复制的精细化管理范式。第三篇突出党建引领，通过“党旗引领＋匠心筑梦”双轮驱动，将党建融入工程攻坚、生态保护与技术创新，展现路基防护、桥梁架设、隧道施工等实体工程的精细化成果与管理成效。第四篇着眼未来，深入探索特许经营模式下精细化管理的深度融合路径，精心擘画路域经济开发与智慧化运维的可持续发展蓝图，为同类项目提供从建设到运营的全链条管理参考。全书贯穿“策划—实践—党建—展望”的逻辑脉络，充分彰显了管理创新、技术攻坚与党建引领协同赋能所产生的综合效益。

本书致力于全方位、深层次地呈现昔榆高速公路建设精细化管理的实践探索与丰硕成果。我们将通过一个个生动鲜活的案例、鞭辟入里的分析以及源自实践一线宝贵经验的分享，引领读者走进昔榆高速公路建设的幕后世界，去探寻在面对重重困难时，建设团队是如何将精细化管理理念内化于心、外化于行，通过构建创新且行之有效的管理模式，如“多维项目管理模式”和“1442”工作清单、精细化管理等，一步步攻克难关，铸就这条凝聚着智慧与汗水的高品质高速公路。

在此，您既能看到数字化与智能化技术在精细化管理框架下，如何为工程建设赋能，成为“数智支撑”的坚实保障；又能感受到党建引领凝聚起的强大精神力量，如同一面旗帜，引领全体建设者在攻坚克难的道路上奋勇前行；还能体会到路桥文化蕴含的深厚底蕴与价值追求，在项目建设过程中不断传承创新，赋予这条道路独特的人文魅力。全书对昔榆高速公路项目建设管理工作体系和项目成果进行全方位、立体化、清单式的梳理展示，是对项目建设管理理念的一次深层次、多方位挖掘和概括，形成具有昔榆特质的高速公路建设项目管理运作经验体系。

我们诚挚期盼，无论是躬耕于交通建设一线的业界同仁，潜心钻研相关领域的学者，抑或是心系家乡基础设施建设发展的各界贤达，皆能从本书中获取启发、汲取经验，共同为推动我国高速公路建设管理水平跃升至新高度贡献力量。与此同时，亦希望本书成为一扇展现山西昔榆高速公路建设风貌的窗口，使更多人得以了解这条高速公路背后的故事，见证其为区域发展所带来的积极变革。

由于编者水平有限，书中难免存在疏漏和不足之处，敬请广大读者批评指正。

山西昔榆高速公路有限公司
2024 年 12 月

目录

CONTENTS

第一篇

PART 01

开启奋进新征程

第一章
CHAPTER 01

绪　论

第一节　高速公路建设精细化管理概述

精细化管理并非单纯聚焦于细节的管理模式，而是一种蕴含深刻哲理的管理理念，是“精”之管理观念与“细”之运作方式的有机融合。高速公路领域的精细化管理，借由规则的系统化构建与细化完善，运用程序化、标准化、数据化以及信息化手段，对高速公路内部管理行为与人员工作行为予以规范。其旨在充分彰显高速公路的公益性与公共服务功能，于高速公路建设、施工、养护、运营、路政治超、信息监控、服务区管理等各个环节，切实达成“精、准、细、严”的要求，进而提升高速公路的运行服务品质、管理效能及管理效益，为社会公众供给优质且令人满意的服务产品。

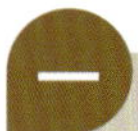

一　高速公路建设精细化管理背景

（一）建设背景

为深入贯彻落实党的二十大精神，坚持稳中求进工作总基调，完整、准确、全面贯彻新发展理念，加快构建新发展格局，着力推动高质量发展，统筹发展和安全，规范高速公路建设机制，积极推动智慧高速公路建设，提高高速公路项目建设运营水平，确保规范发展、阳光运行，山西省交通运输相关部门和企业在全国交通运输系统较早导入精细化管理理念，积极推进精细化管理工作标准，并于 2019 年编制、发布了地方标准《高速公路精细化管理标准体系　总则》（DB14/T 563—2019），进一步推动了全国高速公路精细化管理行业标准建设进程。

在经济转型发展的征程中，山西省积极谋求摆脱过度依赖能源产业的单一经济结构，大力推动产业多元化与升级改造。装备制造、新能源、新材料、文化旅游等新兴产业蓬勃兴起，这些产业的发展离不开高效便捷的交通基础设施作为支撑。高速公路的建设，极大地缩短了城市与城市之间、产业园区与市场之间的时空距离，加速了人才、技术、资金等生产要素的流动与配置，为新兴产业的培育与壮大创造了有利条件，促进了全省经济结构的优化调整与可持续发展。

从区域经济一体化的视角来看，山西省位于京津冀协同发展、中部地区崛起等国家重大区域发展战略的交会地带。加强与周边省份的经济联系与合作交流，实现区域间资源共享、优势互补、协同发展，已成为山西省经济发展的重要战略方向。高速公路作为区域交通互联互通的核心载体，其建设对于打破地域壁垒、促进区域间贸易往来、产业转移与旅游文化交流具有不可替代的作用。通过构建与周边省份紧密相连的高速公路网络体系，山西省能够更好地融入区域经济发展宏观格局，提升自身在区域经济合作进程中的地位与影响力。

伴随城市化进程的加速演进，城市规模持续拓展，人口不断集聚，城市功能渐趋复杂多元，城市间的联系愈发紧密。高速公路在城市组团之间、中心城区与卫星城镇之间架起了快速通道，有效缓解了城市交通压力，促进了城市间的分工协作与协同发展，推动了核心城市都市圈以及其他区域性中心城市的建设与发展，提升了城镇化发展的质量与水平。在经济发展、交通需求演变以及区域竞争格局的推动下，高速公路建设精细化管理已成为必然趋势。

（二）管理背景

在山西省高速公路规模不断扩大的背景下，推行高速公路建设精细化管理，强化高速公路管理体系，推行高速公路信息化、数字化发展，已经成为交通运输管理部门亟待解决的问题之一。深化高速公路绿色发展理念，在建设与运营过程中注重节能减排、生态保护，促进高速公路与周边自然环境和谐共生，实现可持续发展目标。同时，持续优化高速公路服务品质，加强服务区标准化建设与人性化服务升级，以满足人民群众日益增长的美好出行需求，为经济社会发展提供坚实可靠、高效便捷的高速公路运输保障。

高速公路建设的精细化管理是为了确保项目的顺利实施、高质量完成以及最大限度地减少不良影响。高速公路建设项目通常涉及大规模的土地、工程设施、人力和资金投入，项目中包含路基路面、桥梁、隧道、互通枢纽、复杂地质防护工程等要素，需要严密地计划和管理，以确保各项工作协调有序，减少施工中的混乱和延误。精细化管理可以通过有效的资源规划和分配，最大限度地优化资源利用，包括人力、设备、材料等资源，通过合理的分配和调度，降低成本、提高效率、减少浪费。高速公路建设质量标准严苛，不仅需确保施工全程符合既定规范，更要保障其在长期运营过程中的安全性与维护质量的稳定性。精细化管理模式通过施行严格的质量管控与全方位监督机制，能够切实保障工程质量契合各项规范与标准，为高速公路的长效优质运行奠定坚实基础。同时，高速公路建设涉及多种风险，如地质风险、自然灾害、施工事故等，通过精细化管理，提前识别和评估风险，采取相应的预防措施，降低风险发生的可能性，减少不良后果。高速公路建设往往会对周边环境和生态系统造成影响，精细化管理可以在规划和施工过程中充分考虑环境保护，采取措施减少对生态环境的破坏，维护生态系统多样性，保障水体生态健康。

（三）技术背景

随着我国经济的持续快速发展，城市化进程不断加速，区域间的经济交流与人员往来日益频繁，科技的迅猛发展为高速公路建设管理的智能化、信息化转型提供了契机，运用大数据、云计算、物联网等前沿技术，实现高速公路路况监测实时化、精准化，提升通行效率与应急处置能力，需要从宏观层面统筹规划，整合各方资源，以适应时代变革，构建一个布局合理、功能完备、管理科学、服务优质的全国高速公路网络体系，从而支撑整个国家的经济社会稳定、高效运转与长远发展。

高速公路施工精细化管理，首先要关注工程本身关联的各项因素，对各个方面进行具体的策划，并根据实际工程施工需求进行人工、材料、机械等方面因素的科学合理布局，规划出具体的施工方案。其次，做好高速公路施工建设实地考察，了解客观的外界影响因素以及不可控制因素，提前制定应对方案，优化整个施工建设过程，提升整个高速公路施工过程的可操作性，保障高速公路施工的顺利开展。最后，做好施工人员、施工机械、施工材料的细化管理，尽可能地将工程施工过程中有可能出现的风险因素降低，从各个细节优化施工建设技术，推动高速公路施工建设方案高效、高质实施，切实达成精细化管理所预期的良好成效。

二 高速公路建设精细化管理进展

（一）高速公路施工现场精细化管理

目前，高速公路施工现场精细化管理已取得了诸多积极进展。人员管理方面，岗位分工越发明确细致，通过详细的岗位说明书让每位施工人员清楚知晓自身职责，同时完善的考勤与绩效考核制度有效激励着员工积极投入工作，且定期开展的各类培训显著提升了人员整体素质。机械设备管理方面，精准的台账记录使得每台设备状态可实时掌握，科学合理的维护保养计划保障了设备良好运行，设备的合理调配也极大提高了其利用率。材料管理方面，严谨的采购流程确保了材料质量，严格的进场验收与分类存放措施避免了不合格材料流入及浪费现象，废料管理方案的实施也在推动资源回收利用和环境保护方面初见成效。施工工艺管理方面，施工前全面的图纸会审与技术交底让操作流程更加明晰，关键工序质量控制点的设置以及施工记录的规范留存，助力保障施工质量稳步提升，现场环境也通过合理的区域划分、有效的扬尘和噪声控制以及完善的排水系统规划变得更加有序整洁。

不过，高速公路施工现场精细化管理仍有持续进步的空间。例如在人员管理方面，跨部门、跨工种协作的协调性有待进一步优化，以更好应对复杂施工场景下的衔接问题。机械设备管理方面，对于智能化设备的应用推广速度可以加快，以进一步提升设备管理的自动化水平。材料管理方面，可探索建立更精准的材料用量预测模型，减少因计划偏差导致的库存积压或临时短缺情况。施工工艺管理方面，鼓励一线施工人员提出工艺改进建议的机制可以更具活力，促使更多创新实用的工艺能快速落地应用。现场环境管理方面，则需持续关注周边环境变化，不断优化防控措施，确保施工全过程对周边影响降至最低，持续提升精细化管理水平。

（二）高速公路投资精细化管理

高速公路投资精细化管理工作正在扎实推进并收获了可观的成果。投资概算编制阶段，专业团队借助先进软件和多因素考量，编制出的概算愈发精准全面，基本预备费的合理预留也增强了预算应对不确定性的能力，为整个项目投资控制奠定了坚实基础。投资控制过程阶段，责任体系的构建使得各部门、各岗位都明确自身投资控制目标，实时监控机制搭配有效的偏差分析工具，能迅速定位概算变化原因，相应控制措施的执行也切实保障了投资在合理范围内波动，避免了不必要的支出。投资核算与分析阶段，定期且准确的核算工作提供了可靠数据支撑，深入多因素的分析不仅明晰了投资管理的优劣之处，还通过总结经验形成的改进措施为后续管理工作提供了明确方向，整体投资效益得到有效提升。

尽管已取得一定进展，但高速公路投资精细化管理还面临一些挑战与可提升的地方。在概算编制上，对于一些新型材料或复杂工艺带来的投资变动预估还不够精准，需要进一步深入市场调研和技术分析来优化。投资控制过程中，各责任主体之间信息沟通的及时性和流畅性仍需加强，以便更迅速协同应对突发投资变化情况。投资核算与分析方面，数据挖掘深度还可拓展，通过大数据等技术手段关联更多影响投资的潜在因素进行分析，从而制定出更具前瞻性和针对性的投资管理策略，持续向更精细化的投资管理迈进，确保项目投资始终处于最优控制状态。

（三）高速公路施工质量精细化管理

高速公路施工质量精细化管理呈现出良好的发展态势并取得了阶段性成果。质量目标设定方面，依据高标准规范所确定的总体目标清晰明确且可量化考核，细化分解到各环节的具体目标更是将责任落实到每一个工作岗位，让全体工作人员围绕高质量施工这一核心目标开展工作。质量管理方面，体系不断完善，组织架构明确了各部门职责，全面的规章制度规范了管理流程，认证工作的推进及定期评审确保了体系的有效性与持续改进能力。质量控制方面，原材料从源头严格审验，施工过程的多方式监控以及先进检测技术的应用，全方位保障工程质量的稳定性，对质量数据进行系统收集与深入分析，为工程质量管控的精准决策提供坚实有力的依据。质量改进与创新方面，定期的总结会议及奖励机制促使质量问题不断减少，全员积极参与推动质量管理水平持续提高。

然而，高速公路施工质量精细化管理仍需精益求精。在质量目标设定环节，鉴于新技术不断涌现、新要求持续更新，应更为灵活地对质量目标实施动态调整，确保目标始终契合工程实际情况，且维持高标准。质量管理体系运行中，部分规章制度在实际执行时还存在变化的情况，需要强化监督力度，确保各项要求真正落地。质量控制措施方面，面对隐蔽工程的质量验收，检验手段还可进一步创新升级，保证不留质量隐患。质量改进与创新方面，虽然有一定积极性，但跨项目、跨地区的优秀经验交流分享机制还不够健全，限制了更广泛更高效的质量提升举措的推广应用，需不断优化完善，保障高速公路施工质量迈向更高水平。

（四）高速公路施工进度精细化管理

高速公路施工进度精细化管理已经取得了显著的进展。进度计划编制方面，运用专业软件结合科学方法，将项目详细分解并制定出层层细化、相互衔接的进度计划体系，充分考虑各类影响因素并预留弹性时间，让计划具备很强的可操作性和适应性。进度计划执行方面，有效的跟踪与监控机制通过多种方式实时掌握进展情况，关键线路工作得到重点保障，各施工单位和工种间协调配合不断加强，减少了衔接矛盾，确保了施工的连续性和协调性，整体施工按计划有序推进。进度调整与优化方面，根据实际偏差及时采取合适的调整措施，无论是局部微调还是整体计划变动，都能保障项目整体工期尽量不受影响，同时定期的优化工作也使得计划更加科学合理，实现进度和成本的平衡管理。

但高速公路施工进度精细化管理也还存在有待改进之处。在编制进度计划时，针对诸如极端天气、政策变化等不可抗力因素，应予以更为周全的考量，预先制定更为完备、详尽的应对预案，以增强进度计划的抗风险能力与适应性。在计划执行中，信息传递的时效性和准确性仍需提升，避免因信息滞后或误差导致的协调不畅和进度延误。进度调整与优化方面，在运用数据分析等手段精准判断偏差影响程度以及寻找最优调整方案上还有提升空间，需要进一步借助先进的项目管理工具和数据分析技术，确保施工进度始终得到精准把控，按时高质量完成高速公路建设任务。

（五）高速公路施工安全精细化管理

高速公路施工安全精细化管理正稳步向前推进并取得了明显成效。安全制度建设方面，完善且贴合实际的安全生产规章制度涵盖了各方面管理要求，明确了各岗位安全职责，责任考核机制的建立更加增强了全员安全生产意识，让安全管理有章可循且责任落实到位。安全教育方面，教育培训工作扎实开展，针对性的培训计划结合多样化培训方式，让不同层次人员都能有效掌握安全知识和技能，培训记录的规范存档也便于后续管理查阅。安全风险防控方面，全面的风险识别评估工作确定了风险等级并制定了相应防控措施，现场安全防护设施建设到位，不同等级风险都得到有效管控，切实保障了施工现场安全。安全检查与隐患治理方面，定期与不定期结合的检查制度以及信息化平台的应用，保证了隐患能得到及时发现、分类并有效整改，有力维护了施工安全环境。

但高速公路施工安全精细化管理还需持续强化。安全制度建设中，部分制度内容需根据新的法规要求和施工实际情况及时更新完善，确保制度的时效性和合规性。安全教育培训内容更新速度还可加快，及时融入最新的安全案例和防范技巧，提高培训实用性。安全风险防控环节，对新型施工工艺或复杂工况带来的潜在风险识别能力有待提高，需要进一步拓展风险评估方法和手段。安全检查与隐患治理方面，隐患治理后的跟踪复查机制应更加严格，确保隐患彻底消除不反弹，全方位筑牢高速公路施工安全防线，保障施工安全无事故。

第二节　昔榆高速公路概况

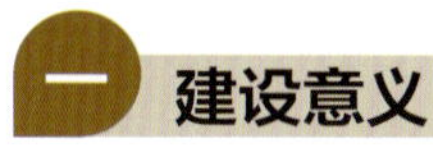

一 建设意义

昔阳（晋冀界）至榆次高速公路（简称“昔榆高速”）是国家发展和改革委员会《关于支持山西省与京津冀地区加强协作实现联动发展的意见》确定的重点建设项目，是山西省重点工程及晋中市交通建设领域“一号”工程。2020 年 6 月 15 日，山西昔榆高速公路有限公司（简称“昔榆公司”或“项目公司”）注册成立，承担昔阳（晋冀界）至榆次高速公路投资建设、运营维护等重要任务。昔榆高速公路的建设对于山西省中部地区连通京津冀、构建陆海双向对外开放格局、改善区域经济发展环境具有重大意义。

二 工程简介

昔榆高速公路是《山西省省道网规划（2021—2035 年）》中高速公路网“4 纵 15 横 33 联”规划中第 8 横的重要一段。项目起点位于晋中市昔阳县太行山虎寨岭孔氏乡刀把口村东南（山西与河北两省交界处），经昔阳县、和顺县、寿阳县，终点在晋中市榆次区北田镇杨梁村附近，与榆祁高速公路 K19+480 处以立交枢纽兼出入互通形式相接。

（一）项目批复

2020 年 3 月 18 日，昔榆高速公路工程可行性研究报告获山西省发展和改革委员会批复，项目总投资估算为 214.47 亿元，采用 PPP（政府和社会资本合作）模式实施。资金来源：资本金占总投资的 25%，剩余资金通过银行贷款或融资解决。

2020 年 6 月 4 日，项目初步设计获批复，批复概算为 209.86 亿元，投资类型为 PPP

模式下的 BOT（建造 - 经营 - 转让）方式。

2021 年 11 月 3 日，施工图设计获批复，批复预算为 209.61 亿元。

（二）工程规模

昔榆高速公路采用双向四车道高速公路标准建设，设计速度为 100km/h，整体式路基宽度为 26.0m，全长 125.370km。设一般互通立交 4 处、枢纽互通式立交 2 处、服务区 3 处、养护工区 3 处、路段管理中心 2 处、隧道管理站 3 座、匝道收费站 5 处、主线超限站 1 处；闫庄连接线长 6.85km，马坊至松塔连接线长 21.22km。本项目是山西路桥集团投资规模最大的四车道高速公路项目（截至 2024 年）。

本项目的主要工程量为：路基挖方 2684.55 万 m^3（其中，挖石方 1869.64 万 m^3），路基填方 1502.86 万 m^3，路面 329.5 万 m^2，桥梁 75 座 /28.091km（含分离立交 3 座 /0.26km），隧道 17 座 /37.779km（不包含河北段 3.802km），天桥 10 座，通道 42 座，涵洞 128 道。总占地 10754.97 亩，桥隧比例为 55%。

三 自然条件及建设环境

（一）地形、地貌

路线走廊带穿越太行山脉，地势总体东高西低，地形起伏大，地貌形态多样，总体以山地地貌形态为主（图 1-1），受后期地质构造和长期的侵蚀堆积作用影响，局部形成带状谷地和椭圆形盆地，具有构造溶蚀侵蚀地貌、构造侵蚀剥蚀地貌、山麓斜坡堆积地貌和河流侵蚀堆积地貌等类型。河流侵蚀堆积地貌地形相对平缓，微地貌以河床、河漫滩、Ⅰ和Ⅱ级阶地为主；山麓斜坡堆积地貌地势开阔，总体向盆地中心方向倾斜，地表 V 形侵蚀性冲沟较发育，微地貌以黄土陡缓坡、陡坎、侵蚀冲沟为主；构造侵蚀剥蚀地貌在构造和长期的剥蚀切割作用下，形成了山脉纵横、峰起峦连、沟谷深切的复杂地貌形态。

图 1-1　地形地貌

（二）水文、气象

项目区属温带大陆性季风气候，一年四季分明。春季干旱多风；夏季雨量相对集中，多为雷阵雨；秋季天高气爽，多阴雨天，昼夜温差大，无霜期短；冬季少雪干冷，晴朗天居多。冻结期始于 11 月上旬，解冻期为翌年 4 月上旬，最大冻土深度为 1.0m。

项目走廊带地处海河流域和黄河流域交界地带。穿越的水系主要有汾河水系、滹沱河水系及漳卫河水系，跨越的主要河流有潇河、安丰河、木瓜河、里思河、涂河、松溪河、清漳河等（图 1-2）。

图 1-2　汾河水系

（三）地质条件

1. 地层及岩性

路线由东向西依次穿越构造溶蚀侵蚀低中山区、黄土覆盖基岩中低山区、构造剥蚀低中山区、黄土丘陵区及中间穿插的山间河谷区，地层由老至新依次出露。

2. 地质构造

项目所处走廊带位于吕梁—太行断块的次级单元——太行山块隆、沁水块坳的北部与晋中新裂陷西部，构造痕迹以褶皱为主。路线穿越太行大断裂的北段，大断裂以西为沁水块坳，以东为太行山块隆。路线范围内构造多表现为以南北向为主的彼此平行的断层，局部发育少量的东西向断层，断裂带附近一般伴有与断裂带走向平行的褶皱，在断裂带或褶皱核部内常有泉水渗出。断裂带直接影响的岩层主要有甘陶河群、长城系、寒武系和奥陶系。

3. 水文地质条件

项目区地下水有松散岩类孔隙水、碎屑岩类裂隙水、碳酸盐岩类岩溶水、变质岩裂隙水、碎屑岩夹碳酸盐岩类裂隙岩溶水五类。

4. 特殊岩土与不良地质

项目区内的不良地质现象及特殊岩土主要为岩溶、采空区、滑坡、不稳定斜坡、湿陷性黄土。

（1）岩溶：项目区裸露型岩溶比较发育，地表溶洞规模不大，最大岩溶达 3m × 5m，一般岩溶为 1m × 2m，大部分溶洞被红色风化物充填。项目区岩溶塌陷发育，陷落柱的形态为近圆形及椭圆形，最小直径为 10m，最大的长轴可达 220m，一般直径为 20~50m。

（2）采空区：路线经过昔阳县境内的煤矿密集分布区域。调查发现，在综采区段落出现了大量的裂缝及错台现象，采空区路段内地层处于欠稳定 ~ 不稳定状态。

（3）湿陷性黄土：项目区属于中国湿陷型黄土工程地质分布区之山西—冀北地区之汾河流域区。设计路线通过的山前倾斜平原区、构造剥蚀低中山区之斜坡地带广泛分布着第四系上更新统风积、冲洪积黄土和中更新统冲洪积黄土，在地表水冲蚀切割和潜蚀作用下，常见黄土陷穴、落水洞、黄土陡崖、黄土柱、梁等黄土喀斯特微地貌。湿陷性黄土大孔隙及垂直节理发育，具有低含水率、低压密性、中 ~ 高压缩性、遇水湿陷等特点。

（四）沿线路网分布情况

主要公路：G207（锡林浩特—海安线）、G307（岐口—银川线）、S317（九龙关—榆次线）、S318（董坪沟—榆次）、S102（太原—长治）、X338 东赵线、X342 留马线、X340 界李线、X334 昔广线、X337 三团线、X346 马西线、X332 西白线。

主要铁路：项目沿线的主要为阳涉铁路、南同蒲铁路、太焦铁路。

（五）沿线通信、水、电情况

由于项目路线处太行山腹地，位置偏远，通信运营商基站少，沿线 50% 区域无网络信号。沿线大部分区域水资源匮乏，邻近电源接火点少。

四 工程特点分析

（一）地质条件复杂

昔榆高速公路约 75% 路段位于太行山区，地形起伏大，路线最高点海拔为 1665.34m，最低点海拔为 864.84m，最大高差为 800.50m，沟深壁立，地表切割强烈，砂泥岩段自然地形陡峻；地层多变、构造较复杂，地质年代跨度大；存在滑坡、泥石流等地质灾害，不良地质主要表现为压覆矿产与采空区、岩溶，隧址区存在断层破碎带、岩爆、软岩大变形等不良地质情况和含水层。

（二）高填深挖多

山区地形复杂，导致高填深挖段落众多，且填挖土石方工程量大。全线填方高度大于20m的路段共62处，总长度6.682km，最深填高为53.8m。挖方路堑边坡大于20m的路段74处，总长度15.49km，最深62.58m。高填深挖多，致使防护形式多样（框架梁、护面墙、挡土墙、护脚墙等）且工程数量大。

（三）桥隧比例高

受山区地形限制，需要设置较多的长、大纵坡来适应地形变化，增大了施工难度。弯、坡、斜桥和高架桥梁众多，长大隧道多，桥隧合计长度占路线全长度的比例高达55%。全线共有6座特大桥，长度合计6.879km，最高桥高为89m；共有3座特长隧道，共长19.941km，最长隧道为太行山隧道，长度为14.011km（含河北段3.802km），是截至2024年我国长度排名第四的公路隧道，也是山西省第一长隧道。

（四）施工便道长

本项目施工建造面临地形崎岖、交通不便、物资供应困难等不利条件，需要建设临时道路用于材料运输。建设的施工便道全长约389.32km（包括主便道175.86km，支便道138.41km，材料运输便道75.05km）。

（五）技术要求高

高速公路的建设对工程施工技术要求高，需要采取特殊的施工方法和技术措施来应对复杂的地形、地质和水文等问题，例如隧道施工采用新型二衬台车、无人值守养护台车、水平岩层聚能爆破、长大隧道涌水治理等先进技术，高桥桥墩选择翻升模板、滑升模板的施工方法，大跨径桥梁与跨线桥采用悬臂施工方法。

（六）施工干扰大

本项目途经3个自然保护区，涉及3座煤矿矿产压覆及采空区，与2条高速公路、3条国省道干线及4条管道发生交叉，且上跨1条铁路；另外，征地拆迁工作量大，途经晋中市所辖昔阳县、和顺县、寿阳县和榆次区共4个区的11个乡镇，征地约10754.97亩（其中包括林地约4078亩），房屋拆迁22040m^2，搬迁坟墓约1478座，三电改迁约1245根（基）。

五 控制性工程与重点项目

（一）隧道工程

全线共设隧道17座，其中有3座特长隧道，分别为太行山隧道、高峪咀隧道、杏树岩隧道，累计长37.779km（不含太行山隧道河北段长度3.802km），其中Ⅲ级围岩占27.2%，Ⅳ级围岩占54.4%，Ⅴ级围岩占18.4%。

1. 太行山隧道

太行山隧道（图1-3）位于山西省昔阳县与河北省赞皇县交界附近，隧道东西向展布，穿越太行山北段，全长14.011km，是我国最长的公路隧道之一，也是山西省最长隧道，为本项目控制性工程与难点工程。隧道设计为左右分离式，两洞内侧边墙最大间距为35m，隧道总体走向呈265°。太行山隧道中Ⅲ级围岩占比为41.7%，Ⅳ级围岩占比为44.3%，Ⅴ级围岩占比为14.0%，而且存在多条断层富水带，富水带1584万m³，同时发育有7条近南北向断层，断层带长949m，溶岩带长817m，对隧道局部围岩稳定性影响较大。隧道断层构造以压性碎裂岩、角砾岩为主，裂隙一般发育，富水性较弱，但断层带含泥较多，具有隔水作用。隧道穿越过程中，断裂面附近可能发生突泥涌水。太行山隧道最大埋深710.10m左右，预测有可能发生岩爆。隧道左右线出口处整体上属于较软岩石，洞口岩体节理裂隙较发育，呈较破碎状。地层产状与自然坡向相同，稳定性较差，洞体开挖坡面局部可能产生掉块、滑塌现象。隧道设置3座斜井，对隧道通风、排水方案进行了专项设计。

图1-3 太行山隧道

2. 高峪咀隧道

高峪咀隧道（图1-4）全长6.402km，最大埋深329m，隧址位于构造侵蚀剥蚀中山区内，围岩主要由强～弱风化泥岩夹砂岩组成，属较软岩，岩体节理裂隙较发育。即将开挖隧道洞体处赋存有地下水，不良地质中富水带700万m³，断层带长约640m。Ⅲ级围岩占46.505%，Ⅳ级围岩占43.075%，Ⅴ级围岩占10.42%。高峪咀隧道设1处斜井。

3. 杏树岩隧道

杏树岩隧道（图 1-5）全长 3.303km，最大埋深 150.1m。隧址区位于构造侵蚀剥蚀中山区内，围岩主要为砂岩、砂质页岩，局部夹薄层泥岩，岩体节理裂隙发育，富水性较强，同时进出口边仰坡稳定性差，上部土体和下部泥岩易发生滑动，有富水带 350 万 m^3，断层带长 330m。Ⅲ级围岩占 29.875%，Ⅳ级围岩占 65.72%，Ⅴ级围岩占 4.405%。

图 1-4 高峪咀隧道

图 1-5 杏树岩隧道

（二）桥梁工程

全线有六座特大桥及一座跨线桥，分别为杨照河特大桥、赵壁川河特大桥、东寨特大桥、松溪河特大桥、扬子江特大桥、涂河特大桥、阳涉铁路高架桥。

1. 杨照河特大桥

全长 1283.6m，上部结构采用 26 × 29.6m+17 × 30m 装配式预应力混凝土先简支后连续 T 梁，下部结构采用柱式墩、柱式台，桩基础，最大桥高 30m，见图 1-6。

2. 赵壁川河特大桥

全长 1008m，上部结构采用 27 × 40m 装配式预应力混凝土先简支后连续 T 梁，下部结构采用柱式台、肋板台、空心墩、桩基础，最大桥高为 53m，见图 1-7。

图 1-6 杨照河特大桥

图 1-7 赵壁川河特大桥

3. 东寨特大桥

全长 1636m，为山区高架桥。跨越阳左高速公路、昔阳枢纽匝道，上部结构采用装配式预应力混凝土 T 梁 + 现浇混凝土连续箱梁，下部结构采用柱式墩、薄壁墩、柱式台，桩基础，最大桥高为 51m，见图 1-8。

4. 松溪河特大桥

全长 1174.5m。跨越松溪河河谷地带（规划湿地保护区），在桥梁段内跨越国道 G207 线，且松溪河与国道之间有 2 条天然气管道。桥梁跨径组合为 13×40.5m+（52.5m+95m+52.5m）钢构 +11×40m T 梁，最大桥高为 52m，见图 1-9。

图 1-8　东寨特大桥

图 1-9　松溪河特大桥

5. 扬子江特大桥

全长 1008m，上部结构采用 25×40m 装配式预应力混凝土连续 T 梁，下部结构采用柱式墩、实体墩、薄壁墩、柱式台，桩基础，最大桥高为 80m，见图 1-10。

6. 阳涉铁路高架桥

全长 318m，上跨阳涉铁路，交叉角度为 56.5°，交叉位置处铁路路基宽度为约 37m。上部结构采用 2×40m+（60m+110m+60m）装配式预应力混凝土 T 梁 +T 型刚构，下部结构采用柱式墩、空心墩、柱式台，桩基础，最大桥高为 46m，见图 1-11。

图 1-10　扬子江特大桥

图 1-11　阳涉铁路高架桥

7. 涂河特大桥

全长 689m，跨越涂河及省道 318，上部结构采用 6×40m+83m+155m+83m+3×40m 装配式预应力混凝土连续 T 梁 + 连续刚构，下部结构采用柱式墩、空心墩、双肢薄壁墩，柱式台，桩基础，最大桥高为 89m，见图 1-12。

图 1-12　涂河特大桥

（三）互通式立体交叉

1. 昔阳枢纽

主要用于实现阳左高速公路与昔榆高速公路的交通流转换，位于昔阳县赵壁乡东寨村，见图 1-13。包括主线桥长 1636m 的东寨特大桥，共长 5959m 的 7 条匝道，9 座匝道桥梁共长 2215.3m。

2. 修文枢纽

位于晋中市榆次区北田镇西堝沟村东侧，见图 1-14。主线跨越榆祁高速公路，长 2856.839m，匝道全长 6301.631m。修文枢纽建设既要对既有榆祁高速公路路基、桥梁进行加宽改建，又要进行匝道框构桥及主线跨线桥施工作业，为确保既有榆祁高速公路正常通行，需设置保通车道，还需分阶段修建匝道。

图 1-13　昔阳枢纽

图 1-14　修文枢纽

六 工程管理重点及难点

（一）安全管理压力大

山区施工环境复杂，高边坡施工、高空作业、爆破作业、施工车辆和机械作业等增加了施工难度和安全隐患，隧道穿越的地层可能存在断层、破碎带、岩溶、涌水等不良地质现象。例如：太行山隧道最大埋深为 710.1m，预测有岩爆危险；隧道左、右线出口处整体上属于较软岩石，稳定性较差，洞体开挖坡面局部可能产生掉块、滑塌现象；项目区内森林覆盖广、施工特种设备使用量大，特种设备管理与防火隐患排查应作为安全管理的重点。

（二）质量管控难度大

一是高填深挖段及填挖接合部质量管控不易。由于桥隧比例较大，路基与桥梁结合部位多，接合部处路基压实质量难以保证，导致沉降。

二是高墩柱及悬臂梁施工质量管控要求高，高墩柱的位置、竖直度、混凝土结构尺寸及外观质量难以管控。

三是隧道质量管控难度大，由于隧道存在岩溶、涌水、断层等隐患，超欠挖控制成为难点，初期支护质量控制成为重中之重。

（三）进度管理任务重

由于施工干扰大，协调工作复杂，征地拆迁进展缓慢是工期延误的主要因素之一；山区地形地质条件复杂多变，存在大量的滑坡、泥石流等自然灾害隐患，增加了施工难度和危险性，影响工程进度；山区气象条件多变，降雨、大风等天气可能影响施工安全和效率，导致工程进度受阻；本项目桥隧比例大，控制性节点工程自身存在施工质量控制难度高、施工安全风险大等特点，因此重点关注特长隧道、特大桥梁，尤其是太行山隧道的贯通。

（四）生态环保要求高

沿线有铁桥山、松塔水源地、八缚岭等自然保护区。施工期间，务必避开敏感区和敏感点，防止环境受到破坏。坚持“不破坏就是最大的保护”和“多借景、少造景”，实现绿色公路与环境敏感区域、生态脆弱区域的有效协调，确保生态红线“近而不进”，确保环境生态系统安全。

（五）绿色建设挑战大

项目区内除了地质条件复杂外，覆土层薄，生态比较脆弱；气候条件差，水资源匮乏，年降雨量小于 500mm，植物存活困难；地势险峻，高填深切现象普遍，石质边坡较陡，见图 1-15；传统防护以圬工防护为主，绿化覆盖面小；沟壑纵横，桥隧比例高，消耗资源多，弃石方量大，不利于节约资源；位置偏远，运输条件差，临时工程多，对原地貌、环境破坏大；经过昔阳县境内煤矿密集分布区域，导致绿化困难。

图 1-15　石质边坡

晋榆高速

第二章

CHAPTER 02

昔榆高速公路精细化管理策划实践

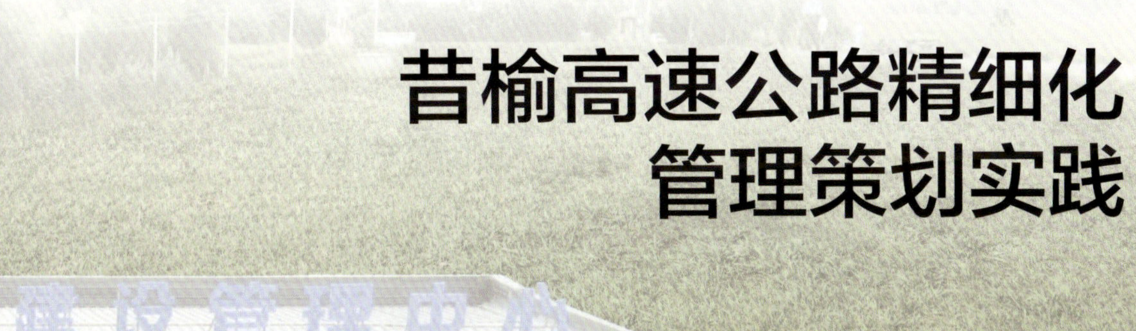

第一节　建设目标策划

昔榆高速公路是山西省贯彻落实交通强国战略的实际行动，是落实山西“全方位推动高质量发展”总体思路和要求的具体实践。前期准备阶段，昔榆公司认真分析了项目建设的重点、难点，经过多次论证与策划，结合交通运输部、山西省现行政策，积极落实集团公司整体战略部署，提出本项目创建目标。

一　总体目标

针对项目建设具体特征，结合项目“投资、建设、施工、运营”一体化经营的建设模式，贯穿“安全为先、质量为本、进度为重、投资为主、科技创新、降本增效”的管理理念，提出“五个推进，四个创新，三个目标，两个效益，一个愿景”的总体目标（图 2-1）。

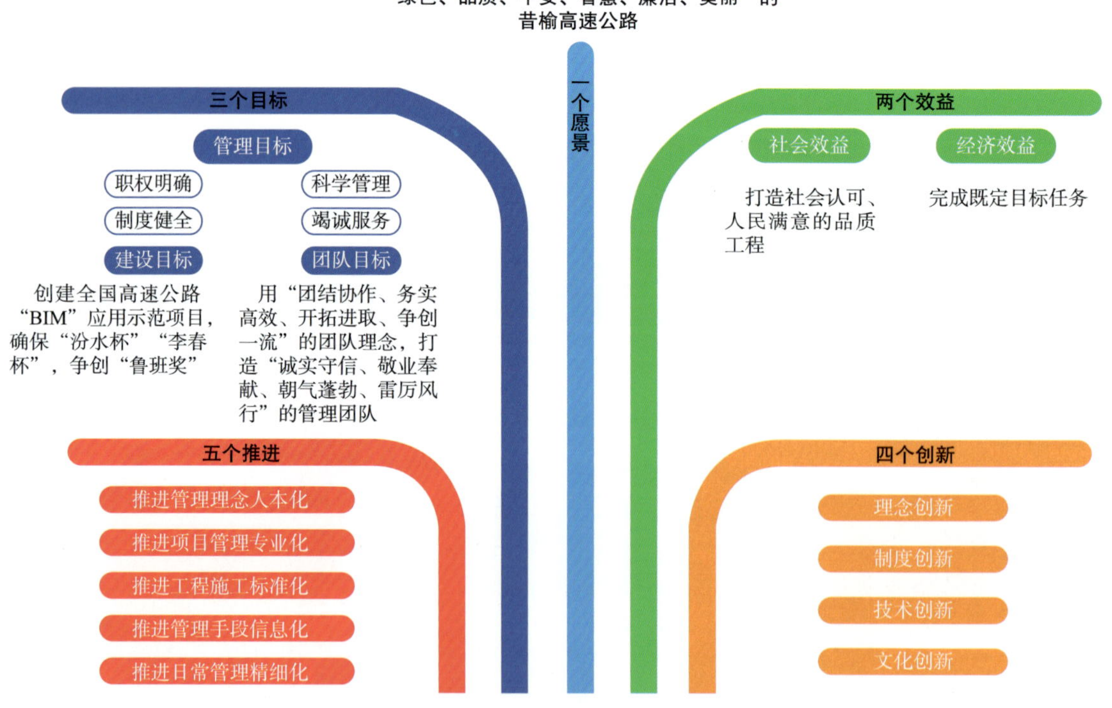

图 2-1　昔榆高速公路建设总体目标

（一）一个愿景

打造一条“绿色、品质、平安、智慧、廉洁、美丽”的昔榆高速公路。

（二）两个效益

社会效益：打造社会认可、人民满意的品质工程。

经济效益：实现集团项目投资控制率。

（三）三个目标

建设目标：创建全国平安百年品质工程示范项目、全国高速公路 BIM 应用示范工程、全省高速公路智慧建设示范项目、绿色公路示范工程。

管理目标：用“职权明确、制度健全、科学管控、竭诚服务”的理念，实现投资类项目的一流管理模式。从管理标准化入手，在集团管理框架下，完善现代企业法人治理机制，精梳脉络，打造流程化范本、信息化样本、表单化版本，形成一套“可复制、可推广”的管理标本。

团队目标：用“团结协作、务实高效、开拓进取、争创一流”的团队理念，打造“诚实守信、敬业奉献、朝气蓬勃、雷厉风行”的管理团队，坚持“领导一线指挥、干部一线突破、问题一线解决、成效一线体现”的工作作风，营造“环境整洁、仪表庄重、行为规范、纪律严明”的办公环境，培养成一支“能吃苦、能战斗、能拼搏”的建设主力军。

（四）四个创新

理念创新：改变传统管理理念，吸取先进管理思路及措施，不断学习创新，将理念贯彻落实到整个工程建设中。

制度创新：深入贯彻集团对标一流创新制度机制，确保技术创新和管理创新的有效进行。

技术创新：淘汰落后技术，开展科技创新，在推广应用新技术、新工艺、新材料、新装备和探索建立新标准等方面实现“五个提升”。

文化创新：创新文化建设形式、丰富文化建设内涵，积极响应各类活动号召，弘扬企业精神、宣传企业文化，凝心聚力、助推发展。

（五）五个推进

推进管理理念人本化。体现以人为本的管理理念，满足人的发展、调动人的积极性、突出人的创造性，让驾乘人员充分体验和享受沿线的人文山水与深厚文化底蕴。

推进项目管理专业化。推行科学、先进的工程项目管理技术和方法，提升建设项目的核心竞争力，提高项目管理水平。通过标准的引导，重视管理水平和人员素质的提高，不断提升项目管理的核心竞争力。

推进工程施工标准化。围绕项目策划定位，执行标准化实施办法，遵从“做精现场”理念和“建立标准、严格执行、重在创新”思路，以“项目标准化”为抓手，推动“工序标准化、现场作业标准化、技术工艺标准化、过程管控标准化”，建立安全、质量、文明施工与环保等标准，进一步完善标准化体系，提升企业形象。

推进管理手段信息化。积极推进智慧工地建设，借鉴、引用成熟的、符合条件的信息化管理系统，集成各类应用，实现智能服务，打破信息孤岛，穿透管理层级，提高管理效能，降低管理成本。

推进日常管理精细化。做到“八化”，即“细化、量化、流程化、协同化、模板化、标准化、实证化、严格化”，实现“工序精细、工艺精细，管控精细”，时刻以“精、准、细、严”为要求，工作精益求精，重细节、重过程、重基础、重具体、重落实、重质量、重效果。

二 具体目标

（一）安全管理目标

（1）构建五大体系，打造国家级“平安工程”。

（2）杜绝发生一般及以上安全责任事故，确保零伤亡、零事故。

（3）突发事件信息报送准确率、及时率 100%，应急救援处置及时率 100%。

（4）人员培训率 100%，特种作业持证率 100%，特种设备检验率 100%，隐患整改率 100%。

（二）质量管理目标

用于工程实体的原材料合格率 100%；各分项工程关键指标合格率≥ 98%，一般指标合格率≥ 96%，平均指标合格率≥ 97%，机电工程合格率 100%；工程交工一次验收合格率 100%；打造百年品质工程，稳固实现工程创优；混凝土外观分级评价等级达到 A 级；工程质量一次验收合格率必须达到 100%；沥青路面上面层平整度标准差≤ 0.7，有效遏制路面开裂、渗水等质量通病。

（三）工程进度目标

设计总工期为48个月。

K0+000~K10+240段（太行山隧道），计划完成时间为48个月；K10+240至项目终点与榆祁高速公路相接（K128+115），计划完成时间为36个月。

（四）投资控制目标

项目估算总投资214.47亿元。根据项目工期策划安排，资金分年度到位比例为第一年20%、第二年30%、第三年40%、第四年10%。策划方案分考虑车购税补助和不考虑车购税补助两种情况进行。

（五）技术管理目标

围绕昔榆公司整体工作目标，牢牢把握技术引领高质量发展的基点，完善技术指导生产的长效保障体系，提高技术水平，提升创新能力，实现企业技术进步、效益提升，打造美丽昔榆高速公路。

争创“太行杯”、绿色施工科技示范工程、新技术应用示范工程、全国高速公路BIM应用示范项目等。

立项科研课题12项、“四新”技术及“微创新”300项、省部级工法10项、专利10项。

（六）环保管理目标

（1）坚持“保护优先、预防为主、综合治理、全员参与、损害担责”的原则。

（2）树立“不破坏就是最大的保护”的环保理念，环保意识、环保管理水平全面提升。

（3）扬尘治理“六个100%”全面落实到位。

（4）全面落实环保“三同时”原则，环境问题整改率100%。

（5）杜绝发生一般及以上突发环境事件，环保验收达到国家和山西省的要求。

第二节　项目融资策划

依据项目批复总投资，本项目融资金额两百多亿元。根据项目预计建设周期，年度融资金额到位比例分别为：第一年20%，第二年30%，第三年40%，第四年10%。本项目不涉及车购税补助，建设资金融资方式由项目资本金和银行贷款两部分组成。

在项目融资策划过程中，一是进行融资可行性分析，掌握资金来源、资金分配、运营、现金流及财务状况等；二是选择合适融资方式，开展多渠道融资策略，对有意向的银行进行比选，比较各家银行的贷款利率、融资期限、还款方式、服务质量等方面的差异，根据比选结果选择最适合项目需求的银行作为合作银行；三是加强融资风险管理，适时关注国家政策动态，确保项目符合政策需求，合理规避融资政策风险，深入与各合作银行谈判，协商固定利率或利率调整、还款等机制，降低融资成本，合理规避融资利率风险，合理安排资金使用计划，减少资金沉淀，有效规避融资流动性风险。

第三节　施工组织策划

一　施工组织管理

为充分发挥昔榆项目自投自建的产业优势，本项目采用“项目公司集中管控、总承包公司全面施工、专业分包分工执行、第三方管理机构各司其职”的管理模式：一是项目公司为本项目的管控主体，进行全过程专业化管理，采用项目公司集中管控模式，以服务管理为主，在保证项目进度、质量、安全、环保的同时，控制施工项目的成本，确保投资成本目标；二是采用总承包公司全面施工模式，总承包公司协助、配合、履行各分包单位合同程序；三是各分包单位以总承包公司项目部分部的名义进行施工，履行总承包施工合同管理职责；四是监理单位履行社会监理的职责，对项目全过程进行监督；五是中心试验室履行试验检测职责，对建设项目过程中所用的材料、设备、试件、半成品等进行公正试验检测。

二　质量目标

竣工质量等级为优良；通过品质工程评价；确保“汾水”杯、争创“李春”奖。

三　安全和环保目标

安全目标：杜绝一般及以上生产安全事故，确保零伤亡、零事故。

环保目标：环境零污染，环保零投诉。

四 标段划分

（一）施工标段划分原则

以工程规模、工程难易程度、工程施工条件、施工布局等为依据，按照“便捷施工、整体把控、突出重点、理清界面、统筹策划”五大方面，精心策划、合理划分，最大限度实现节约工期目标，实现降本增效的目标。

1. 两个总承包的划分原则

本项目全线包括两个总承包单位：山西路桥建设集团有限公司昔榆项目总承包（以下简称“路桥总包”）和中铁交通投资集团有限公司昔榆项目总承包（以下简称“中铁总包”）。按照山西路桥建设集团有限公司与中铁交通投资集团有限公司的投资占比（前者80%，后者20%），充分整合双方各自所具备的优势，秉持“科学合理、公平公正、发挥优势、利于施工、便于管理、经济节约”的原则，开展后续各项工作。

2. 总包内部公司标段划分原则

（1）将地形、结构复杂、征迁协调难度大的重难点工程，集中划分到一个标段中，选择综合实力强的公司承建。

（2）上下边坡绿化工程划入路基施工标段，与路基同步施工。

（3）路基土石方调配平衡，尽量在本标段内完成。

（4）“三集中”管理，扩大单个场区规模，共享临建设施，减少投入，采用高标准、专业化生产，提高质量。

（5）隧道群或桥梁群集中的段落，原则上进行集中划分，以便于实现模板的有效周转。

（6）标段不跨越县级行政区，减少协调成本。

（7）结合工程实际情况，一个标段能通过一条主便道进入所施工段落。

（8）考虑专业工程在标段内相对集中，便于施工专业业绩积累，为集团施工板块、公司资质升级提供业绩条件。

（二）本项目标段划分

本项目全线施工共划分为20个标段，其中路基桥隧工程13个标段，路面工程3个标段，交通安全设施工程1个标段，机电工程1个标段，房建工程1个标段，绿化工程1个标段。依据工程规模、工程造价、里程长度、标段数量划分项目监理标段8个。

五 监理管理

结合监理行业现状、集团公司投资施工一体化运营模式、昔榆公司管理人员配置情况、昔榆高速公路施工线长且桥隧比例高的特点等方面因素，昔榆公司以落实全体监理人员责任制为核心，一方面采用信息化管理 + 检查考评 + 合同约定 + 严奖惩相结合方式在监理人员、设备、监理行为、监理试验室等方面强化监理“五控两管一协调”工作管理；另一方面充分利用第三方单位检测 + 服务 + 专家技术指导 + 信息化管理的优势，在各阶段建立多重监管体系强化对监理单位的管理。充分发挥好监理单位在项目实施过程中的监管作用，解决建设单位管理难度大的问题，确保昔榆高速公路总体目标实现。

（一）构建全员责任体系

（1）建立项目质量、安全、环保责任制度和责任追究制度。

（2）实行质量、安全责任登记制度。监理单位应按要求填写工程质量、安全责任登记表报昔榆公司备案。

（3）昔榆公司与监理单位签订质量、安全、环保目标责任书；监理单位内部逐级签订安全、质量、环保目标责任书。

（4）建立监理组织机构，明确各部室职责，建立全员“岗位责任清单”，岗位责任清单录入信息化管理平台，施工现场通过手机 APP 可随时调取施工单元施工单位、监理单位具体责任人信息，方便一线处理问题。

（5）监理单位实行总监理工程师负责制，对工程质量承担终身监理责任，签署质量终身责任承诺书。

（6）建立工程质量、安全、环保风险辨识及防控责任清单，明确监理单位具体责任人。

（7）建立监理人员信用档案，构建质量、安全、环保长效责任机制。

（二）监理人员、机构建设管理

昔榆公司对监理人员的管理采用合同履约检查 + 信息化管理手段 + 阶段业务培训考核相结合的方式，解决目前监理行业存在的人员投入不足、整体素质偏低、流动性大的问题。

（三）监理行为管理

监理单位应按合同文件及《公路工程施工监理规范》（JTG G10—2016）要求做好工程质量、安全、环保、费用、进度的控制和合同、信息化管理等工作。昔榆公司采用检查、信息化和合同约定相结合手段，加强对监理单位管理。

（四）监理试验管理

监理试验室工作是监理工作的重要组成部分，昔榆公司依托第三方专业化团队采用履约检查+抽查+月（季）评比+信息化管理+奖罚手段对监理单位试验室工作进行监管。

（五）监理廉政管理

（1）昔榆公司与监理单位分阶段签订工程廉政目标责任书，同时监督检查监理单位内部分级签定的廉政目标责任落实情况。

（2）监理单位及其所辖施工单位项目部驻地设监理廉政举报箱，钥匙统一由昔榆公司保管，昔榆公司每半月安排两人开箱收集监理廉政问题，一经查实，严肃处理。

（3）制定廉政管理制度，防止监理人员触碰廉政红线。

（六）监理奖罚措施

（1）昔榆公司对阶段考核优秀的监理人员、单位进行奖励，并全线通报表扬；对阶段考核差的监理人员、单位进行处罚适当金额，并全线通报批评。

（2）监理单位的奖惩结果与计量支付挂钩。

（3）昔榆公司相关部门在日常巡查中依据《监理单位违规行为处罚手册》对监理单位及监理人员进行处罚，提升监理人员责任心。

（4）每期监理费的支付与监理服务质量挂钩，如果施工现场因监理管控不力造成质量、安全等方面出现重大问题，暂停本期监理费的支付工作。

（5）昔榆公司与监理公司建立信息交流平台，昔榆公司将日常检查、考核、奖惩结果公布于信息交流平台上，监理公司可以掌握本项目派出机构的工作情况，充分发挥监理公司对监理人员内部管理作用。

六 第三方管理

本项目通过公开招标的方式，引入监控量测、试验检测中心、造价咨询、环保水保等专业性领域较强的第三方单位，以此强化项目建设过程中的管控力度，确保项目各环节有序推进、合规开展。

（1）昔榆公司严格对第三方单位的驻地建设、人员、检测仪器实行准入制，确保驻地建设标准化，检测、监测人员高素质化，检测仪器信息化、智能化、先进化。

（2）严格落实责任体系、防控体系和保障体系。

（3）昔榆公司定期、不定期对第三方单位的人员履约、检测、监测等情况进行检查与考核评价，如未按合同及昔榆公司的有关要求开展工作，则按照昔榆公司有关规定进行处罚。

（4）第三方单位对检测结果负责，如出现重大偏差，造成质量、安全事故或重大经济损失，按合同及昔榆公司相关追究制度进行追责。

第四节　施工进度策划

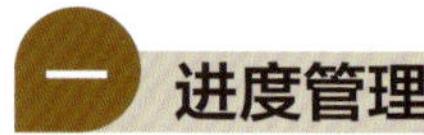

一　进度管理

坚持进度目标导向，紧扣“绿色工程、品质工程、智慧工程”的建设标准，以目标工期控制为统领，以过程管控为主线，根据项目的特点、难度以及工程量，结合项目总工期要求，按周期分年、季、月制定进度计划，做到“长计划，短安排”，控制重点，兼顾全局。以项目信息大数据为支撑，以 BIM（建筑信息模型）技术应用管理为手段，多措并举确保项目工程进度计划全面受控。

二　总体工期计划目标

设计总工期为 48 个月，根据对项目工程规模、地形地质特点和气候条件等因素的综合分析评价，分二期完成：一期为昔阳闫庄互通（K24+000）至项目终点与榆祁高速公路相接（K127+058）计划 3 年完成，实现试运营通车；二期为太行山隧道，计划 4 年完成，实现全线运营通车。

三　工期保证措施

根据设计图纸和有关施工技术规范规程，精心编制施工组织建议书，合理制定作业程序，利用网络技术，科学策划，狠抓关键线路，突出重点，确保主体，同时又总揽全局，统筹兼顾，科学管理，确保工程保质保量如期竣工。

（一）从优化施工方案上保证

在施工过程中，实行科学管理，不断优化施工组织设计和工序施工方案，抓住关键工序，展开交叉、平行、流水作业。

（二）从组织机构、资源配置上保证

根据工期计划编制相应的物资采购供应计划、机械设备供应计划、劳动力供应计划等，形成系统完善的工作计划体系，统筹规划好项目所需的物资资源、机械资源、劳动力资源，落实物资和机械的采购租赁渠道，按照计划提前进场、储备，确保及时供应，保障项目实施顺利。现场预制的桥梁和构件，准备足够的台座和模具，保证构件及时供应。

（三）从施工计划上保证

统筹规划，确保施工计划的严肃性。在安排施工计划时留有余地，关键工序在保证均衡生产的前提下，不安排过紧，有后期调整余地。抓紧有利施工季节，计划紧凑安排，对控制工期的项目，从人力调配、资金保障、物资供应等多维度予以优先支持，各种配套计划落实到位，充分利用有利施工季节，合理增加施工任务安排，全方位、全过程高效推进项目建设。狠抓重、难点工程进度，确保提前竣工。从施工准备开始，制定详细的施工计划，每天有专人检查计划的落实情况，发现问题及时修正，调整计划，增加投入，确保各分项、分部工程工期。

（四）从工序安排上保证

探索先进且适宜的施工方法，合理规划施工程序。从施工方法层面挖掘加速施工进度的有效路径，最大限度规避重复作业与工序间的相互干扰。充分发挥机械化施工的优势，减轻工人劳动强度，提高工作效率，加快施工进度。做好每个工序的准备工作，使各工序连接合理、紧凑，每一个工序应为下一个工序创造条件。

（五）从安全生产上保证

通过严格的质量安全管控，保证施工作业的质量和安全符合要求，根据工程特点，制定专门安全生产技术措施，并组织专门安全小组负责日常的安全检查。避免出现质量返工和安全事故，保障施工顺利进行，消除质量和安全因素对施工进度的影响。

（六）采用先进的施工技术和设备

采用数控钢筋加工设备、预应力智能张拉和压浆、预制场智能养生系统、隧道工程多功能立拱台车、初期支护钢筋网片自动焊网机等，代替传统的生产方式，提高生产效率。

（七）从工作机制上保证

坚持领导干部跟班作业制度。发现问题及时处理，协调各工序间的施工矛盾，保质、保量完成任务。健全奖罚制度，开展施工竞赛，比质量、比安全、比工效、比进度、比文明施工，对按质按量安全完成周、月计划的施工队、班组，给予表扬和奖励，反之给予批评和处罚，以提高施工人员的积极性。

（八）实施目标管理，进行全过程的工期考核

与各参建单位签订工期目标责任书，明确各个工期节点目标，过程中对各节点进度实行目标考核，建立进度目标的考核制度，对进度目标的实现情况进行奖惩。

（九）针对不利天气条件影响制订预防和应急措施

做好便道和施工场地的硬化、排水，储备应对特殊天气的防护等用品，减小不利天气的影响。同时，针对不利天气造成的影响，制定积极的应对策略，调整计划安排，弥补时间损失。

第五节　创新管理策划

一　二次经营策划

（一）“三集中”场站降低成本

（1）推行集约化管理，工程化、集中化、专业化生产，实现混合料集中拌和，钢筋集中加工，混凝土构件集中预制，发挥集约化施工优势，实行标段“集中建厂生产，统一配送管理”，降低临建及施工成本。

（2）利用昔阳东、西两个服务区作为二标、七标的“三集中”场站，利用修文养护中心作为固废利用及小型预制构件加工厂，节约占地费用，场站硬化再利用为服务区水稳层，节约降本。

（3）路面项目部、试验室及沥青拌和站等临时设施利用路基单位原临时设施，降低临时设施建设费用。

（二）永临结合

（1）先行进行永久性用电设计、施工，通过永临结合，满足施工单位临时用电所需，降低施工成本。

（2）将县乡道路与临时便道结合，降低便道成本。

（3）新建施工便道与机耕道路相结合，施工完成后交付当地作为机耕道使用，减少日后复垦费用。

（三）税务策划

作为社会投资人投资建设项目，要争取税收优惠政策和税收减免、返还政策，降低税费支出。一是拟订增值税可抵扣进项税项目清单，确保按要求开具增值税专用发票。二是各项合同签订中做到价税分离，减少印花税支出。三是对免交印花税项目，制订相应的清单（如监理、审计、法律咨询等），避免印花税多缴现象。

（四）炸药采购

打破炸药采购传统方式，直接向炸药生产厂商招标采购，降低炸药成本，实现降本增效。

（五）进度控制缩短工期

牢固树立“工期就是效益”的理念，用好契约化管理手段，提高项目设计、施工等环节的工作质量和推进效率，加快项目推进速度，根据对项目工程规模、地形地质特点和气候条件等因素的综合分析，确定建设工期。

二 固废利用策划

进一步降本增效，实现利润最大化，形成固废资源综合利用的生产模式。坚持节约资源和环境保护的基本国策，实现昔榆高速公路高质量发展，以建设项目为载体：弃渣石方用于片石混凝土，利用弃石方自加工碎石、机制砂，弃石渣用于临建场地硬化，工业固废资源化应用，将昔阳电厂粉煤灰掺入混凝土。利用弃土方造地，节约土地资源。

三 新应用策划

沥青路面上面层采用SMA（沥青玛瑞脂碎石混合料），中面层添加抗车辙剂，提高抗滑性、耐久性及抗车辙能力，延长使用寿命；路缘（边）石采用大理石石材，减轻融雪剂的腐蚀损坏，降低运营养护成本。

隧道电缆沟槽盖板采用耐腐蚀、阻燃性良好的新型高分子复合材料，方便检修、减少损坏。

在防水板和二次衬砌之间布设毛细式透排水带，内侧敷设渗水土工布，解决衬砌施工缝处渗漏水问题。

联合专业院校，开展应用型课题研究：

（1）开展砂岩类弃渣在公路工程中的资源化利用研究。应用于低强度等级混凝土临建设施、挡墙、小型构件及路面底基层及下基层，以达到环保节能和节约成本的目的。

（2）开展特长隧道安全、质量管控方面的研究。开展“太行山区隧道穿越断层施工及质量薄弱环节的风险防控技术”“超特长公路隧道智能绿色通风及防灾救援技术”“特长隧道施工质量计算机视觉检控技术等课题研究，提高隧道施工和管控能力和水平。

（3）开展工程信息化、智能化方面的研究。开展“基于 BIM 的昔榆高速公路建设项目全过程数字化移交平台”“BIM+ 物联网在昔榆高速公路运管养”等课题研究，以深层次解决工程实践问题引导科研方向，实现工程品质和信息管控的高效统一。

四 “亮点”工程策划

（一）绿色工程

工作理念：打造一条“生态引领、低碳集约、景观融入、服务共享、智慧创新”的绿色高速公路。

工作思路：以“绿色发展、科技发展”理念为引领，以全生命周期的资源能源集约利用、生态良好保护为目标，引进推广先进技术，推广清洁能源，实现“节能、节材、节水”，建设一条“三季有花，四季常绿”的高速公路，为驾乘人员提供一幅“车在景中行、人在画中游”的美丽画卷。

1. 生态引领

推行生态环保设计，加强生态选线，依法绕避自然保护区、水源地保护区等生态敏感区。推行生态环保设计和生态防护技术，重点加强施工过程中的植被与表土资源保护和利用，做到“边施工边绿化”。边坡开挖一级、防护一级、绿化一级，路基填方与弃土场同样做到“边填边弃边绿化”，做好重点地段、重点区域的绿色提升。

2. 低碳集约

统筹资源利用，实现集约节约。积极应用节能技术和清洁能源。大力推行废旧材料再生循环利用，积极推行废旧沥青路面、钢材、水泥等材料再生和循环利用，加大推广粉煤灰、煤矸石、矿渣、废旧轮胎等工业废料的综合利用，开展施工垃圾的无害化处理与利用。积极应用节水、节材施工工艺，实现资源高效利用。

全线轻交通路段采用橡胶改性沥青路面，提高性能，降低路面噪声，有效消纳废旧轮胎，实现废旧材料的回收利用。

短隧道采用储能发光涂料，取消灯光照明，节约成本。隧道照明采用智慧供配电系统，根据洞口的光亮程度自动调节灯具亮度，既节约又安全。

隧道进出口照明路灯采用超级电容路灯，具备快速充电、超宽工作温度、深度充放电、低电压和低内阻等特性，突破光伏照明的传统储能技术瓶颈，与市电综合利用，达到运营期节能减排效果。

在两隧道口相距较近时，设置钢架结构，防落石、防雨雪的同时，棚顶设置光伏设施用于隧道照明，以达到低碳节能。

3. 景观融入

建设景观昔榆高速公路，展现地域文化精髓。利用隧道洞门墙，按照不同的地域，打造具有当地特色的地域文化。在服务区建设“大寨精神”“晋商文化”的景观文化，展现“自力更生、艰苦奋斗”“诚信赢天下”的晋中精神，使功能、景观、文化完美结合，建造一条“沿路处处是风景”的“绿色文化景观大道”。

加强生态保护，对涂河特大桥桥梁墩台进行绿化生态修复，建设成与当地生态环境相适应的生态高速公路，实现路与自然的和谐统一。

4. 服务共享

以服务、共享、节能为标准，建造集停车服务、旅游信息提供和服务、充电以及光伏发电、污水处理、中水回用、雨水收集、地源热泵等节能减排技术于一体的综合性服务区，为公众提供绿色、节能、环保、健康的新型服务。

5. 智慧创新

全线隧道采用智慧照明系统，在隧道进洞前 150m 和出洞后 100m 设置导行灯带，提高行驶安全性。太行山特长隧道内采用疲劳唤醒技术设计，在隧道内墙喷涂有关地域文化图画，缓解驾驶人员长时间在隧道中行车导致的疲倦，保障行车安全。

（二）智慧工程 + BIM 全过程高精智能管控

在昔榆高速公路建设项目中，智慧工程与 BIM 技术紧密结合，构建起一套全面且精细的全过程高精智能管控体系，旨在实现信息可查、环保可控、质量可溯、安全可防、过程可视的建设目标。

1. 信息可查

针对昔榆高速公路建设全过程管理的复杂性，充分利用物联网、互联网、4G/5G 通信技术、云计算以及智能传感等多种先进技术手段。通过物联网技术，将施工现场的各类设备、设施以及材料等连接成一个有机整体，实现数据的实时传输与交互。以互联网作为数据传输的基础网络，确保信息能够在各个管理节点之间快速流通。4G/5G 通信技术则为高速、稳定的数据传输提供保障，满足施工现场对实时性数据交互的需求。

2. 环保可控

云计算平台负责对海量的数据进行存储、处理与分析。智能传感设备分布于施工现场的各个关键位置和设备上，针对项目、人员、设备、材料、质量、环保、安全以及 BIM 模型等方面，实时采集各类数据。通过传感器实时监测扬尘、噪声、污水排放等环境指标，确保施工过程符合环保标准，实现环保可控。

3. 质量可溯

高精度智能传感设备所采集的数据，经由特定算法进行深度分析与处理。这些算法基于大数据分析、机器学习等技术，能够从海量数据中提取有价值的信息，构建智能监测与检测的项目信息化生态圈。在质量监控方面，通过对原材料的质量参数、施工过程中的工艺参数等数据进行实时分析，一旦出现质量偏差，系统能够迅速定位问题源头，实现质量可溯。

4. 安全可防

在安全管理上，利用智能传感设备实时监测施工现场的安全隐患。通过监测施工现场的温度、烟雾浓度来预防火灾，通过对施工区域应力、位移变化的监测来预防坍塌事故，做到安全可防。在人员管理方面，通过智能手环或胸牌，可实时监测人员的位置、工作时长、疲劳程度等信息。设备上安装的传感器能够实时反馈设备的运行参数、故障预警等。

5. 过程可视

借助 BIM 技术建立的三维模型，将工程建设的各个环节以可视化的方式呈现。管理人员可直观查看工程进度、空间布局等信息，实现过程可视。同时，将所有采集的数据与 BIM 模型进行关联，便于查询与分析，实现信息可查。通过对这些数据的深度挖掘分析，为工程建设提供智能化的监管策略与科学决策依据，最终实现工程建设的智慧管理。

（三）隧道标准化施工

机械化、智能化助推隧道施工标准化。针对昔榆高速公路隧道占比大、地质及围岩复杂，隧道施工引进隧道智能化成套装备“三机一桥五台车”（简称“315 智能化装备”），进一步提高机械装备施工能力和管理水平，进一步规范了隧道施工的各项工序操作，全面提高标准化施工水平，有效提升施工质量，确保了安全与环保，降低了电耗和人工成本。

昔榆高速公路在采用“315 智能化装备”的基础上，建设过程中严格把控隧道隐蔽工程、超欠挖、各类质量通病防治、工艺标准化，有效引领全省隧道质量大幅提升。一是在隧道开挖方面，采用了聚能光爆，炮孔成孔质量显著提高，有力控制了超挖，且达到“光面”效果。二是在防水板施工方面，采用了增强型爬焊机与防水板钢筋作业台车施工，防水板搭接长度达 20cm，且防水层表面无褶皱、气泡、破损，无紧绷，焊接无脱焊、漏焊、假焊、焊焦、焊穿，且搭接位置较少。三是止水带施工方面，采用热熔焊接机，温度自动控制，焊接接头平顺、牢固，防水性能好。四是在二衬浇筑方面，采用新型二衬台车实现了分层逐窗浇筑、空洞报警、带模注浆、软搭接、拱顶饱满度检测、模板侧压力检测、混凝土流量及流速监控、浇筑信息自动上传系统八大功能，解决混凝土收缩等引起的混凝土脱空，降低了二衬缺陷率，提高了二衬施工质量。五是在电缆沟槽施工方面，使用 12m 的移动式模架及配套的定型模板，通过液压杆把模板悬挂起来，可以左右移动模板到设计的平面位置，比使用小块钢模组合施工工序短、耗时少、加固支撑少、整体外观好，有利于提高施工质量。

革新管理理念
实施精细化管理

第一节　建设管理模式的改革创新

一　国企核心竞争力提升的必然驱使

实施国企改革三年行动是一项重大决策。2019 年 12 月，中央经济工作会议首次提出制定实施国企改革三年行动方案。2020 年 6 月通过的《国企改革三年行动方案（2020—2022 年）》，正式拉开了国企改革三年行动的大幕。2020 年 9 月，国务院国有企业改革领导小组第四次会议对国企改革三年行动明确提出五项要求，其中第一项就是国有企业要成为有核心竞争力的市场主体，积极稳妥深化混合所有制改革。

现代企业管理是企业核心竞争力的核心。企业管理者要及时更新现代企业管理理念，采用科学管理模式，强化市场意识、风险意识和效益意识，转变经营理念，从企业战略发展角度来建立完善的内部控制制度。提高企业管理水平是企业核心竞争力提升的最佳路径（图 3-1）。

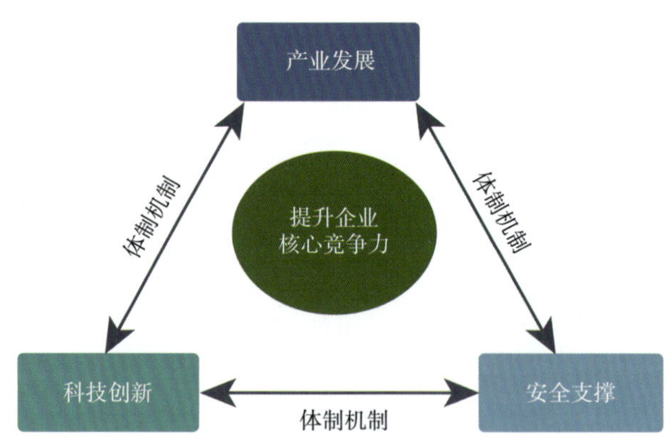

图 3-1　国企改革深化提升行动

二　建设管理模式亟须改革创新

建筑业普遍被认为是一个劳动力密集、效率低下的传统行业，在接受和使用现代管理思想、方法与手段方面比较迟钝，这常常是导致工期严重拖延、成本大量超支的主要因素；另外，部分建筑企业以包代管，管理粗放，集团管理“集而不团”，项目管控“管而不控”，分公司各自为政，项目各自为战，造成企业虽在业务营收上有所增长，但利润普遍不高。所以，迫切需要先进的管理思想和技术手段对建筑业进行一场彻底的变革和重组。

关注单个项目是传统建设工程项目管理的重点。但事实上，超过 90% 的项目处于多项目的环境中，研究一个项目的实施而忽视多项目之间的联系是一个重大缺陷。企业的最终目标是获取项目组合价值的最大化，而不是追求单个项目的成功。因此，建筑企业有必要寻求更有效的管理模式。

三 多维项目管理是企业战略发展的重要举措

多维项目管理是一种综合性且系统性的项目管理方式，它突破传统单一层面管理局限，将项目视作多维度的复杂系统，涵盖时间、成本、质量、范围、人力资源、风险、沟通、采购等诸多相互关联又彼此影响的维度，通过整合各维度管理手段，全面把控项目全生命周期。在实施中，要明确各维度关键要素与管理要点，从项目起始便识别确定所需维度、设定目标并制定计划，随后整合协调各维度工作使其协同推进，执行时实时监控、及时纠偏，结束后总结反馈以持续提升管理水平。多维项目管理虽面临维度平衡协调难、信息整合共享要求高、对管理人员素质要求高等挑战，但适用于各类项目，能助力更好达成项目目标、提升项目价值。

在公路建设精细化管理中，多维项目管理的应用极具必要性，从企业核心竞争力角度来看，它能助力各参建企业全方位提升专业能力，深化对各环节技术与管理的钻研，优化人力、物力等资源的整合及协同合作，塑造差异化优势，进而在激烈市场竞争中强化自身核心竞争力；从建设管理模式创新方面而言，多维项目管理可使高速公路建设更好地应对政策法规、自然环境、市场变化等复杂外部因素，实现全生命周期各阶段在质量、进度、成本等多维度的精细把控与紧密衔接，推动建设管理模式朝着更科学、灵活且契合现代高速公路建设理念的方向创新发展，以此满足高速公路建设高质量、可持续发展的需求。

企业战略是企业为求得生存和长期稳定的发展，根据企业所处的内外环境及可获得的资源而进行的长远性、整体性、全局性的谋划。多维项目管理的目的在于解决项目管理和企业战略管理脱节的问题。实践充分证明，通过实施多维项目管理，发挥群体智慧、经验和力量，集中攻关技术难题，快速高效推进项目实施；通过物资集采、设备调配、人员优化，降低项目施工成本，提高多维项目管理整体管理效率，创造良好经济效益，获得“1+1>2”的管理效率和投资效益。

昔榆高速公路建设项目通过参建方（包括项目业主、设计、施工、监理、施工、供货、运维等）、管理目标（包括质量、进度、费用、安全、环保等）、合同标段（包括路基、路面、桥梁、隧道、交安等）等维度构建多维项目管理模式，在建立多维度管理矩阵基础上，将精细化管理理念深度融入各维度中的元素。

第二节　创建品质工程的管理措施

一　创建品质工程的背景

2012年以来，党中央、国务院高度重视质量工作。国务院印发《质量发展纲要（2011—2020年）》，推动中国制造向中国创造转变、中国速度向中国质量转变、中国产品向中国品牌转变。交通运输部在2015年的全国公路水运工程质量安全工作会议上首次提出了“品质工程”新理念，并将打造“品质工程”纳入2016年度交通运输部重点工作计划。随后出台了《关于打造公路水运品质工程的指导意见》（交安监发〔2016〕216号）、《关于开展公路水运品质工程示范创建工作的通知》（交办安监〔2016〕193号）、《公路水运品质工程评价标准（试行）》（交办安监〔2017〕199号），在浙江省召开的全国公路水运品质工程现场推进会则启动了为期3年的示范创建工作，旨在推动全国公路水运工程质量水平明显提升。2018年2月印发了《品质工程攻关行动试点方案（2018—2020年）》（交办安监〔2018〕18号），组织开展了六大攻关行动，形成了5部指南和1部“微创新”成果汇编。

在党的十九大前后，国家层面又提出了新要求。党中央、国务院印发了《关于开展质量提升行动的指导意见》，提出要建设“百年工程”，提出了公路高质量发展和建设交通强国的新要求，要求建设“精品工程、样板工程、平安工程、廉洁工程”。交通运输部顺应新时代公路水运工程建设高质量发展的新要求，首提“平安百年品质工程”，并于2018年11月印发了《“平安百年品质工程”建设研究推进方案》（交办安监〔2018〕147号）。

2019年11月，交通运输部将“推进交通基础设施‘平安百年品质工程’建设”列入交通强国建设试点任务领域。2020年9月，“平安百年品质工程”获批纳入第二批全国创建示范活动保留项目目录，正式确定为国家认可的创建示范行为。

创建示范工作启动后，山西省交通运输厅制定了《山西省交通运输厅关于开展重点公路工程质量提升年专项行动的实施意见》，高标准组织开展“质量提升年专项行动”，提出“坚决推倒一批不合格工程、坚决清退一批不达标人员、树立一批典型示范工程”的“三个一批”要求。山西省交通运输厅紧抓重要工程、重点部位、重点工序、关键指标等的监督和检查；成立平安百年品质工程工作专班，督促各项目建设单位确定专职人员和机构，落实责任及任务，形成省厅、建设单位、参建人员纵向到底、横向到边的全覆盖参与机制，以强大的组织力量创建平安百年品质工程。一是将平安百年品质工程创建作为重点公路工程季度调度会的核心议题，听取各建设单位的工作汇报，专题讨论、深入交流。二是在项目建设过程中，始终坚持开展送专家、送技术、送服务到一线的“三送行动”，为项目排忧解难，提供技术服务和指导。

 创建品质工程的内涵与目标

1. 内涵

平安百年品质工程是落实高质量发展的体现，是交通强国、质量强国建设要求的重要载体，是结合交通建设发展转型的新形势、新需求形成的新理念，是推动交通基础设施建设高质量发展的需要，是建设现代化交通运输，凝聚行业共识，引领发展方向的重要成果。“平安”是落实以人民为中心的发展思想，坚持人民至上，生命至上，是交通基础设施建设的根本目标。“百年”是交通基础设施建设的长远目标；对于重大基础设施建设项目，以建设百年工程为目标，实现工程投资效益最优，工程质量更加耐久；对于小型工程项目，百年工程是一种发展理念，一种价值追求，是引领工程建设高质量发展的美好愿景。“品质”是工程建设质量发展的具体展现，是交通基础设施满足人民对美好生活的向往的最终追求。

2. 目标

到 2027 年，建成一批平安百年品质工程示范项目，交通运输基础设施建设全寿命周期建设发展理念持续深化，工程建设质量安全管理体系不断完善，标准化建造和规范化管理基本实现，工程安全性、耐久性和服务品质得到明显提升，有力支撑加快建设交通强国五年行动计划目标实现。

到 2035 年，平安百年品质工程得到普遍推广，交通运输基础设施建设管理和技术创新取得明显成效。全寿命周期管理措施有效实施，现代化质量安全管理体系有效运行，高水平建造和精细化管理全面推进，工程技术国际竞争力和影响力显著提升，有力支撑交通强国、质量强国的建设目标实现。

3. 有关文件

有关创建平安百年品质工程的文件见表 3-1。

有关创建平安百年品质工程的文件 表 3-1

序号	政策文件	文号	发布日期
1	《“平安百年品质工程”建设研究推进方案》	交办安监〔2018〕147 号	2018 年 11 月
2	《关于开展交通强国建设试点工作的通知》	交规划函〔2019〕859 号	2019 年 11 月
3	《关于公布第二批全国创建示范活动保留项目目录的通告》	国评组办函〔2020〕1 号	2020 年 9 月

续上表

序号	政策文件	文号	发布日期
4	《关于公布平安百年品质工程创建示范项目（第一批）清单的通知》	交办安监函〔2021〕932 号	2021 年 6 月
5	《关于填报平安百年品质工程创建示范项目技术创新清单等 3 个清单的函》	交安监公函〔2021〕114 号	2021 年 9 月
6	《关于开展公路水运平安百年品质工程创建示范工作阶段总结的函》	交安监公函〔2022〕27 号	2022 年 6 月
7	《关于加强公路水运工程建设质量安全监督管理工作的意见》	交安监规〔2022〕7 号	2022 年 8 月
8	《关于加快建设国家综合立体交通网主骨架的意见》	交通运输部、国家铁路局、中国民用航空局、国家邮政局等	2022 年 10 月
9	《质量强国建设纲要》	中共中央、国务院	2023 年 2 月
10	《关于做好平安百年品质工程创建示范推动交通运输基础设施建设高质量发展的指导意见（征求意见稿）》	交通运输部办公厅	2023 年 9 月
11	《山西省公路品质工程攻关行动试点方案（2018—2020 年）》	晋交建管发〔2018〕91 号	2018 年 4 月
12	《山西省公路品质工程深化创建实施意见》	晋交建管发〔2018〕94 号	2018 年 4 月
13	《山西省公路工程试验检测专项整治行动方案》	晋交建管发〔2018〕93 号	2018 年 9 月
14	《山西省推进交通强国行动计划（2021—2022 年）》	晋政发〔2020〕22 号	2020 年 12 月
15	《交通强国建设山西省试点实施方案》	晋政办发〔2021〕96 号	2021 年 12 月

三 创建品质工程的必要条件

《交通强国建设纲要》提出了“构建现代工程建设质量管理体系，推进精品建造和精细管理”的要求，是对新时期交通基础设施建设质量安全管理工作的总要求。完成交通强国建设任务，打造一流交通基础设施，必须要有现代化工程建设质量管理体系作为支撑和保障。

打造品质工程首先要加强管理，转变传统管理方式，实施精细管理，以精细、精准、精确为管理导向，建立分工明确、责任清晰的标准化、规范化、程序化管理体系。解决管理造成的质量安全问题就是要解决由于管理粗放、管理不具体、管理不细致带来的问题和隐患。工程建设精细化管理是将质量安全目标进行分解、细化、落实，使管理更加专注细节和精准控制，更加着眼于工程的细小部位、施工的细小工艺、管理的细小措施。在进行质量控制时，须有质量的量化指标和量化评判。

只有做到了精细管理，才能做到精品建造。以精细管理培育高技能的技术工人，以高技能的技术工人实施精品建造。要把精细管理和精品建造作为品质工程的核心管理措施。以精品建造质量难点和投资控制为导向，加强技术攻关，大力创新简单、实用、高效、低成本的精品建造技术。平安百年品质工程建设过程，就是一个精细管理和精品建造的过程，是达到最终目标的必要条件。

四　实现精细化管理与精品建造的控制要素

（一）传统技术和新技术融合

技术创新就是在提升工程质量、保证工程安全、改善施工条件、加快建设进度、解决建造难题等方面，大力发展先进、实用、高效的新技术。在新技术融合上，全面推进数控技术、互联网、第五代移动通信、人工智能、超级计算等新技术应用，提升建设管理和建造技术的信息化和智能水平，大力开发智能管理信息平台和智能建造技术。利用数字化技术和数控加工技术，提升部件和各类构件的制造精度和质量控制水准。利用信息化技术实时采集进度、计量、质量检测、质量验评数据，及时汇总分析。全面推行钢筋数控加工技术，钢筋布设和固定积极采用机器人焊接技术，更多进行工厂化生产。

传统技术和新技术的融合是工程建设管理和技术进步不可逆转的必然趋势。施工企业积极研究新技术的融合，立足长远，推动交通基础设施建设向智能建造转型，提高工程建设智能建造的比例，进行智能生产改造，形成全产业链智能建造合作机制，构建产业链融合一体的智能建造产业体系。

（二）在设计源头消除“天生缺陷”

设计是工程建设的“龙头”，对工程的全寿命周期和本质安全具有先导作用。如果设计存在缺陷，则难以弥补。因此，设计单位要全过程参加建设工作，参与策划方案、技术方案、工程交（竣）工验收方案等的制定工作，在方案中充分体现设计意图，发现设计不合理和“错漏碰”的问题。

项目实施过程中，设计单位不断重新审核设计，对重要的工程部分进行精细设计，以精细设计消除工程结构和部件的质量薄弱环节。要加强现场服务，驻场代表参加施工方案的制定和审核，核实、更正同设计不符的问题。

（三）发挥协同协作作用

以施工现场为中心的工程建设管理涉及的参建单位多，监管部门多。以建设单位为中心，建立协同协作机制，加强各参建单位对工程质量安全的实时管控和检测数据的相互印证，做到建设、施工、设计、监理、检测、监督各单位和部门之间的信息共享、数据要素的综合集成利用。

项目实施过程中，各参建单位不能各自为政，施工、监理单位要保证质量安全相关数据采集及时、准确，保证及时处置、整改不合格数据和隐患。设计单位要全面核实施工建设数据同设计数据的一致性，确保工程结构、用料准确无误，满足国家强制性标准的要求。检测单位要独立、公正、及时完成检测，各责任单位要充分发挥检测数据的质量安全控制作用，杜绝不合理超前施工。共建信息平台，将工程各相关单位和部门纳入统一信息管理系统，实现信息共享、大数据共享、智能化信息成果共享。

（四）技术和管理创新

建立深度协作的技术创新研究机制，联合科研单位、相关院校、大型施工企业、设计单位、技术专家共同开展技术创新。围绕安全性和耐久性开展课题研究，积极采用行业内最新的技术、工艺和设备，如自动化生产线、智能检测系统等，以提高工作效率和工程质量。加大研发投入，研发具有自主知识产权的核心技术，形成技术壁垒，提升市场竞争力。全面梳理生产和管理流程，消除浪费和冗余环节，提高流程效率和执行力。引入先进的管理理念和方法，全面提升投资效益。建立科学的激励机制，激发员工的积极性和创造力，提高员工对品质工程的参与度和认同感。利用信息技术手段，实现生产和管理过程的数字化、智能化，提高决策效率和准确程度。

第三节　精细化管理的保障措施

一　党建引领

党建的引领力牵动生产经营各方面，要走出党建工作与业务发展同向同行、双赢双促的新路子。在制度设计上，昔榆公司党委向集团公司党委报告年度党建工作，基层党组织书记抓党建述职评议，党委书记抓基层党建。在组织架构上，严格落实集团公司管理体系，全面推行党委书记、董事长“一肩挑”。在决策程序上，推行参建单位全部建立党委研究决定事项清单、前置研究讨论事项清单及负面清单“三张清单”。在支部建设上，持续开展党支部评星定级工作，树立标杆导向。在品牌创建上，开展“引擎赋能·先锋筑梦”党建工作品牌创建活动，全力打造企业党建品牌矩阵，切实把党的政治优势、组织优势转化为企业的发展优势、竞争优势。党建工作做实了，就是生产力；党建工作做强了，就是竞争力；党建工作做细了，就是凝聚力。在新征程上，昔榆公司始终把加强党建工作作为“根”，牢牢抓住党建统领这条主线，不断凸显党建引领发展的实效性。

发挥党建引领保障作用。深入学习贯彻党的二十大精神，认真落实“三会一课”、民主生活会、组织生活会，拧紧思想“总开关”。常态贯彻落实“第一议题”制度，确保政治判断上“不偏差”，政治领悟上“不模糊”，政治执行上“不弱化”。坚决贯彻“两个一以贯之”，确保党的领导在决策、执行、监督的全方位、各层级、各环节发挥作用。

围绕工程建设，推进“区域党建共建”目标，以增强自觉为前提，以融入治理为基础，以落实责任为体系，以抓住关键为突破，以建强基层为体现，层层递进、环环相扣，构成落实党委主体责任的工作体系。

夯实基层组织建设基础。持续运用“党建+”模式，全面开展支部标准化建设，发挥党员先锋岗、党建示范点作用，切实推动基层组织建设全面进步、全面过硬。增强群团工作向心力，画好画实最大同心圆，进一步增强文化建设凝聚力、宣传工作号召力，打造一批“工字号”“青字号”品牌。

推动党风廉政建设走深走实。以永远在路上的韧劲和执着，深入推进党风廉政建设和反腐败斗争，努力营造风清气正的政治生态。严格落实中央八项规定精神，强化工作作风、培育树立新风。深入推进清廉国企建设，在全省走在前、作表率。始终保持高压态势，紧盯重点领域开展专项整治，坚持监督执纪、制度建设、廉洁宣教同向发力，一体推进不敢腐、不能腐、不想腐的体制机制。

二 加强组织领导

（一）建立强有力的组织领导机构和责任体系

成立由党政领导亲自抓的建设领导小组，统筹协调推进建设和发展，形成党委、行政、各部门等齐抓共管、一丝不苟、严格要求的工作格局。明确责任分工，通过责任体系建设，明确各方的责任分工，制定详细的工作计划和任务分配方案，确保各项工作有人负责、有落实、有考核。

（二）完善科学合理的管理制度

在集团管理制度基础上，昔榆公司充分完善了科学合理的管理制度，在管理体系方面更加明确了各方的职责和权利，在投资、计量、工程变更方面规范了管理流程和操作规程。同时，通过廉政建设加强制度的执行和监督，确保各项管理制度得到有效落实。

（三）建立有效工作机制和合作平台

项目建设涉及多个部门和单位。建立有效的沟通机制和合作平台，促进各方之间的信息共享和协同工作。通过加强横向和纵向的沟通协调，提高工作效率，解决工程进度、质量、安全等方面存在的问题。健全山西路桥集团、昔榆公司、主管部门之间的联动机制，主动接受行业指导，建立工作协调机制和专家咨询机制，强化组织保障。加强经验总结和宣传，凝聚社会共识，争取各方支持，促进示范工程建设。

（四）推进信息化建设和管理

应积极推进信息化建设和管理，利用信息技术提高管理效率和质量，实现信息共享和协同工作。

（五）加强安全文化组织领导

领导者在塑造新型安全文化中起着举足轻重的作用。领导层应带头积极宣传安全文化，身体力行，让员工看到倡导什么、反对什么，以及以什么样的准则和规范从事工作。

（六）加强人才队伍建设和管理

高速公路建设需要具备高素质的人才队伍。加强人才队伍建设和管理，制定完善的人才培养计划和激励机制，提高员工的专业技能和管理能力。

三 强化保障机制建设

（一）工作责任机制建设

工作责任机制建设是确保高速公路建设、运营和管理过程中各级职责明确、工作高效进行的重要保障。明确责任主体和职责范围，确保各项工作有明确的责任归属，建立责任清单，明确各责任主体在不同阶段的具体任务和职责。强化监督与考核机制，定期对高速公路各项工作进行考核评估，确保责任得到有效落实，对于考核不合格的责任主体，进行问责和整改。建立激励与约束机制，对在高速公路建设、运营和管理中表现突出的责任主体给予表彰和奖励，对未能履行职责或造成损失的责任主体进行处罚，确保责任制的严肃性，将激励与约束机制相结合，形成良性的责任循环，推动各项工作的持续改进。加强培训与能力建设，提高参建人员的业务素质、技能水平、责任意识和执行力。完善信息化支撑系统，建立高速公路信息化管理平台，实现信息共享和实时更新。利用大数据、人工智能等先进技术对高速公路各项工作进行智能分析和预警，加强与其他相关部门的信息化协同，提高管理效率和应急响应能力。

（二）风险防控机制建设

坚持问题导向，建立全覆盖的合规、内控、风险一体化管理机制，形成统一的制度法规库、重大风险库、措施应对库。防范化解法律风险，重点防范合同履约、劳务用工等法律风险，推进合同管理平台建设，维护公司权益；防范化解投资风险，重点检查投资项目的前期手续、建设内容、资金使用、建设程序、投资控制等，规范项目管理；防范化解资金风险，做好资金使用计划安排，合理筹措资金，确保资金储备充足、融资规模适度、资金拨付及时，守好资金“生命线”。坚持科学规划和设计，严格管理工程项目建设程序。加强工期调整、工程变更等的管理，保障施工工期。

（三）应急保障机制建设

针对可能发生的各类突发事件，制定详细的应急预案，明确应急响应程序、应急处置措施、应急资源调配等内容，确保在紧急情况下能够迅速、有效地应对。组建专业的应急队伍，进行定期的培训和演练，提高应急响应能力和处置水平。加强与相关部门的协作配合，形成合力，共同应对突发事件。建立监测预警系统，实时监测高速公路建设的重点风险源，及时发现和处理潜在的安全隐患；同时，加强与气象、交通等部门的信息共享和沟通，及时发布预警信息，提醒参建人员注意安全。建立应急通信系统，确保在紧急情况下能够保持通信畅通，及时传递信息，协调各方力量进行应急处置。

四 注重示范引导

（一）推广“智慧公路”建设

通过引入先进的智能技术，如大数据、物联网、云计算等，实现对高速公路的智能感知、智能调度、智能管理和智能服务。例如，利用物联网技术实现对公路基础设施的实时监测和预警，利用大数据和云计算技术实现公路交通数据的分析和预测，为高速公路的安全、高效、绿色运行提供保障。

（二）推进“绿色公路”建设

在高速公路建设中，注重环保和可持续发展，采用环保材料和节能技术，优化路线设计和施工工艺，降低对环境的影响。同时，加强生态修复和环境保护工作，打造绿色生态廊道，营造宜人的行车环境和路域生态环境。

（三）推动科技创新和研究

鼓励企业和研究机构加强科技创新和研究，开发、应用新的技术和工艺，提高工程建设的技术水平和效率。

（四）创建示范工程

创建“智慧”“绿色”高速公路建设示范工程，充分展示规划、设计、施工、管理等方面的成功经验和最佳实践，吸引更多人关注和参与。同时，通过这些示范工程，推广平安百年品质工程的理念和标准。

（五）政策引导与产业扶持

研究政府出台的相关政策，鼓励企业和研究机构投入“智慧”“绿色”高速公路的研究和建设，获取资金、技术、人才等方面的支持。同时，加强与相关产业的协同发展，推动产业链的完善和创新，提高整体竞争力和可持续发展能力。

（六）加强培训和教育

通过开展培训和教育活动，提高从业人员的专业素质和技术水平，培养一批具备“智慧”“绿色”理念和技能的人才队伍。同时，加强公众宣传和教育，提高社会对“智慧”“绿色”高速公路的认识和接受程度。

第四节　“管理+服务”的治理理念

昔榆高速公路作为山西省重要的交通建设项目，为山西省吸引投资、促进经济发展提供了重要的基础设施支持。它展示了山西路桥集团在基础设施建设方面的实力，探索出具有昔榆特色的“管理+服务”治理模式。在整个施工过程中，参建单位牢固树立了“管理+服务”的管理理念，才有了昔榆高速公路高质量的建设和高效可靠的运营，获得了多项荣誉，也提升了公众对山西路桥集团的认同感和满意度。

在2022年“山西省五一劳动奖状”获得者名单中，昔榆高速公路赫然在列。对于昔榆高速公路，这个荣誉的含金量不言而喻。

昔榆公司由山西路桥集团与中铁交投集团共同出资，2020年6月15日注册成立，肩负昔阳（晋冀界）至榆次高速公路投资建设、运营维护等重要任务。

昔榆高速公路是国家发展改革委《关于支持山西省与京津冀地区加强协作实现联动发展的意见》确定的重点建设项目，是山西省重点工程、晋中市交通建设领域“一号”工程，全长 125.370km，批复概算约 200 亿元，预计 2024 年 10 月全线通车。

2020 年，昔榆高速公路作为国家高速公路 BIM 技术应用示范单位，成功承办了全国 BIM 大会现场观摩会。

全省第一个在公路建设领域投保安全生产责任险，率先推广项目部安全标准化二级达标工作，成为省内公路建设领域首个参保安责险的项目。

2021 年 5 月，昔榆高速公路代表山西省迎接了交通运输部“三送行动”专家组的调研与考察。专家组对昔榆高速公路建设工作给予充分肯定。之后，新疆交投集团、福建省高速集团先后来昔榆高速公路进行交流学习。

困难、机遇、使命并存，昔榆高速公路的建设者们克服新冠疫情不利因素的影响，发挥路桥集团连续作战的铁军精神，勇敢奔赴项目建设的前沿阵地。

昔榆高速公路建设以“年度目标任务”为中心、“进度管理”为主线、“党建引领、品质塑造、平安工地、数智建造”为着力点，各项工作全速、高质量推进。超额完成年度目标任务，受到了山西省交通运输厅的表扬。昔榆高速公路连续两年超额完成年度目标任务。

坚持科技创新，数智建设成新亮点。以项目管理“可管、可控、可视化”为目标，昔榆高速公路项目坚持创新驱动，提升管理效能，运用互联网、大数据、BIM+GIS 等技术，建立了囊括设计、施工、运营全生命周期的昔榆特色虚实交互、线上线下一体化“2361”数字平台，实现了项目管理智能化，荣获山西路桥集团 2021 年信息化建设和应用专项评比优秀集体称号。

聚焦工程品质，打造高质量典范工程。深入创建平安百年品质工程，昔榆高速公路项目建设立足“高品质”，完善“责任、防控、保障”三大体系建设，持续开展质量攻坚与提升活动。山西省交通建设中心 2021 年检查中，昔榆高速公路项目实体工程合格率为 97.3%。2022 年，工程项目的关键指标合格率提升到 98%。

以“本质安全”为目标，多形式、全方位开展安全生产管理工作，实现了项目安全生产全过程、全方位管控，为打造平安百年品质工程提供坚实的安全保障。

每一块奖牌都是广大建设者用汗水浇筑的丰碑，它不仅闪耀着卓越品质的光芒，更铭刻着攻坚克难的奋斗史诗。这些沉甸甸的荣誉（图 3-2），是对我们日夜兼程、劈山架桥的崇高礼赞，也见证了我们将天堑变通途的工匠精神。奖牌背后，是团队协作的智慧结晶，是精益求精的执着追求，更是为人民铺就幸福路的初心使命。它们不仅是过去的辉煌印记，更是催征未来的号角。让我们以荣誉为炬，继续在崇山峻岭间书写新时代的筑路传奇！

第二十届交通企业管理现代化创新成果
成果名称：山区高速公路
绿色节能建设
等级：一等
创造单位：山西昔榆高速公路有限公司
交通行业优秀企业管理成果评审委员会
中国交通企业管理协会
二〇二四年八月

五一劳动奖状
山西省人力资源和社会保障厅
山西省总工会

第三届全国公路"微创新"大赛
金奖

第三届全国公路"微创新"大赛
铜奖

晋中市模范集体
中共晋中市委
晋中市人民政府
二〇二一年四月

第一届"路桥杯"技能比武大赛
团体二等奖
晋中市总工会 晋中市劳动竞赛委员会 山西路桥建设集团有限公司
二〇二一年九月

山西路桥集团
"颂歌献给党 扬帆再起航"职工歌咏比赛
优秀组织奖
山西路桥建设集团有限公司
二〇二一年七月

2021年度专项考核（固废利用）
优秀单位

2020年度综合考核
优秀单位

2020年度党建目标考核
优秀单位

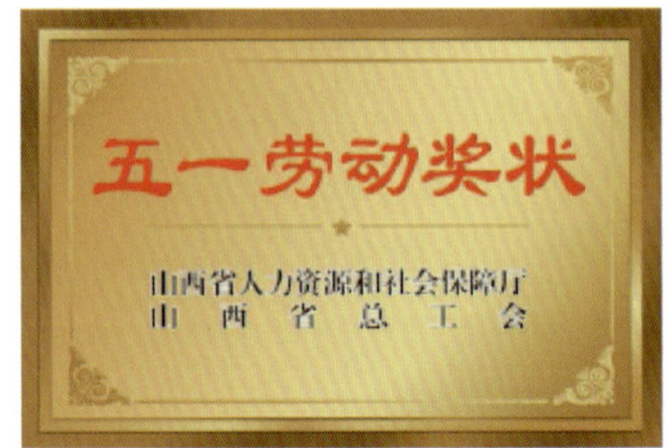

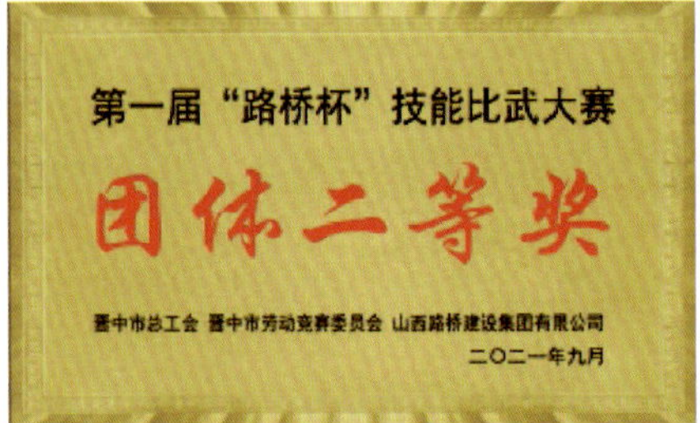

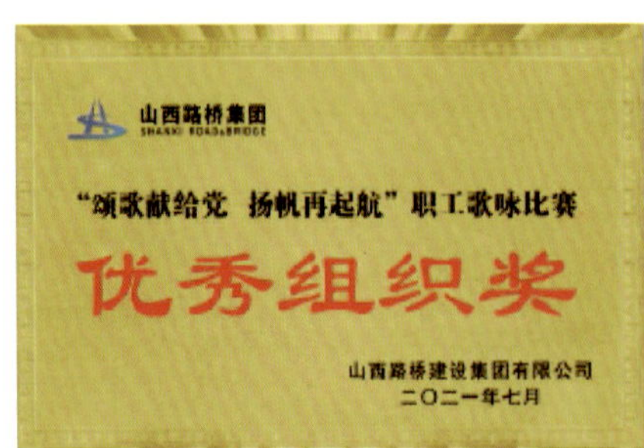

图 3-2

山西路桥集团
2021年度专项考核（成本控制）
优秀单位
|管理科学|经济坚实|文化先进|职工幸福|

标杆党支部
中共山西交通控股集团有限公司委员会
二〇二二年六月

山西路桥建设集团有限公司
2021年度安全生产
先进企业
山西路桥建设集团有限公司
二〇二二年一月

山西路桥集团
2021年度专项考核（安全管理）
优秀单位
|管理科学|经济坚实|文化先进|职工幸福|

山西路桥集团
2022年度党建工作责任制考核
优秀党组织
中共山西路桥建设集团有限公司委员会
二〇二三年二月

山西路桥集团
2022年度综合考核
标兵单位
山西路桥建设集团有限公司
二〇二三年二月

授予：山西晋榆高速公路有限公司地方协调部
工人先锋号
山西路桥建设集团有限公司工会委员会
二〇二一年五月

先进基层党组织
中共山西交通控股集团有限公司委员会
二〇二一年七月

授予：山西晋榆高速公路有限公司团支部
2020年度山西路桥集团
五四红旗团支部
共青团山西路桥集团有限公司委员会
二〇二一年五月

山西路桥集团
2021年度专项考核（制度体系）
优秀单位
|管理科学|经济坚实|文化先进|职工幸福|

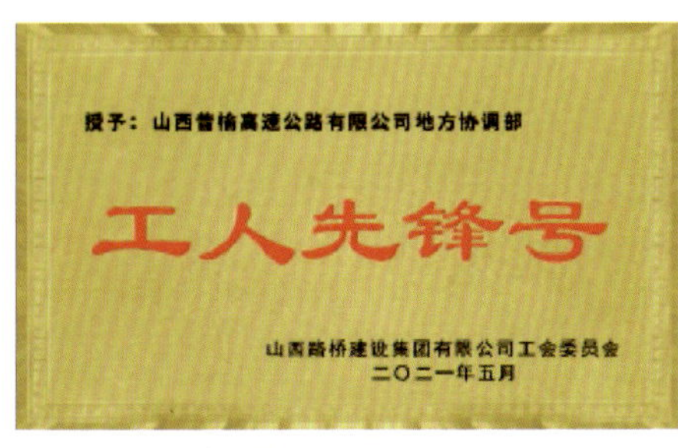

图 3-2

2021年度综合考核
优秀单位
管理科学 | 经济坚实 | 文化先进 | 职工幸福

2021年度党建工作责任制考核
优秀单位
管理科学 | 经济坚实 | 文化先进 | 职工幸福

“安全之星”知识竞赛团体
三等奖
山西路桥建设集团有限公司
二〇二〇年六月

山西路桥集团
授予：山西昔榆高速公路有限公司
2021年度新闻宣传工作先进集体

首届全国交通企业智慧建设创新实践案例
案例名称：公路工程数字建造管理平台
类别：优秀
案例单位：山西昔榆高速公路有限公司
中国交通企业管理协会绿色智慧交通分会
二〇二二年七月

山西路桥集团
2022年度成本控制管理
优秀单位
二〇二三年二月

山西路桥集团
2022年度制度体系建设
优秀单位
中共山西路桥建设集团有限公司委员会
二〇二三年二月

山西路桥集团
2022年度环保管理
优秀单位
中共山西路桥建设集团有限公司委员会
二〇二三年二月

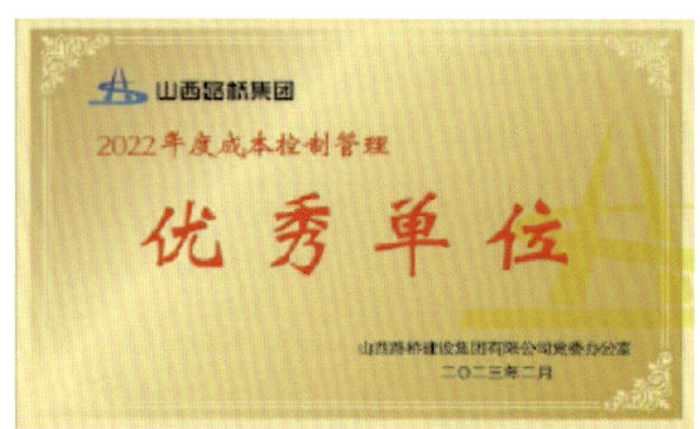

图 3-2　荣誉墙

第二篇

PART 02

精细化管理昔榆实践

第四章

CHAPTER 04

昔榆公司多维项目管理模式

第一节　多维项目管理的特征和内容

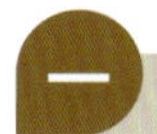

一　多维项目管理的主要特征

（一）“1+1 ＞ 2”的协同效应

多维项目管理各维度的协同是为了达到其目标，通过对多维项目的结构、过程、事件、要素、职能、人员、关系等进行组织和控制，实现信息和资源的共享，从而产生协同效应，使组织的整体效益大于各独立组成部分综合的效益。称这种效应为协同效应，即两个事物单独效果的叠加不及二者共存或合作的状态。

（二）全生命周期管理

全生命周期管理的概念源于系统工程理论。该理论对系统生命期内各个阶段进行统筹管理，包括系统孕育、成长、成熟和消亡等不同阶段。目前，全生命周期管理广泛应用于工程项目、产品设计和供应链管理中。随着信息化技术的不断发展，全生命周期管理将进一步推动企业管理的精细化、高效化，为企业实现可持续发展提供有力支持。建设项目的全生命周期管理分为策划、设计、施工、运维（运营和维护）四个阶段。其核心目标在于编制策划方案，使所有活动按计划进行，并分配适当的资源，进行合理的预算管理，编制任务的工作进度计划和详细设计任务的实施方案；在设计和施工阶段，项目管理者与实施者要关注项目的每一个细节，以确保每项任务的准确度和有效性，项目管理者还要通过监督和评估的方式确保项目按计划完成；运维阶段作为全生命周期管理的最后一个阶段，是项目实现价值的关键阶段，通过全面有效的管理和监控，确保项目长期稳定运行。多维项目管理作为一种先进的管理模式，具有统筹协调、资源共享、风险共担等优势，能够有效促进高速公路全生命周期管理的实现。

二　多维项目管理的主要内容

多维项目管理的主要维度有：参建方维度、合同标段维度、目标管理维度。

（一）参建方维度

业主方管理职能主要包括项目构思与发起、项目决策与目标设定、项目规划与设计、招投标与合同管理、项目进度管理、项目质量管理、项目投资管理、项目安全管理、项目沟通与协调管理、项目竣工验收与交付使用管理、项目风险管理。这些管理职能相互交织、协同配合，业主方通过全面履行这些职能，得以统筹各方力量，把控项目全流程，保障工程项目顺利实施，实现预期的投资效益与社会效益。

设计单位管理职能主要包括项目管理、资源协调、设计文件质量控制、团队管理与培训、市场调研与分析、客户沟通与需求分析、创新与技术研发，各参建方相互协作以及沟通体系的建立等。项目负责主体应明确项目中的关键因素，有助于设计单位更好地履行各项职能，保障项目顺利推进，实现高质量的设计服务与良好的项目成果。

施工单位管理职能主要包括施工组织与计划管理、进度管理、质量管理、成本管理、安全管理、人员管理、设备与材料管理、技术管理、环境管理、合同管理、风险管理、沟通与协作管理。这些管理职能相互关联、协同配合，共同助力施工单位在工程项目建设中高质量、高效率地完成施工任务，实现项目综合效益与自身可持续发展。强化内部沟通与协同工作，建立一套完善的内部沟通与协调机制，促进各参建方之间的信息交流、资源共享以及问题解决，更好地应对挑战、优化资源配置，进而推动整个多维项目管理朝着既定目标稳步前进。

监理单位管理职能。主要包括项目监理规划与准备、施工前期审查与协调、工程质量控制、工程进度控制、工程投资控制、工程安全管理、合同管理、信息管理、协调管理。这些管理职能相互配合、协同发力，促使监理单位充分发挥专业监督与协调作用，推动工程项目高质量、顺利地完成建设并运营使用。

在高速公路项目中，材料、设备供应及第三方服务等其他单位紧密协同，发挥着不可或缺的作用。它们确保项目所需的各类建筑材料稳定供应，保证材料质量符合高标准，从源头为工程质量筑牢根基；提供适配的施工设备并保障其稳定运行，通过专业技术培训与及时售后服务，维持施工效率；借助第三方的专业技术力量，为项目提供全方位技术支持、质量检测、消防验收等优质服务，让项目在复杂环境中稳步推进，保证项目建设按时、高质量完成，实现其经济与社会效益。

（二）合同标段维度

合同标段维度主要包括路基标段、路面标段、桥隧标段、交安工程标段、机电工程标段、绿化工程标段、房建工程标段。各标段项目管理都需要围绕质量、进度、成本、安全、环保等核心要素开展工作，并且各标段之间要相互协调配合，共同保障整个项目的顺利实施和高质量交付使用。

（三）目标管理维度

目标管理维度包括质量控制管理、进度控制管理、投资控制管理、安全管理、合同管理、信息管理、绿色管理等。各目标管理维度在工程项目中相互关联、相互影响，共同构成了项目管理的有机整体。通过全面、系统地落实这些管理工作，有助于实现项目的综合效益最大化，确保项目高质量、可持续地完成建设和运营。

三 多维项目管理成功的决定因素

（一）项目有品质是项目成功的决定因素

交通运输部高度重视公路工程的品质，2015 年首次提出了“品质工程”的新理念，2018 年将“品质工程”升级为“平安百年品质工程”。“品质工程”是指公路建设内在质量和外在品位的有机统一。内在质量包括工程功能性、耐久性、可靠性等；外在品位包含建筑艺术、工程技术、生态协调、文化内涵以及后期服务等。传统观念认为，项目完成了既定目标，满足了安全、进度、成本、质量的要求，就可以认为是成功的。但随着社会进步，只有项目的成果被顾客接受、认可，才被视为是成功的；而项目具有品质，才是顾客满意与接受的首选条件。

（二）前期策划是多维项目管理成功的前提

全生命周期管理的核心目标在于开发项目管理计划，即前期策划。前期策划能够优化资源配置，提高项目的效率和质量；能便于进行风险评估和风险管理，确保项目安全、稳定；能事先建立有效的团队协作机制，确保项目沟通顺畅；能事先制定进度计划和项目质量标准，确保项目按时按质完成；能防止工程质量通病，降低项目运维成本。所以，前期策划是确定项目目标和要求的关键，目标要求分析越深入，目标实现越合理。实践证明，对项目实施进行前期战略性整体规划是项目管理成功的重要保证。

（三）独特的企业文化是多维项目管理成功的保障

长期以来，多数建筑业企业的项目管理形成了一种“各自为政”的文化氛围，项目经理们往往要从一个资源库内获取最大支持，因而会产生冲突。多维项目组织想要改变这种文化状况，首先需要各参建单位牢固树立“项目公司集中管控、集团公司全面施工”的管理理念，秉承大局意识，构建协同发展利益共同体，实现互惠共赢；其次，培育组织文化是一个长期的过程，需要持续开展学习培训，不断养成良好组织文化氛围，直至熟悉组织长期目标，确保企业可持续发展。另外，大型工程多维项目的发展离不开企业文化的导向作用，并且文化协同效果的好坏直接关系多维项目的总体管理水平和总体效益。文化协同效果评价主要评估企业的核心价值和外延价值，以便了解企业的精神文化及未来的发展趋势，这对提高多维项目管理效率有着重要导向意义。

（四）卓越的管理团队是多维项目管理成功的必然要求

项目需求与资源供应间的不平衡是多维项目管理经常面对的主要困难，因此需要一个总体计划来管理公共资源，这就有必要使战略目标实现与重要资源供应相匹配并将最好的现有资源用到最需要、最重要的项目上。人力资源是公共资源中的核心资源。在前期筹备阶段就要确保人力资源（拥有高度熟练知识的管理骨干、熟练员工）的“稀有资源”能被最佳使用。在实施阶段，对组织人力资源的有效使用是多维项目管理的一个显著特点和优势。多维项目管理中，应将卓越的管理团队安置到最重要的工作上，在整个组织内最大程度地共享人力资源。

四 多维项目管理的实践思考

解决昔榆公司（以下简称“项目公司”）和总承包公司之间、总承包公司和多个项目部之间、多个项目部之间关系的矛盾，是实施多维项目管理的关键。

（一）项目公司和总承包公司之间的关系

项目公司旨在确保整个项目从规划、建设到运营全周期能按照既定的目标顺利推进，达成预期的社会效益、经济效益以及满足相关的服务质量要求等。总承包公司则主要聚焦于项目的工程建设施工任务，通过高质量的施工将项目设计蓝图转化为实体工程，保障项目按时、按质交付使用。二者共同的目标都是推动项目成功落地与实施。项目公司决策层次宜扁平化。随着信息化技术的发展，信息传递变得更加迅速和透明，这使得项目公司的扁平化成为可能。扁平化管理可以减少中间层次，加快决策速度，提高管理效率。但是，也会带来多维项目管理的过度控制倾向，可能催生“僵化部门”，导致总承包公司团队成员缺乏主动性和创新精神，尤其是承担具体实施任务的项目部容易滋生“等、靠、要”的思想，同时产生“相互指责、互相推诿”的问题，久而久之易导致项目公司和总承包公司之间发生矛盾，不利于项目的顺利实施，削弱项目的整体执行力。对此，采取以下改进措施：

（1）战略决策与目标协同。项目公司与总承包公司宛如紧密协作的伙伴，战略决策与目标协同在二者之间起着牵一发而动全身的关键作用。作为项目整体统筹者的项目公司，基于对项目全生命周期的考量、市场环境等诸多因素，制定出关乎项目走向的战略决策。而总承包公司作为项目的执行者，其目标协同至关重要，需深刻理解项目公司制定的战略决策，并将自身的工作目标与之紧密契合。

（2）分工协作与责任明确。项目公司与总承包公司之间清晰的分工协作以及明确的责任界定，犹如搭建起一座坚固桥梁的基石与钢梁，是保障项目顺利推进、高质量交付的关键所在。项目公司作为项目的主要组织者和协调者，负责整个项目的全面管理，包括制定项目总体计划、协调各方面资源、把控项目进度、质量和安全等关键环节，承担着项目的总体责任。总承包公司则聚焦于项目的具体建设实施工作，凭借自身专业的施工团队和丰富的项目管理经验，将项目公司的规划蓝图转化为实实在在的建设成果。

在多维项目管理中，明确各层面的权责也非常重要。项目公司应该关注整体战略规划和决策，而总承包公司则负责具体的项目运作。总承包公司应该更加关注项目与项目之间的界面和关系冲突。项目之间的界面往往是问题多发区，也是资源共享和协同工作的关键节点。通过关注项目之间的关系冲突，总承包公司经理可以更好地协调各方利益，促进项目的顺利实施，也有助于项目部经理从琐碎的日常事务中解脱出来，集中精力处理更重要的问题。通过明确划分权责，可以确保各层面都能够各司其职，从而提高整个项目的管理效率。

（二）总承包公司和多个项目部之间的关系

总承包公司与多个项目部之间的关系是一种相互依存、既有分工又需密切协作的复杂关系，明确各自的职责并妥善处理好相互之间的关系，涉及战略规划、资源分配、协调沟通以及绩效评估等多个方面。各项目部要适应和整合总承包公司不断发展的业务环境，尤其是服从总承包整体利益。二者共同致力于整个工程项目的顺利完成，保障项目达到预期的质量、进度和安全等目标。总承包公司对施工现场整体负有管理责任，需要对分包单位的施工活动进行多方面的管理。各项目部必须接受总承包公司的管理，遵循总承包公司制定的各项施工现场管理制度。多维项目管理在项目部和总承包公司战略之间建立和维护了一种链接，就像是搭了一座沟通、协调的桥梁。但是也可能存在一些推诿责任的情况，不利于项目的顺利进行。由于一些客观因素，当前的项目管理仍然存在基于项目层面变化进行控制的观点，基于单个项目的利益，而不是基于总承包公司变革管理的战略视角。对此，采取以下改进措施：

（1）战略规划与对齐。总承包公司需要制定明确的战略规划，确保各个项目部承揽的项目与总承包公司的整体战略保持一致。各项目在启动阶段就应明确在总承包公司战略中的角色和贡献，确保项目的目标与总承包公司的战略目标相协调。

（2）资源分配与共享。总承包公司负责分配和协调资源，包括资金、人力、技术和设备等，以确保各项目能够获得所需的支持。各项目部经理需要与总承包公司密切沟通，明确资源需求，并有效利用总承包公司内部可共享的资源。

（3）沟通与协调。建立有效的沟通机制，确保总承包公司与项目部之间信息流通畅通，及时解决问题和调整策略。总承包公司应协助各项目部内部解决跨部门、跨项目的冲突和问题。

（4）风险管理与合规性。应建立统一的风险管理框架，帮助各项目部进行项目识别、评估和应对潜在风险。所有项目必须遵守总承包公司的合规性要求，包括法律、法规、行业标准以及企业内部政策等。

（5）绩效评估与激励。制定合理的绩效评估标准，对项目部进行定期评估，确保项目按计划推进并实现预期目标。总承包公司应建立激励机制，对表现优秀的项目部给予奖励，同时鼓励项目间的知识共享和经验交流。

（6）组织文化与团队建设。总承包公司应培育一种支持多维项目管理的组织文化，强调团队合作、创新精神和持续改进。通过团队建设活动，增强多维项目管理团队的凝聚力，提高整体执行力和应变能力。

（7）知识管理与学习。总承包公司应建立一套有效的知识管理系统，收集、整理和分享各项目部在执行过程中产生的知识和经验。鼓励项目部团队在项目执行过程中进行学习和反思，将学到的经验和教训应用到未来项目中。

在多维项目管理中，明确各项目部的权责尤为重要。总承包公司应该关注项目整体规划和资源协调，而各项目部则负责具体的项目运作。通过明确的权责划分，可以确保各项目都能够各尽其责，进而促使整个项目的管理效率得到提高。

（三）多个项目部之间的关系

在工程项目的实施过程中，各项目部之间呈现出一种既相互依存又存在多元互动的复杂关系。一方面，他们有着紧密的合作协同关系，各项目部所负责的标段共同编织起整个项目的完整架构，切实肩负着推动项目顺利竣工、达成既定标准的重大使命。与此同时，他们之间也存在着一定的竞争关系，这种竞争体现在多个方面。另外，各项目部经理之间还保持着信息共享与交流，这对于项目顺利开展起着润滑和保障的作用。总体而言，各项目部之间既是平等的合作伙伴，各自独立管理所属标段范围，又在合作、竞争与信息交流的交互作用下，共同为项目的成功添砖加瓦，形成一种独特且充满活力的协作生态。

多维项目管理犹如一条无形却强有力的纽带，将各项目部紧密联结在一起，发挥着多维度、全方位且无可替代的关键作用。各项目部须清晰界定自身职责边界，以高度的使命感与专业素养，全情投入、精益求精，高质量完成本标段所涉工程内容，保障各标段间工作流畅衔接、协同联动，进而推动整个项目平稳有序、高效稳健地向前推进。

第二节　昔榆高速公路多维项目管理适应性分析

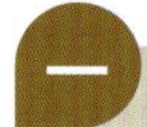

一　昔榆高速公路项目族组成

面对庞大的昔榆项目，必须根据多维项目整体战略目标，对多个参建单位进行适当的层级划分和责任分工。昔榆公司、设计单位、监理单位、承担施工任务的项目部、供货商以及第三方服务单位共同组成多维项目，其中包括决策层、控制层和实施层共三个基本层次，见图 4-1。

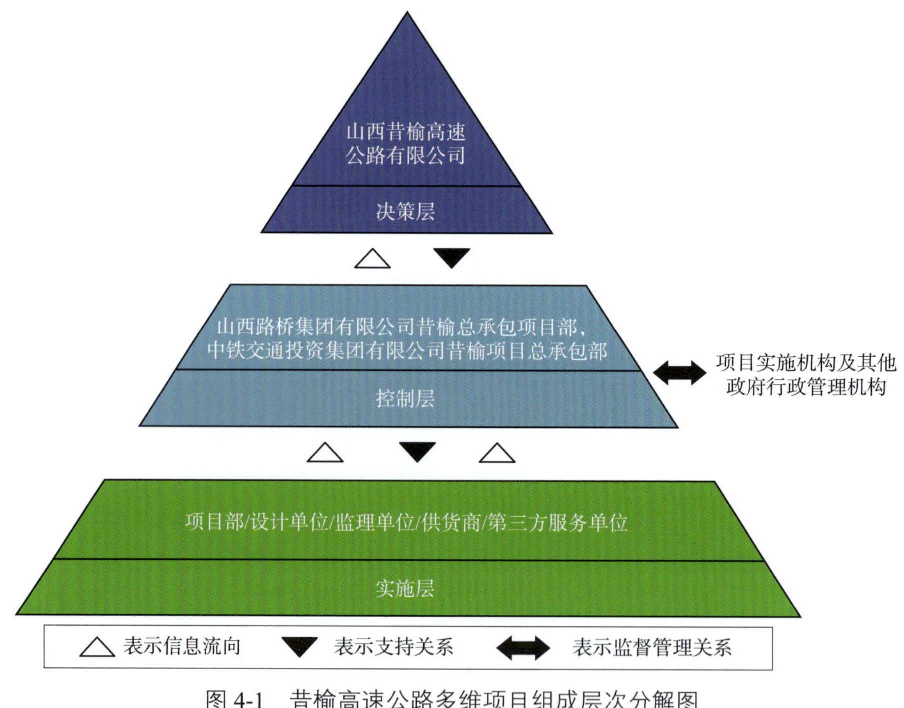

图 4-1　昔榆高速公路多维项目组成层次分解图

二　昔榆高速公路多维项目管理模型

多维项目管理就是为了实现组织的战略和多维项目的共同目标，应用知识、技能、技术、方法和工具，对多维项目进行协同管理。多维项目管理注重组织层次的变化，体现组织的战略目标，其内涵已超出对共有资源的管理。图 4-2 为昔榆公司（控制层）管理模式。

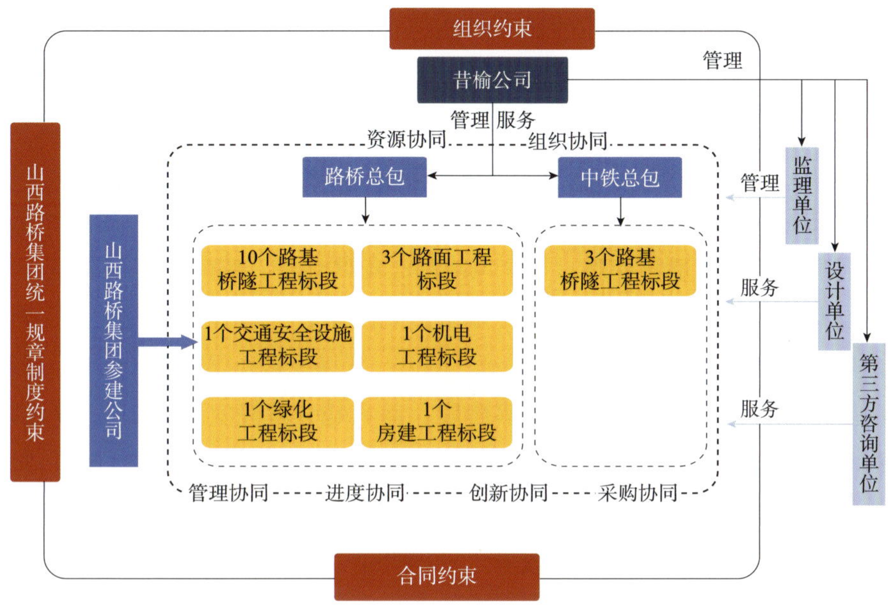

图 4-2　昔榆公司管理模式

三　昔榆高速公路多维项目管理适应性分析

昔榆高速公路项目具有大型化、综合化、复杂化、多样化的显著特点，它由一个整体目标框架下许多相对独立又相互联系的单个项目组合而成。基于“三控、三管、一协调”的单个项目的工程项目管理模式已不完全适合这样一个特大型项目。昔榆公司最终选择了多维项目管理模式。

（一）内部因素

（1）昔榆高速公路项目存在多个相互关联并同时实施的项目，具有共同目标。昔榆高速公路全线设置的多个项目（部）彼此关联，相互影响，但又都以安全为先，在确保工程质量的前提下，满足进度、费用、组织、资源要求。

（2）成功实施多维项目管理的实践证明，在解决资源和项目优先等级的安排存在冲突的前提下，多个维度组成的多维项目管理优势较大。昔榆高速公路在组织协调与管理上比较困难与复杂，需要依靠先进高效的管理手段，加强整个建设过程中对安全质量、施工进度、建设投资、资源冲突、组织协调等的管理。基于节约成本的考量，解决项目的协调和资源分配问题，借助智慧建设管理平台，使组织有可能对多个项目进行更加细致的计划和管理。

（3）企业的运营环境（包括企业的内部管理、业务流程、市场竞争、客户需求、政策法规等）方面发生改变，选择先进的管理模式是提升核心竞争力的驱使，也是企业战略发展的必然选择。

（二）外部因素

（1）潜在的风险多。主要表现在：地形复杂，交叉干扰大；高填深挖多，土石方调配难度大；桥隧比例高，质量管控难，安全风险高；山区地形，临时电力架设难。

（2）建设周期长、参与建设单位多等多重影响因素，导致外部环境发生变化的概率增大，从而影响项目管理目标实现。

（3）项目涉及投资、建设、运营等多阶段，而且是分阶段实施的，各阶段的项目管理方式也不尽相同，把分阶段的建设任务作为多维项目的组成项目分别进行项目管理，再对它们进行整体的多维项目管理，更加接近实际情况。

（4）工期是建设项目的一个主要约束，进度保证是项目管理的一项重要工作。某一个子项目的滞后可能影响高速公路通车这个共同目标的实现。

（5）集团关注的是如何使用合理的成本获得最大的价值，这种要求与多维项目管理重视整体价值、在单个项目上进行成本控制的思路不谋而合。

四 昔榆高速公路项目实施多维项目管理的必要性

多维项目管理模式在昔榆高速实践是有必要的。

第一，随着国企改革的深入推进，集团公司规模的扩张，业务涉及领域的变宽，管理存在很大压力，主要表现在：集团公司和各分公司（项目部）之间的利益分配冲突越来越大；项目部和公司职能部门之间的矛盾突出；集团公司内部人力资源，特别是复合型人才严重缺乏，管理层越来越重视项目管理方式改进的必要性，通过引入多维项目管理模式来改变传统的项目管理方式。

第二，根据国内同类项目建设经验，建设需要 5 年左右；而昔榆高速公路项目自确定概念方案到竣工、投入使用，只用 3 年的时间，工期成为参建各方必须克服的最大难题。除此之外，还面临设计沟通障碍、同类项目经验缺乏、工作界面复杂、参建单位众多等种种困难。很显然，按照传统的工作方式难以圆满完成这项复杂的工程。

昔榆高速公路引入以确保高速公路推动区域经济协同发展为核心的多维项目管理模式，对提高管理效率、保障投资效益及完成项目目标起到了重要作用。

第三节　昔榆公司多维项目管理体系

一　昔榆高速公路多维项目管理机构

昔榆公司是多维项目决策层，是多维项目管理机构，也是项目管理的组织核心。昔榆公司设有工程合同部、质量监督部、技术管理部、安全应急部、综合办公室（党工部）、财务资金部、地方协调部、纪检室共 8 个部室，以及昔阳前线督导组、和顺前线督导组、榆次前线督导组共 3 个前线督导组，见图 4-3，主要负责多维项目的整体控制和资源配置，包括但不限于：项目安全、质量、进度、成本管控等关键任务，协调整个项目各阶段交叉工作，以及统一向地方政府部门、上级单位报批或报备各项工程手续。具体的多维项目管理层级的工作职能见表 4-1。

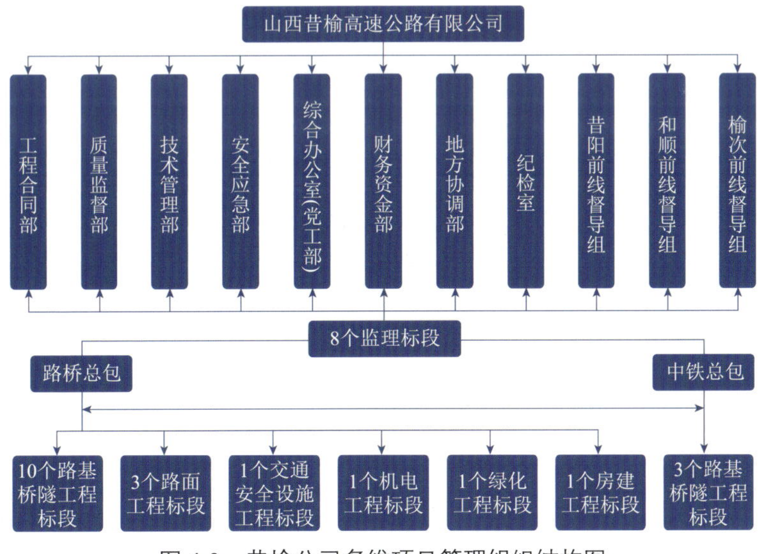

图 4-3　昔榆公司多维项目管理组织结构图

昔榆高速公路多维项目管理层级的工作职能　　表 4-1

层级	机构 / 人员		职能
控制层	昔榆公司	领导班子	（1）确定整体策划和实施的管理方案，综合考虑建设期与运营期的衔接。 （2）推进和管理各项目的实施。 （3）定期收集多维项目整体实施的各项工作信息，定期向决策层汇报。 （4）定期对多维项目整体实施情况给予反馈和指导

续上表

层级	机构 / 人员		职能
控制层	昔榆公司	综合办公室（党工部）、纪检室、工程合同部、技术管理部、质量监督部、安全应急部、地方协调部、财务资金部	（1）实施多维项目整体策划和管理方案。 （2）具体落实多维项目管理工作
		前线督导组	负责督查所辖施工单位的项目管理、协调工作

二 昔榆公司多维项目构成体系

昔榆公司采用多维项目管理体系，充分发挥“‘投资 - 建设 - 施工 - 运营’一体化经营、协同化发展”的优势，组织、管理项目的各个方面，主要在资源优化配置方面发力，提高项目的成功率，提高企业的效率和效益，见图 4-4。

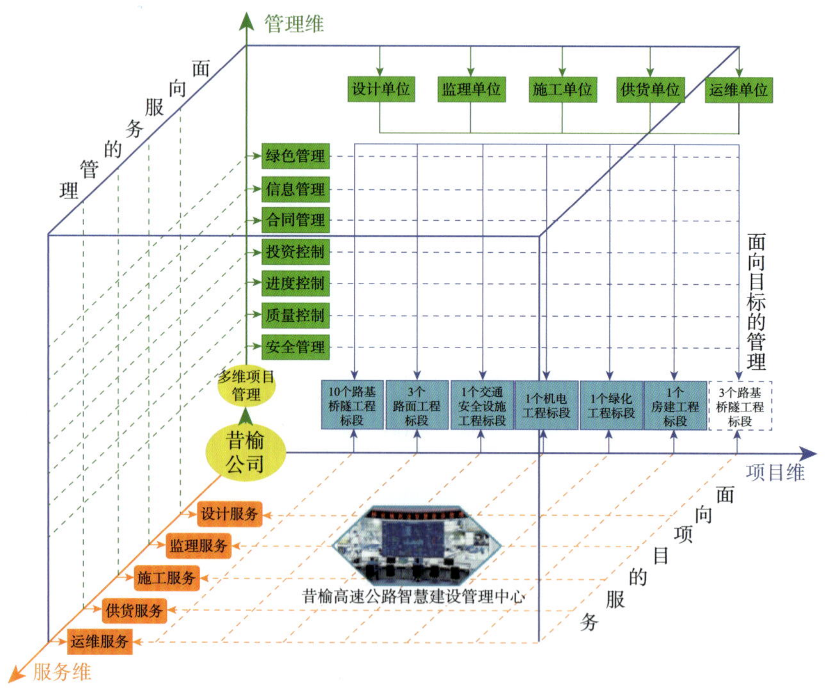

图 4-4　多维项目

主要体现以下 3 个方面：

（1）多角度管理。在整体项目管理中，综合考虑了参建方管理角度、目标管理角度、合同标段角度，在范围、时间、成本、质量、风险和资源等多个方面实现统筹管理。

（2）全面风险管理。从项目的整个寿命周期出发，全面识别、评估风险，采取科学的应对措施管理风险。

（3）多部门协作。共同制定项目计划、分配资源、解决问题和评估项目绩效等。

第四节　工作机制与管理内容

一　工作机制

（一）责任机制

昔榆公司作为管控主体，履行发包人职责，以实现集团公司战略为中心，把项目管理最佳实践制度化，从全局的视角分配资源，以实现总体的最优投入产出，对项目的成效负责。主要包括：明确界定各项目组成；全面管理与评估风险；对项目过程实施监控，必要时提供专业支持；负责收集管理经验和知识。党委书记、董事长领导团队成员实施整体项目管理，并对多维项目绩效负责。

山西路桥建设集团有限公司昔榆项目总承包（以下简称“路桥总包”）和中铁交通投资集团有限公司昔榆项目总承包（以下简称“中铁总包”）为承包单位，各分包单位负责施工，总承包单位及各分包单位履行工程项目管理过程中的安全、质量、环保、进度、成本、合同管理职责及承包人的各项责任和义务。

监理单位履行其监理的职责，对项目实施全过程监督。

第三方服务机构（包括质检技术咨询机构、监控量测单位）可以发挥“智库”作用，充当“教练”和“导师”的角色，可对项目团队成员进行专业技能的培训，并配合昔榆公司管理团队实现多维项目管理目标。

（二）协调机制

为了实现项目协同效应相关或彼此衔接，党委书记、董事长领导团队成员必须保证沟通渠道畅通，合理协调彼此的工作，包括目标协调、资源协调、信息协调、风险协调、决策协调与变更协调：

（1）目标协调。确保所有项目都朝着共同的战略目标努力，需要对各个项目的目标进行明确界定与动态调整，始终确保它们与整体战略目标保持一致。

（2）资源协调。多维项目管理涉及多个项目，需要对资源进行合理的分配和协调来保证每个项目都能得到所需的资源，避免资源浪费。

（3）信息协调。各个项目之间的信息畅通才能确保各项目及时共享进度、风险、问题等信息，通过建立有效的沟通机制和信息共享平台来实现。

（4）风险协调。多维项目管理需要对各个项目的风险进行识别、评估和管理，通过建立风险管理计划、制定风险应对策略和建立风险监控机制来实现。

（5）决策协调。多维项目管理需要建立决策流程和决策标准，对各个项目的决策进行协调，以确保决策符合整体战略目标和项目族的整体利益。

（6）变更协调。多维项目管理涉及多个项目，可能出现变更需求。建立变更管理流程，对变更需求进行评估、批准和执行，以确保变更对整个多维项目的影响最小化。

（三）保障机制

1.“三大”体系建设

构建了责任体系、防控体系、保障体系三大体系，具体包括：安全生产责任体系，安全生产保障体系，风险分级管控体系，隐患排查治理体系，应急救援处置体系，生态环境保护责任体系，质量保证体系，技术管理体系，财务管理体系，党风廉政保障体系。

2. 制度建设

制定管理手册，涉及安全管理制度、环保管理制度、质量管理制度、技术管理制度、工程管理制度、党政管理制度等，具体见表 4-2。

昔榆公司管理制度建设 表 4-2

序号	归口部门	制度
1	安全应急部（45 项）	**安全管理制度 38 项：**各部门各岗位安全生产责任制及考核制度，安全技术措施管理制度，专项施工方案编制审核制度，安全生产宣传教育培训制度，生产安全事故报告和处理制度，危险化学品及火工品管理制度，民用爆炸物品安全管理责任制度，危险性较大工程安全管理制度，安全生产应急管理制度，安全生产费用管理制度，安全事故隐患排查治理制度，重大事故隐患挂牌督办制度，安全设施管理制度，安全生产技术交底制度，安全生产责任事故约谈制度，安全生产会议制度，“平安文明工地”考核评价制度，安全生产检查评价制度，特种设备及从业人员管理制度，安全生产考核奖罚制度，施工安全风险评估管理制度，施工现场消防安全责任制度，安全生产委员会制度，职业病防治制度，安全生产隐患、事故举报奖励制度，安全生产领导带班制度，安全生产档案管理制度，重大隐患治理情况向政府部门和企业职代会“双报告”制度，安全生产风险分级管控制度，“坚守公路水运工程质量安全红线”专项行动制度，应急值班制度，安全环保巡查检查制度，劳动防护用品配备和管理制度，安全生产责任制经济处罚办法，防汛安全管理办法，交通安全管理办法，施工用电管理办法，重大危险源辨识、评价、监控管理办法
		环保管理制度 7 项：环境保护与水土保持管理办法，生态环境保护责任制度，公路工程扬尘污染防治办法，环保违约金管理规定，环境保护目标责任考核制度（试行），突发环境事件报告制度，环保教育培训及交底制度
2	质量监督部（15 项）	**质量管理制度 15 项：**质量责任制度，工程首件制，产品认证制，工序三检制，质量管理办法，监理管理办法，监控量测单位管理办法，试验检测管理办法，原材料管理办法，工程质量事故处理办法，工程质量巡查制度，质量验收管理办法，质量违规处罚实施办法，外委检测管理办法，工地试验室标准化检查评价办法
3	工程合同部（17 项）	**工程管理制度 8 项：**临建工程标准化建设指南，工程进度管理实施办法，工程建设统计报表管理办法，参建单位考勤及请销假制度，工程现场文明施工标准化管理办法，工程信息公示公开制度，企业信用评价考核办法，从业单位履约管理及考核办法。 **招采制度 1 项：**招标采购管理制度。 **合同管理制度 1 项：**合同管理制度。 **计量管理制度 2 项：**计量支付管理办法（试行），监理计量支付管理办法（试行）。 **法律相关管理制度 3 项：**重大决策法律审核制度（试行），法人授权委托管理办法，纠纷案件管理制度（试行）。 **产业工人管理制度 2 项：**产业工人用工管理办法，产业工人工资保证金管理办法（试行）

续上表

序号	归口部门	制度
4	技术管理部（7项）	**技术管理制度7项：**技术管理办法，科技成果推广应用管理办法，科技创新工作管理办法，BIM技术应用管理办法，集团自主施工项目成本管控实施办法，集团自主施工项目造价信息管理办法，工程设计变更管理实施细则
5	综合办公室（党工部）（71项）	**党政管理制度71项：**昔榆公司制度管理办法，昔榆公司公文处理规定，昔榆公司收文办理细则，昔榆公司发文办理细则，昔榆公司证照管理办法，昔榆公司印章管理办法，昔榆公司工作督办管理办法，昔榆公司请示（报告）制度，昔榆公司新闻宣传工作实施细则，昔榆公司信访工作管理办法，昔榆公司董事会议事规则，昔榆公司董事会议事清单，昔榆公司经理层议事规则，昔榆公司经理层议事清单，公文差错责任追究制度，工作用车管理办法（试行），办公用品管理办法（试行），内务卫生管理制度（试行），用水用电管理制度（试行），业务接待管理办法（试行），职工食堂外来（出）公干人员就餐结算管理办法（试行），停车场及洗车房管理制度，员工宿舍管理制度，职工食堂管理办法，职工活动室管理制度，会议管理办法，团员发展工作制度，团籍管理制度，团支部换届选举制度，推优入党工作实施办法，三会两制一课实施细则，民主管理工作实施办法，职工代表大会实施细则，企务公开实施细则，工会经费管理办法，员工健康体检实施办法，劳动合同管理办法，劳务派遣用工管理办法（试行），人事档案管理办法，员工考勤管理办法（试行），专业技术职务及职业资格管理办法，绩效考核管理办法，员工教育培训管理办法，员工薪酬管理办法（试行），昔榆公司AB岗工作制度，优秀驾驶员奖励制度，导师带徒实施细则，领导干部外出请假报备实施办法，山西昔榆高速公路有限公司党委会议事规则（试行），山西昔榆高速公路有限公司贯彻“三重一大”决策制度实施细则（试行），山西昔榆高速公路有限公司贯彻“三重一大”决策事项清单（试行），山西昔榆高速公路有限公司党建工作责任制实施办法（试行），山西昔榆高速公路有限公司党建工作目标责任制考核办法（试行），山西昔榆高速公路有限公司意识形态工作责任制实施细则（试行），山西昔榆高速公路有限公司意识形态工作责任清单（试行），山西昔榆高速公路有限公司贯彻中国共产党党委理论学习中心组学习规则实施办法（试行），中共山西昔榆高速公路有限公司委员会党风廉政建设工作目标考核办法（试行），山西昔榆高速公路有限公司重大决策社会稳定风险评估实施办法（试行），山西昔榆高速公路有限公司党建工作双月例会制度（试行），山西昔榆高速公路有限公司党务公开实施办法（试行），山西昔榆高速公路有限公司贯彻落实中央八项规定精神的实施细则（试行），山西昔榆高速公路有限公司党员领导干部双重组织生活会制度，山西昔榆高速公路有限公司基层党支部工作条例（试行），山西昔榆高速公路有限公司民主生活会制度（试行），山西昔榆高速公路有限公司新闻发言人制度（试行），保密工作管理制度（试行），舆情信息应急处置工作制度（试行），中层管理人员管理办法（试行），党委前置研究讨论重大经营管理事项清单，党委书记议稳制度（试行），档案管理办法

二 管理内容

多维项目管理的核心是协同和管理项目的多角度、全方位，以最优化方式实现整体战略目标。采用多维项目管理模式可以更好地应对复杂性、资源优化、风险管理等多方面的挑战，确保项目的顺利进行。其重点是全面协同管理与全寿命周期风险管理。

（一）全面协同管理

全面协同管理就是联结昔榆高速公路建设的参与方，包括昔榆公司、监理、设计院、承包商、第三方服务单位，整合内部信息资源，协调管理组织内部各个系统，使其保持目标明确、协调一致，并使各个标段项目管理的各个环节都能以整体效益最大化的方式运作，实现项目建设目标。主要内容包括以下几个方面：

1. 资源协同

建设项目所需资源大致可分为两类：一类是各项目部（标段）管理的项目内部资源，另一类是由昔榆公司负责总体协调的公共资源，例如各个标段所需的场地资源，包括建设场（站）、施工便道、取（弃）土场、主要供电及临时用电线路等。

（1）划分施工标段。结合资源利用、降低成本、专业化施工等原则，昔榆公司对施工标段进行重新划分。地形复杂、结构复杂、征迁协调难度大的重难点工程归属一个标段，有利于选择综合实力更强的公司承建；边坡绿化工程划入路基施工标段，确保能与路基同步施工；在本标段内完成路基土石方调配平衡；“三集中”管理要辐射标段建设规模及施工内容；对隧道群或桥梁群集中的段落进行集中划分，便于模板的有效周转；标段划分考虑施工主便道的设置；考虑专业性较强工程在标段内相对集中等。

（2）集中建设场（站）。集中建设与统筹管理整个项目区内的项目部、混凝土拌和厂、钢筋加工厂、试验室、预制厂、幸福小镇（产业工人居住点）、炸药库等场（厂）站。全线设置 17 处集中化综合厂站、6 处小型拌和厂、19 处预制厂、9 处材料自加工厂、2 处隧道钢材加工厂、1 处 BIM 展示中心、1 处隧道专项安全体验馆、1 处安全与环保综合体验馆、35 处幸福小镇、10 个炸药库、2 处小型预制构件厂。

（3）共享施工便道。通过奥维地图并结合实地踏勘，统筹策划施工便道，见图 4-5。以“利用和改扩建现有道路为主，新建为辅”的主导原则，使便道和地方道路形成路网，达到方便施工通行、缩短材料运距、节约运输成本的目的。本项目路线全长 125.370km，便道全长约 389.32km，其中主便道 175.86km，支便道 138.41km，材料运输便道 75.05km，采用统一标准建设施工主便道。

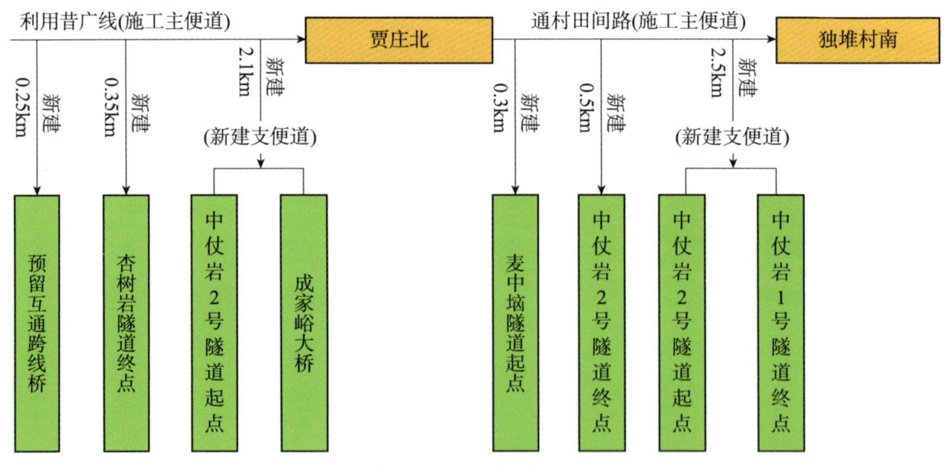

图 4-5　施工便道统筹策划（局部）

（4）统筹设置取（弃）土场。通过绘制全线土石方分布形象图并结合标段划分、固废利用情况等，以绿色环保、节约用地、变废为宝为主导思想，统筹设置取土场 13

处，弃土场48处。

（5）供电及临时用电线路通过永临结合方式，在利用永久用电架设基础上，结合临时用电点及容量，通过新建补充专线及改造现有农网线路解决临时用电问题，提高功效，节约投资成本，达到降本增效。

2. 组织协同

建立了有效的沟通机制和协作平台，促进各个项目团队之间的信息共享和合作，加快对多维项目内外部变化的反应速度。多维项目管理过程中，各项目部的工程变更、工程质量、安全隐患、矛盾纠纷等多数存在共性特点，按常规办法解决会导致工作效率降低。昔榆公司为加强整个多维项目管理组织的内部协同，借助管理平台实现信息共享，定期召开通气会、现场办公会、标准化示范活动等，有效顺畅了项目团队之间的沟通和协调，解决了项目执行过程中的冲突和问题。

3. 采购协同

采购协同是成本控制最为重要的手段。高速公路建设对材料的需求数量巨大，而山区的材料供应商又相对较少，供应商很有可能抬高水泥或其他原材料、地材的价格。集中采购或带量采购材料、集中管理材料等方式均能降低材料单价，有效降低项目建设成本。例如：集团公司集中采购钢材、沥青、外掺剂、伸缩缝及特殊材料等外购材料；集中采购水泥、炸药、工业固废料等地方材料；昔榆公司统一协调管理地材，协调各标段从昔榆项目石料自加工厂采购石材，充分发挥石料自加工厂优势，实现同一区域标段的资源共享，达到降本增效目的。

4. 管理协同

昔榆公司详细制定了统一的制度、标准，明确质量、安全、环保、技术的一致性要求，并且督促落实各项目建立相应的制度、实施细则和标准化建设举措；采用劳动竞赛、技能比武大赛、专项行动、现场观摩、先进经验交流、施工作业指导书等形式，促进质量、安全、环保、技术的协同管理。

5. 进度协同

根据工期计划科学合理编制相应的物资采购供应计划、机械设备供应计划、劳动力供应计划等，形成完善的工作计划体系，统筹规划项目所需的物资资源、机械资源、劳动力资源，落实物资和机械的采购租赁渠道，按照计划提前进场、储备，确保及时供应，保障项目实施顺利。

（二）全寿命周期风险管理

工程项目管理需要全面考虑可能面临的风险，需要对项目的风险进行识别、评估和监控，制定相应的风险应对策略与应对措施。多维项目管理能够整合风险管理，共同应对和解决各项目中可能出现的风险问题，确保工程项目的整体稳定性和可控性。

多维项目管理是一种系统性的管理方法，通过整合风险管理，可以确保风险在项目的全生命周期内得到全面、系统的考虑和处置。一是多维项目中的不同工程之间多数存在相似的风险，可以在决策层内部采取统一的应对措施，实现资源共享，避免重复工作和浪费资源，更有助于提高风险管理的效率和效果。二是高速公路建设项目往往涉及多个利益相关方，包括政府、投资者、承包商、运营商等，通过多维项目参建方维度整合风险管理，可以加强各方之间的沟通和协作，共同应对项目中的风险挑战。三是多维项目管理强调目标管理理念，通过质量管理、进度管理、投资管理、安全管理、合同管理、信息管理、绿色管理、风险管理等，整合各方面在建设项目中的经验和知识，完善管理的方法和流程，有助于提高多维项目管理能力，为项目的成功实施提供有力保障。

昔榆公司从项目建设需求出发，围绕项目建设管理目标，以俯瞰项目全局的视角，聚焦科技创新，聚集智慧力量，借鉴同类企业先进管理理念，编制了以“项目建设高标准、项目管理严要求”为核心理念的项目策划总体方案，识别项目管理风险并制订实施方案。

充分熟悉本项目特点、重点与难点等内容，尤其是控制性节点工程，有针对性地开展策划。在前期策划阶段，围绕总体目标，整合项目部提出的风险点，实施全生命周期风险识别管理，主要包括以下内容：

（1）专门建立健全风险管理组织体系。成立风险管理组（策划阶段时设在工程技术部），负责全面领导和协调本项目的风险管理工作。明确各部门和单位在风险管理中的职责和角色，确保责任明确、协作顺畅。定期组织风险管理培训和交流活动，提升全体人员的风险管理意识和能力。

（2）加强信息共享和沟通。建立信息共享平台，整合各部门和单位的信息资源，实现信息的实时共享和更新。定期组织风险管理信息沟通和协调会议，促进各方之间的信息交流和合作。

（3）识别与整合项目全寿命周期风险点，提出应对措施，见表 4-3。

策划方案中风险识别与应对措施 表 4-3

序号	阶段	风险点	应对措施
1	项目可行性研究阶段	（1）工程可行性研究报告批复时间长。 （2）估算费用可能不准确	（1）配合编制单位，指派专人跟踪办理建设项目选址意见书、环境影响评价、水土保持影响评价、土地预审前期手续。 （2）参考同类项目，昔榆高速公路项目筹备组提前介入，从临时便道、外供电及临时用电、隧道突水和涌水及反坡排水等不良地质处理措施、土地征拆、压覆矿区补偿、专项费用方面，对设计考虑深度不足造成后期费用增加的项目进行追加

续上表

序号	阶段	风险点	应对措施
2	初步设计阶段	初步设计概算可能缺项、漏项，导致后期“超概”	（1）调研同类项目建设经验。 （2）重点从采空区处治、特殊路基处理、施工便道、临时场地、临时用电、土石方调配、隧道不良地质处理、土地征拆、压覆矿区补偿等方面控制
3	施工图设计阶段	（1）高速公路路线选择欠妥，导致压覆矿产、土地征迁、进入保护区等敏感点，导致工期延误。 （2）桥涵结构形式不妥，导致工程进度慢，运维费用高。 （3）隧道通风、机电、消防设计不合理，导致运维阶段安全隐患等。 （4）交安设施设计不合理，导致后期运维费用高，影响安全耐久性。 （5）工程预算缺项、漏项	（1）详细踏勘后，对平纵线型进行了优化设计。 （2）详细调研后，减少不必要的排水或通道，优化构造物设计，可采用装配式施工工艺。 （3）采用新技术、新工艺，标准化设计，克服工程质量通病，确保耐久性。 （4）设计更贴近实际，减少后期变更。 （5）增加失地农民保险、起爆材料涉路施工路赔补偿、信息化建设、研究试验费等
4	施工阶段	（1）项目征地、拆迁物多，协调工作量大等，导致工期延误，容易引起社会舆情事件。 （2）费用索赔风险。 （3）设备、材料费用上涨风险。 （4）高填深挖路基存在边坡滑塌、路基下沉、开裂等风险。 （5）高墩大跨桥梁工程竖直度、顶面高程、轴线偏位、断面尺寸、合龙对称点高差、顶面横坡等存在工程质量风险。 （6）隧道工程存在涌水、塌方等风险。 （7）高填深挖段及填挖接合部存在坍塌、高处坠落、机械伤害的安全风险。 （8）桥梁、隧道施工有高处坠落、触电、火灾、坍塌、冒顶、中毒窒息、爆炸等各类事故风险。 （9）自采加工及“三集中”场站容易发生群体性伤亡事故；存在扬尘、噪声、污水排放、固体废渣排放等污染风险。 （10）弃土场、取土场存在选址不合理带来水土流失、植被破坏以及大气污染等问题。 （11）管理人员容易产生收受贿赂、滥用职权的廉洁自律问题，以及不作为、不担当的工作行为	（1）专门成立地方协调部，吃透国家、地方征拆政策与标准，编制征地拆迁实施方案，成立信访工作室，开展舆情监测、应对、处置工作。 （2）完善合同文件，注重有关风险和责任的约定，完善工程计量条款、程序性条款、工期条款等相关条款。 （3）昔榆公司统一协调采购，采取集中采购、带量采购与控制限价等措施。 （4）确保施工组织设计实施方案的科学性、合理性、可行性；制订标准化施工手册；通过工艺、设备、班组准入制、首件产品认证制等，严格控制工程质量。 （5）组织专项方案的评审、论证，严格按照评审后方案实施；利用信息化手段严格控制原材料、混凝土施工配合比；制订标准化施工手册。 （6）严格落实不良地质专项施工方案，监理旁站，全过程视频监控，提高监控量测检测频率。 （7）编制专项施工方案并严格执行，加强监控量测，增加现场监督检查频率。 （8）编制各类专项施工方案并严格执行；加强监控量测和超前地质预报；借助信息化手段进行人员、设备、现场环境管控；作业人员持证上岗；增加现场监督检查频率。 （9）建设幸福小镇，集中管理产业工人；加强安全教育培训、安全技术交底；各工种人员持证上岗，设备检验合格；安全管理人员加大巡查力度；应用环境监测系统，严格落实 6 个 100%，建设集中排放点，集中排放固废。 （10）严禁占用耕地设置取弃土场，及时办理临时用电手续，施工完毕后及时复垦与绿化。 （11）加强制度建设，建立健全监督检查机制，全面加强对重点领域、重要岗位、重大事项的工作运行监督；坚决落实山西交控集团党委“1235”工作法
5	运维阶段	（1）产生路基下沉、路面开裂、桥面铺装破损、桥梁支座损坏、桥头跳车、隧道渗漏水等质量通病。 （2）中央分隔带、防撞墙、边沟耐久性不足。 （3）隧道的通风、照明不足	（1）提前介入设计，选择合理施工工艺与材料。 （2）专门进行耐久性设计。 （3）合理设置隧道通风、照明设备

第五节　多维项目管理典型案例

 案例 1：项目公司集中管理，各参建单位协同服务治理模式实践

昔榆公司始终坚持党建引领，坚守红线底线，强化务实担当，探索出具有昔榆特色的“项目公司集中管理＋各参建单位协同服务”治理模式，实现了从“静态管理”向“动态管理”，从“被动管理”向“主动管理”，从“粗放管理”向“精细管理”，从“分散管理”向“集约管理”，从“单角度管理”向“多维度管理”的转变，为打造“绿色、品质、平安、智慧、廉洁、美丽”的昔榆高速公路奠定了坚实的管理基础。

（一）绘制项目蓝图，引领参建单位科学前行

系统化布局明方向。依据项目规模、关键工程、地形地质和气候条件等实际情况进行综合分析评价，对项目实施过程进行前期战略性整体规划，精心谋划项目目标定位、施工整体布置、资源组织调配、关键节点工期、品质工程建设、安全文明施工、固废利用、科技创新推广等内容，做到建设管控有章可循、有规可依、有据可查，使项目管理更规范、高效、经济。采用“大标段施工组织，规模化作战”模式，合理划分各参建单位的业务范围，充分发挥标段互助优势，努力把分散体系变成集中体系，把低效资源变成高效资源，实现项目管理提升。

标准化建设定步调。根据集团要求，深化制订标准化建设指南，把施工现场各类有关安全、质量、进度、成本的所有要素最大限度地整合，把科学管理落实到工地的每个细节、每个过程、每个岗位，使各项管理流程程序化、规范化，进而转变施工现场管理形象，塑造高速公路标准化建设标杆。

清单化管理夯落实。依据全年建设任务，“清单式”管理，“项目化”推进，“定目标、定人员、定责任、定措施、定时限”，统筹控制好进度、质量、效率，全程把控、实时监控、风险防控，实现“挂图作战”抓进度、“倒排工期”抓推进、“销号管理”抓落实，确保各参建单位各项工作提质增效、争先创优。

（二）凝聚管理共识，激发参建单位奋进力量

领导挂帅把大局。全面贯彻落实集团公司“一线工作法”和“限时办结制”等工作机制的要求，以项目部为单元，以分管领导蹲点责任包干为主要措施，通过听汇报、看现

场、议措施的形式，切实做到事实在一线掌握、问题在一线发现、制度在一线落实、工作在一线推进，确保重点项目全力攻坚、持续突破。

竞赛考核激动能。按照日统计、周对比、月考核、季竞赛的工作思路，设立奖罚分明的考核制度，注重各参建单位的“产值完成率”和“品质贡献度”，精心营造“比、学、赶、超”的施工氛围，最大限度地调动参建者的积极性，提升参建单位的使命感、责任感、归属感，以此促进进度、质量、安全、环保协调发展。

全员联动聚合力。各部门、各督导组认真履行监督服务的职能，扎根现场，摸实情、探实质，暴露问题、直面问题，通过周例会、进度推进会等方式，专题分析研判，一抓到底，为参建单位干事创业创造良好环境，进一步凝聚起昔榆高速公路建设合力。

（三）优化服务保障，推动参建单位稳步前进

要素保障稳基础。围绕中心、服务大局，充分发挥党委主导作用，加强与上级单位、各级政府的沟通交流，尽最大努力破解项目资金到位、地方协调、材料进场、队伍管理等方面的瓶颈问题，完善保障措施，为项目顺利建设提供有力的要素保障。

信息技术赋能量。坚持“智慧建造、品质昔榆、全寿命周期”的工作理念，开发“2361”智慧建设管理平台，做到事前预判预警、事中规范管理、事后总结提升，实现更安全、更高效、更精细化的建设施工管理，解决各参建单位资源分散、信息不对称问题，提升各参建单位的资源配置效率、管理效能。

先进技术提效率。通过开展技术交底、推广“四新”技术、进行现场技术指导等手段，精准把脉施策，充分发挥技术措施解决现场问题的关键作用，减少施工浪费、提升施工效率、保障工程品质，确保工程建设质量、进度、安全、投资等管理目标实现。

昔榆公司执行“学思想、强党性、重实践、建新功”的总要求，深入践行“服务＋管理”模式，以精益求精的态度和务实高效的作风，抓服务指导、抓问题解决、抓工作落实，奋力谱写高质量发展新篇章，为交通强省建设贡献昔榆力量。

二　案例 2：昔榆高速公路“五推进”管理

建设项目“五推进”管理是多维项目管理的具体表现。人本化是管理理念，专业化是管理要求，标准化是管理基础，信息化是管理手段，精细化是管理方式，五者之间相互联系、互为补充。

（一）推进管理理念人本化

人本化管理的主要内涵是坚持以人为本，将满足人的发展、调动人的积极性、突出人

的创造性作为工程建设管理的核心理念。做到重视员工的素质提升和发展，注重保护工程参建各方的合法权益，高度关注安全生产，实现高速公路与自然、高速公路与社会、参建单位与地方的和谐发展。

昔榆公司形成了“领导班子＋中层骨干＋青年人才”的队伍梯队结构，人员配备合理、团队专业化水平高，工程建设快速推进，示范效应良好。

（1）在设计阶段，昔榆公司重视工程设计人本化。工程设计要求安全可靠，服务设施适用便捷，方便群众出行和公路维护及管理，工程建设与自然环境相协调。

（2）施工准备阶段，昔榆公司以人为本、和谐征迁。征地拆迁补偿方案、标准、费用实施三公开，做好水系、路网恢复和环境保护工作，最大限度地服务沿线群众生产生活。

（3）施工阶段，一是为产业工人构建“幸福小镇”，昔榆高速公路全线共建设37处标准化产业工人“幸福小镇”；二是高度重视安全生产工作，落实安全生产组织机构和人员，落实安全生产经费，落实安全生产防护措施，杜绝安全责任事故的发生；三是重视学习和培训工作，昔榆公司通过培训提高员工的素质、能力和技能，为员工发展创造机会，每个季度都组织开展劳动竞赛活动，累计评选出43个优秀班组。公司坚持以人为本，以班组长和员工素质建设为重点，推行“7S”管理、首件合格准入管理，提升作业队和班组的凝聚力、战斗力、执行力，夯实公司发展根基，积极组织开展优秀班组评选活动，树立先进典型，涌现出一批践行路桥理念、符合路桥实际、提升路桥品质的高素质作业队和班组标准化，真正实现由农民工向产业工人转变。

（二）推进项目管理专业化

品质工程是干出来的，更是管出来的。

一是坚持问题导向，实现专业化管理。牢固树立“匠心”意识，在细部工艺流程上精心管理，在施工环节上精雕细琢，鼓励施工企业发挥“微创新”作用，建立“实施有标准、操作有规程、过程有控制、结果有考核”的专业化管理体系，进而提升工程品质。

二是以BIM（建筑信息模型）技术为载体，创新“一站式解决、三级管控、全业务管理链条”的管理模式，以“智慧建造、品质昔榆”的全寿命周期工作理念，实现大数据与项目管理系统深度融合，实现工艺监测、安全预警、隐蔽工程数据采集、远程视频监控等设施设备在施工管理中的集成应用，全面提升项目管理信息化水平。

三是制定责任清单，落实好“一线工作法”和“限时办结制”。采用“领导包片、中层包点”，制定责任清单，坚持质量到一线监督、项目到一线推进、安全到一线督导、能力在一线锻炼、作风在一线转变，通过上下联动、纵向贯通，共同推动全局工作。

（三）推进工程施工标准化

标准化管理的主要内涵是在工程建设项目管理过程中，通过制定建设管理、工程设计、施工项目管理和工程监理的具体实施标准，实现管理制度标准化、工程设计标准化、工地建设标准化、施工工艺标准化、施工机械设备和模板标准化以及工程试验检测标准化。

一是制定首件认证制，对首件认证情况进行监督落实，组织监理、施工单位召开首件工程施工总结会，对首件施工过程中的人员、机械配置、施工工艺、配合比参数等进行总结，形成统一工作程序和标准操作规范，指导和引领后续工程工序施工、检查和中间验收等环节，确保每件产品制造合格、每项工程质量达标、每个项目管理规范。

二是全面推进场站“三集中”（混凝土集中拌和、构件集中预制、钢筋集中加工）管理。按照“工厂化、集约化、专业化、配送化”原则，结合项目实际情况，因地制宜、合理布局、统一规划，对全线项目部、混凝土拌和厂、钢筋加工厂、试验室、预制厂、产业工人集中管理点、炸药库等进行集中建设，破除了传统标段界限，实现全面集中管理。

三是完善生活设施标准化建设。实施了建设单位、监理单位、第三方服务单位、施工单位及产业工人的驻地、试验室等生产生活设施的标准化建设。

（四）推进管理手段信息化

在信息赋能、数智转型的新形势下，山西路桥集团对标一流管理，全面布局和搭建信息化管理体系。昔榆公司秉承“智慧建设、品质昔榆”的工作理念，综合运用5G+、互联网、大数据、BIM（建筑信息模型）+ GIS（地理信息系统）等技术，合力打造“2361”数字化管理平台。利用这个平台，昔榆公司打通了项目建设管理全业务链条，实现了项目施工智慧建设全程可溯，探索出“流程统一、标准统一、界面统一”的新模式。利用“2361”数字化管理平台整合质量管控系统、智慧物料系统、试验云检系统的相关数据，打通平台上各系统数据壁垒，构建起“原始数据自动采集、过程数据实时上传、关键数据一键抓取”的数据管理模式，实现了工程建设质量可管可控，为探索“数据 + 质量”一体化战略奠定了基础。

（五）推进日常管理精细化

品质在于管理。昔榆公司始终以平安百年品质工程为目标，坚持创新管理引领，建立“1442”精细化管理体系，即：牢牢把控年度工作“一个目标”，年度、季度、月度、每周“四个计划”和“四个总结”，季度、年度“两个考核”。健全公司“周例会、月评价、年考核”工作流程，打造系统性、多层次的动态工程管控机制，建立“实施有标准、操作有程序、过程有控制、结果有考核”的管理体系。

昔榆公司对工程实施全过程、无缝隙的管理，形成一环扣一环的管理链。做到重细节、重过程、重落实、重效果，在每一个细节上精益求精。通过加强过程细节控制、细化量化检查考核指标，确保项目管理到位、勘察设计到位、施工管理到位、监理服务到位、质量安全监管到位。通过“五推进”管理，昔榆公司实现管理制度化、制度流程化、流程表单化、表单信息化的管理目标。

第五章

CHAPTER 05

建设项目清单化管理

集团公司积极推动每个项目创建平安百年品质工程。昔榆高速公路落实“智慧工程”和“绿色工程”示范双创目标。“品质工程”的具体内容有：组建专业化“品质工程”建设管理团队；提升全寿命周期、标准化、精细化、人性化设计水平，确保高速公路内在质量和外在品位的有机统一；在施工质量安全管理方面，须推进班组作业标准化、规范化，确保工程实体质量；按照“四节一环保”的理念，提升绿色公路建设水平；推进“四新”技术应用及工艺、工法的“微创新”；推进养护快速转型发展，突出养护、管理、服务工作；推进实现廉洁、高效项目，创建诚实、守信的行业建设氛围。

基于昔榆公司提出的项目总目标，锚定目标，有的放矢。搭建智慧管理平台，统筹安排人力和财力资源，形成明确的工作任务清单，确保项目获得成功。图 5-1 为工作任务清单导向轮盘。

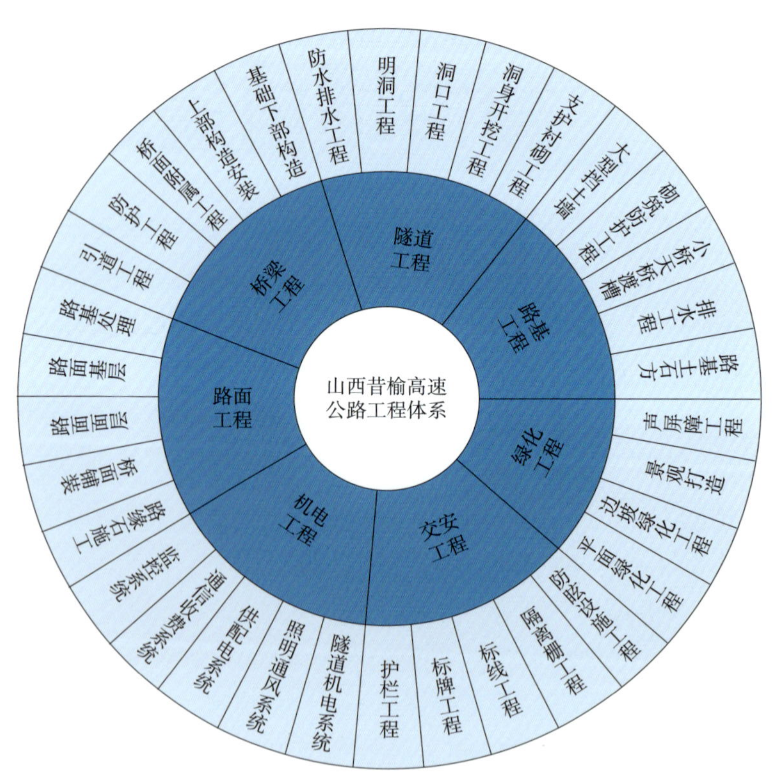

图 5-1 工作任务清单导向轮盘

第一节 “1442”工作清单精细化管理

清单式管理是指对某项职能范围或者业务事项的一种管理模式，即通过梳理工作流程，排查存在的问题，以问题为导向对职能或业务流程进行细化分析，形成清晰明确的整改或执行清单，最后严格将清单列出的措施、规定作为执行与考核的标准，达到解决实际问题、提升工作效率的目的。

一　工作清单的由来

工作清单的由来可以追溯到多个领域的发展和实践，包括科学管理、时间管理、项目管理以及认知科学等。

（一）科学管理与工作标准化

在 19 世纪末和 20 世纪初，Frederick Taylor 等人提出了科学管理原则，强调通过对工作进行详细的分析和标准化，以提高生产效率。在这种背景下，将复杂工作流程分解为更小、更具体的任务成为了一种管理方法，这种任务分解的思路为后来工作清单的形成奠定了基础。

（二）时间管理与效率提升

20 世纪中叶，随着人们对时间管理重要性的认识加深，各种时间管理技术和工具开始涌现，旨在帮助个人和组织更有效地规划和利用时间。制定待办事项列表（即工作清单）成为这些时间管理方法和工具中的核心组成部分。通过列出需要完成的任务，个人和组织能够更清晰地了解工作重点，并优先处理重要和紧急的任务。

（三）项目管理与实践应用

项目管理领域的发展对工作清单的普及和应用起到了重要推动作用。在复杂的项目中，跟踪和管理多个任务和活动至关重要。项目管理专业人士通过使用各种工具和技术（如甘特图、关键路径法等）来规划和监控工作。在这些工具中，工作清单扮演了关键角色，它帮助项目团队明确需要完成的任务，并确保团队成员对工作要求有清晰的认识。

（四）技术进步与工具发展

随着计算机和智能手机的普及，技术进步为工作清单的创建、管理和跟踪提供了更多便利。电子清单应用程序和项目管理软件的兴起使得人们可以随时随地访问和更新工作清单。这些工具不仅提高了个人和团队的生产力，还促进了跨部门和跨团队的协作与沟通。

（五）心理学与认知科学支持

从心理学和认知科学的角度来看，工作清单有助于减轻认知负担并提高注意力和记忆力。通过将信息外部化（例如在纸上或电子设备上写下待办事项），可以释放大脑资源，用于处理更复杂的认知任务，有助于个人和组织更好地管理任务和提高工作效率。

（六）持续改进与敏捷方法推动

在持续改进和敏捷开发方法中，工作清单也扮演着重要角色，其强调快速反馈和适应变化的能力。清晰的工作清单有助于团队成员了解当前的工作重点，并在必要时重新对任务的优先度进行排序。通过持续更新和优化工作清单，团队能够更好地应对变化并提高工作效率。

二 编制工程管理工作清单的意义

（一）提供明确的工作指导

管理人员通过清单可以清晰地了解每个阶段需要完成的工作内容和任务，有针对性地进行工作安排和计划，从而提高工作效率，确保项目按计划进行。

（二）加强项目管理

清单中详细列出了项目管理的各个环节，包括前期准备、施工管理、交工验收等。管理人员全面掌握项目进展情况，及时发现问题并采取措施解决，确保项目顺利进行。

（三）促进团队协作与沟通

不同部门和团队成员通过清单可以明确各自的工作职责和任务，有助于加强团队协作。同时，清单为团队成员提供了一个共同的沟通平台，便于及时交流和协调工作中的问题。

（四）提高项目质量与安全水平

清单中包含了质量与安全管理的内容，要求制定相应的管理体系和进行质量检查与验收等，有助于提高项目的质量水平，确保施工安全，减少质量事故和安全事故的发生。

（五）有利于成本控制与资源优化

通过清单中的进度与成本管理环节，管理人员可以实时监控施工成本和进度，及时处理偏差，有助于成本控制和资源优化。这可以降低项目成本，提高经济效益。

（六）为项目后评价提供依据

清单中的项目后评价环节要求对项目效果进行评价和经验教训总结。这为项目后评价提供了依据，有助于分析项目存在的问题和不足，提出改进措施和建议，为今后类似项目的实施提供借鉴和参考。

三 制作管理工作清单

（一）确定建设总体目标

根据现行政策、行业标准、集团公司战略需求，科学合理确定昔榆高速公路建设的总体目标与具体目标。

（二）按照项目阶段工作内容制作任务清单

遵循高速公路建设过程，划分为前期准备、设计、施工、验收等若干个阶段。针对每个阶段的工作内容，再进一步细化具体的工作任务。例如：前期准备阶段，项目立项、可行性研究、环境评估、土地征收等；设计阶段，初步设计、详细设计、施工图设计等；招标阶段，编制招标文件、发布招标公告、评标与定标等；施工阶段，土方开挖、路基填筑、路面铺设、桥梁建设、隧道挖掘、附属设施安装等；验收阶段，初步验收、竣工验收、质量评定等。为方便管理，昔榆公司根据各部门职能，对工作任务清单进行了整合，内容大体包括工作清单、管控要点或管控措施。

（三）编制工作清单文档

将管控内容制作成详细的工作清单文档，以便后期跟踪和管理。

（四）持续监控和动态更新

在项目实施过程中，定期检查工作清单的完成情况。根据实际情况动态调整任务、时间节点和资源分配，并及时记录已完成的任务和待解决的问题，保持工作清单的实时性。

四 “1442”工作清单精细化管理体系

秉承“管理＋服务”理念，以“1442”工作清单精细化管理体系（即：年度工作“一个目标”，年度、季度、月度、每周“四个计划”和“四个总结”，季度、年度“两个考核”）为抓手，实现“五个推进，四个创新，三个目标，两个效益，一个愿景”的总体目标，见图 5-2。

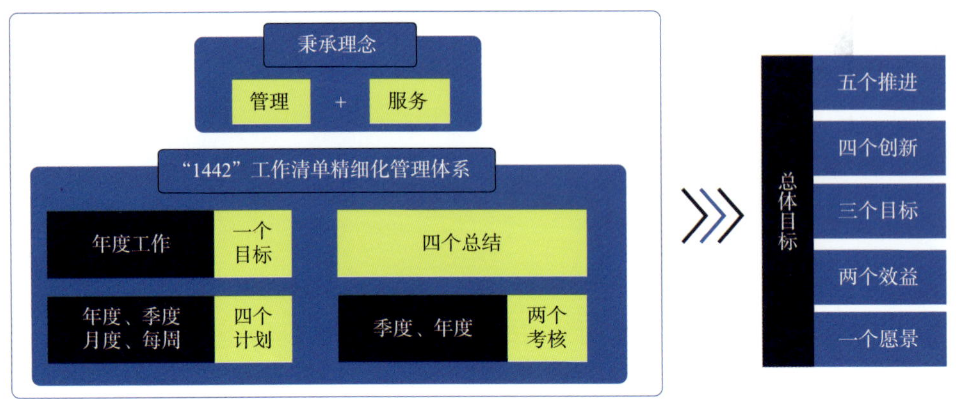

图 5-2 “1442”工作清单精细化管理体系

（一）聚焦主业、突出主责，细耕目标“责任田”

牢牢把握年度工作“一个目标”，进一步细化分解任务，以管理目标化、目标制度化、制度流程化、流程岗位化、岗位职责化、职责表单化、表单信息化、信息数据化、数据产品化、产品工业化为路径，聚焦主业、突出主责，昔榆公司与各标段项目经理层签订“两书一协议”，建立经理层成员任期制和契约化管理机制，与各施工单位签订目标责任书，通过每年年初的工作会、进度推进会对年度目标进行分解、宣贯，落实分工职责，以部室为单位，全面梳理全年的工作，细化目标，倒排工期，做到早安排、早部署，加快推动项目进度，确保目标任务顺利完成。

（二）突出重点、出准制胜，把好计划“方向盘”

做好年度、季度、月度、每周“四个计划”。精细化管理不仅是领导层的职责，更是全员参与的管理，精细化从基层做起，从细微着手，每位干部职工结合各岗位的工作职责，以周为单位制定工作计划，工作计划中突出重点、出准制胜，提前分析预判完成任务需采取的措施。公司根据任务难易程度对任务进行赋分，培养了人员自主监督落实、规划工作的能力，通过周例会形式，大力推行“清单式”管理、“项目化”推进，“定目标、定人员、定责任、定措施、定时限”，统筹控制好进度、质量、效率，将各部门、各督导组、各施工单位的工作融合在一起，形成以时间工作为轴、工作计划和工期计划为一体的综合计划，做到了全员参与、全过程覆盖，把每一位员工、每一步流程融入企业精细化管理中。

（三）总结经验、把握规律，牵住总结“牛鼻子”

做好年度、季度、月度、每周“四个总结”，实现精细化管理，要将工作任务落到实处，扛在肩上。全员填写工作日志，详细记录人员工作痕迹，每周周末各部门负责人梳理上周计划及领导安排的各项任务完成情况，形成周总结，在每周六的周例会上汇报完成的内容。汇总各部室及施工中存在问题，列出问题清单，群策群力解决问题，及时协调产生的分歧，全程把控存在的问题、实时监控问题的解决流程，实现“限时办结管理”抓进度、“倒排工期”抓推进、“销号管理”抓落实。依托“三重一大”平台，定期督办重点任务，形成闭环管理；每年年终，以部室为单位，对各项工作进行总结、梳理。培育“人人领任务、事事有人干，干部下一线”的工作氛围，形成“品质创建一盘棋，责任直达一线，管理直击一线”的工作体系。“1442”工作清单精细化管理流程见图 5-3。

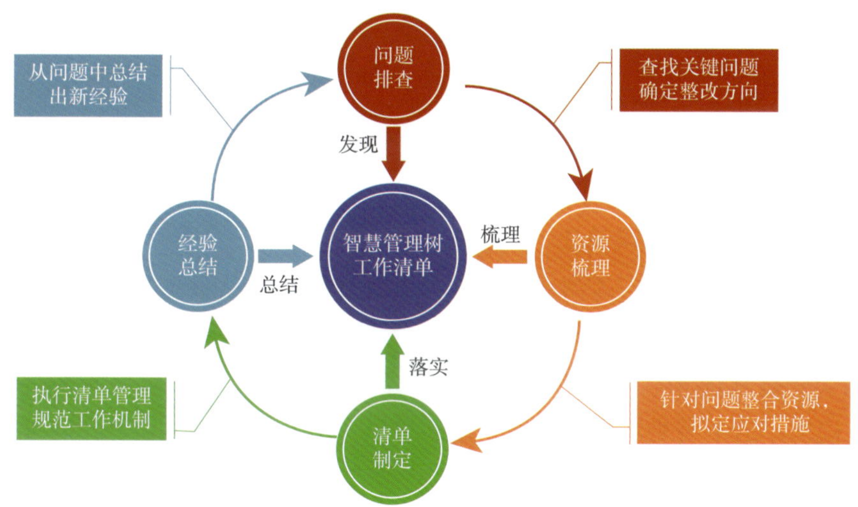

图 5-3　“1442”工作清单精细化管理流程

（四）明确责任、上下同心，举好考核“指挥棒”

完善公司“周例会、季评价、年考核”工作流程，以周为单位，部长根据每位员工的工作情况进行季度考评，与绩效挂钩，大大调动了员工的积极性，健全“效益、工资”联动机制，看工作业绩“打分”，靠综合素质“赋分”，有突出贡献“加分”，开辟综合管理和专业技术人才管理“双通道”，真正做到考核评价可量化、有标准。丰富培训教育内容，激发现有人员能力潜力，促进管理人员从单一型管理向复合型管理人才转化。

精细化管理离不开智慧化发展。智慧化是精细化的助推剂，精细化是智慧化发展的硕果。按照“流程管控、数智支撑”的管理理念，打造“2361”平台，创新应用了“一站式解决、三级管控、全业务管理链条”的智慧管理新模式。运用云计算、大数据、BIM+GIS 等技术，建立了智慧监理、智慧隧道、智慧梁场、智慧物料、智慧路面、智慧监控等生产管理场景。通过视频回传、现场喊话、预警提醒、运行分析等功能，实现

“现场可视可管、进度可查可知、质量可溯可控、安全可防可纠”的目标，大大提升了管理效率。

企业精细化管理是一门科学化、系统化的学问，是全面提升管理水平的重要体现。依托“1442”精细化管理体系，在探索高速公路项目建设企业化运作管理模式上蹚出一条新路来，是企业追求卓越、不断发展的必然选择，是实现项目管控高质量发展的最佳路径。

第二节　工程安全管理

一　安全管理概述

以安全促发展，以安全保品质，以平安树标杆。“平安百年品质工程”是昔榆公司始终坚持的价值追求。公司深入贯彻安全为先的管理理念，基于 HSE[①] 与 PDCA[②] 管理理论，围绕“安全管理规范化、安全管理体系化、安全责任清单化、管理过程痕迹化、管理闭合销号化”的安全管理理念，创新“HSE+ 一体化闭环安全管理”模式。推行“1151”安全工作机制，提出“五个着力”安全管理措施，分别是着力加强培训教育、着力夯实安全保障基础、着力构建双重预防机制、着力强化应急处置、着力推行智能管控应用，实现了安全管理制度完善、安全投入和培训领先、风险评估和预防措施得力、安全责任落实有效、安全文化建设氛围浓厚、应急响应和事故处理快速、合作与沟通闭环一体化的安全管理格局，确保安全管理目标实现，促进了安全管理的高效与品质。

二　创新 HSE+ 安全管理模式

（一）HSE+ 一体化闭环安全管理模式

HSE 管理体系是健康（Health）、安全（Safety）和环境（Environment）三位一体的管理体系，是一种事前通过识别与评价，确定在活动中可能存在的危害及后果的严重性，从而采取有效的防范手段、控制措施和应急预案来防止事故的发生或把风险降至最低，以减少人员伤害、财产损失和环境污染的有效管理方法。HSE 管理体系和理念的引入，不仅可

① HSE：指健康（Health）、安全（Safety）、环境（Environment）。

② PDCA：即循环执行计划（Plan）、执行（Do）、检查（Check）、行动（Act）。

以使企业的安全管理效率得到明显提升，还可以使管理成本得到有效降低，有助于企业树立良好形象、提升员工素质。

HSE 管理体系的运行程序是 PDCA 闭环管理。主要为：企业管理者依照 HSE 管理标准确定的原则和内容，作出书面承诺；成立 HSE 专门管理部门，制定章程及必要的制度、规定；依照 HSE 管理标准，制定各级部门和岗位人员的 HSE 职责；根据 HSE 管理要求，制定工作程序，提出必要的资源配置计划；制定计划进度，明确各部门和员工的责任与分工，切实推进实施；企业管理者组织开展定期审核和评审，确保 HSE 管理模式适用且有效，按既定目标和程序运行。

创新 HSE+ 一体化闭环安全管理模式，立足预防，把 HSE 方针、目标分解到各参建单位，采取全天候、全过程、全员的管理模式，采用动态、持续改进的管理理念，体现“全员参加、控制风险、持续改进、确保绩效”的工作要求。通过风险评估、危险因素辨识、隐患排查整改等预防手段，严格审核生产管理环节、安全生产技术和设备性能等安全生产条件，为企业生产运营打下牢固的管理基础。

（二）昔榆公司 HSE+ 一体化闭环安全管理模式实践

基于 HSE 与 PDCA 管理理论，创新了 HSE+ 一体化闭环安全管理体系。该体系综合考虑安全、健康和环境因素，旨在实现安全管理的持续改进和优化。

计划（Plan）：昔榆高速公路结合安全管理实际，基于 HSE+ 安全管理模式，明确“6 个百、2 个零”的安全管理目标，即：人员培训率 100%；特种作业持证率 100%；特种设备验收率 100%；安全防护设施验收合格率和安全隐患整改率 100%；突发事件信息报送准确率、及时率 100%；应急救援处置及时率 100%；零伤亡；零事故。围绕安全、健康和环境目标，研判安全管理重难点，制定相应的策略、程序和计划，包括风险评估、法规遵守、培训计划和资源分配等。

执行（Do）：根据计划，建立了“1151”安全工作机制，执行操作并采取必要措施，包括培训员工、建立工作程序、监督工作实施等。执行阶段，组织应确保按照计划进行操作，并合理利用资源。

检查（Check）：依据“19+1”体系，对执行的结果进行监测和评估，确定是否达到预期的安全、健康和环境目标，包括关键绩效指标监测、数据分析、内部审核和合规性评估等。通过检查，组织能够了解目标实施情况，并发现潜在的问题和改进机会。

行动（Act）：通过互联网 + 监管安全管理，根据监管过程、检查阶段的结果，采取必要的纠正措施和持续改进措施，包括纠正违规行为、改善工作程序和流程、制定目标的新计划等。通过行动，组织能够纠正问题并推动持续改进。

健康 + 安全 + 环境一体化闭环的安全管理体系中，按照 PDCA 循环原则，实施全员、全过程、全方位的系统化闭环式管理，持续解决系统中出现的问题或不足，形成一个周而复始的动态循环管理过程，确保实现预期目标。遵循了安全管理预防为主的基本原则，有效提升了工程项目安全管理水平，降低了事故发生概率，减轻了危害后果，使管理成本有效降低，树立了公司良好形象。

三 昔榆公司安全管理措施

昔榆公司结合平安百年品质工程创建要求，以追求风险可控和本质安全为目标，以安全生产管理“1151”安全工作机制（图 5-4）为举措，以“责任体系”和“安全红线”为预防手段，以“五个着力”为控制抓手，以“安责险保单”为保障基础，扎实推进“安全生产专项整治三年行动”“安全生产强化年”“安全生产大检查、大整治、大提升专项行动”，稳步落实各项工作举措。

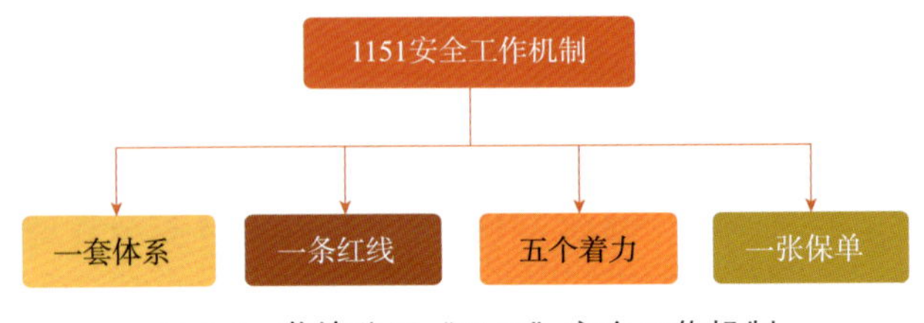

图 5-4　昔榆公司“1151”安全工作机制

（一）构建一套“19+1”安全责任体系

“19+1”安全责任体系（图 5-5）是由昔榆公司、监理单位、施工单位、劳务工队、作业班组、一线工人共同组成的包含 20 个层级的责任体系，其中前 19 级为管理层，最后 1 级为执行层（一线作业人员）。紧扣安全生产法，遵循“三管三必须”原则，明确各层级人员安全管理责任，实现“一岗一清单”，横向到边、纵向到底，全员覆盖到施工作业人员。与各参建单位签订安全目标责任书，各层级的主要负责人签订安全履职承诺书（图 5-6），确保“四有”闭环管理（每项工作有人负责、有人检查、有人监督、有人落实）。

（二）坚守一条安全红线

昔榆公司健全了 47 项安全管理制度，全过程、全方面进行安全管控。全过程贯穿安全红线、“六十条禁令”工作机制，通过加强对触碰 19 条红线、60 条施工禁令的单位和个人采取违约处罚、追责问责的措施，形成安全生产管理高压态势。建立施工单位自查、监理单位巡查、昔榆公司抽查的三级管控体系，并纳入领导带队、日常巡查检查及阶段考核内容，促进了施工现场安全管控水平稳步提升。

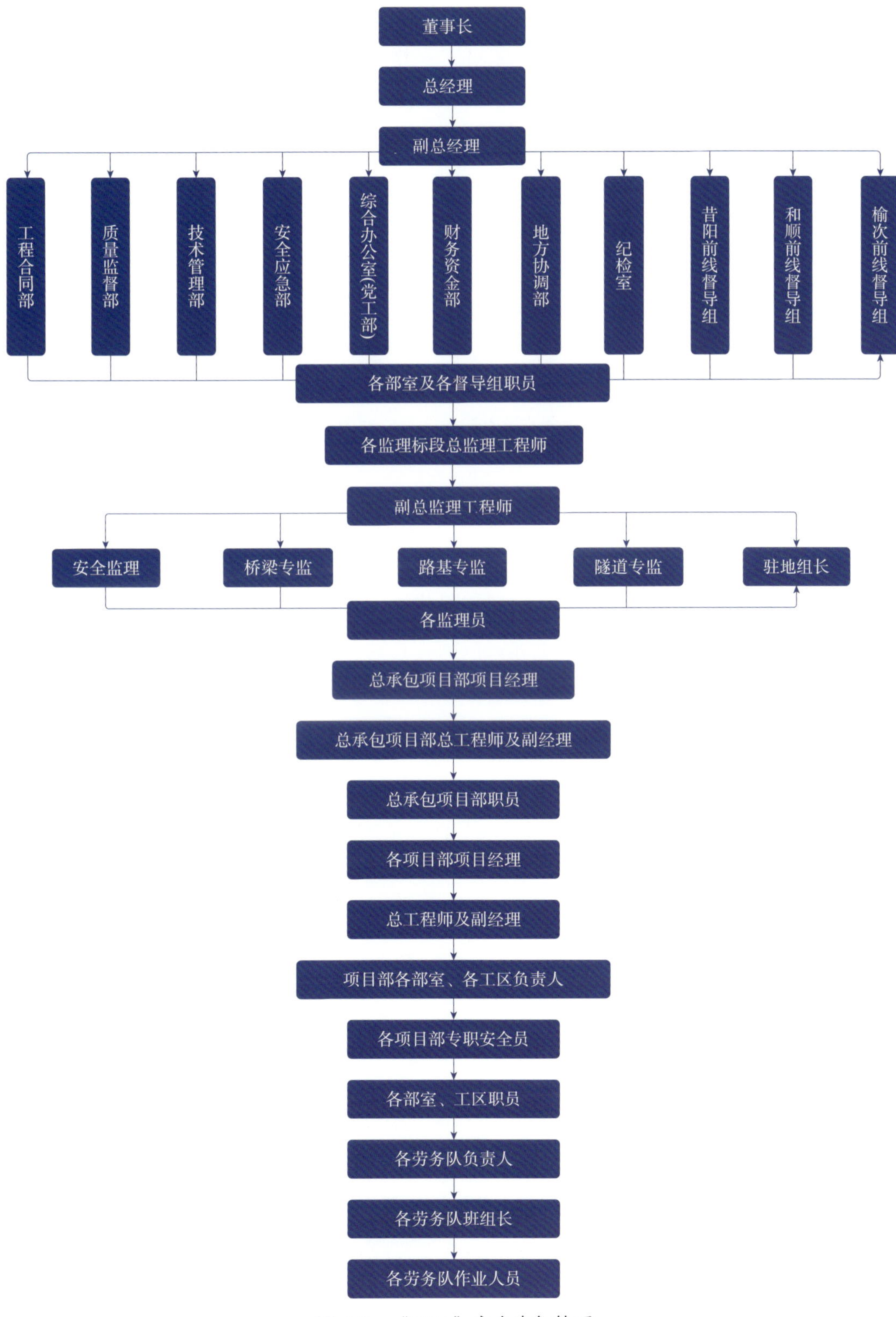

图 5-5　“19+1”安全责任体系

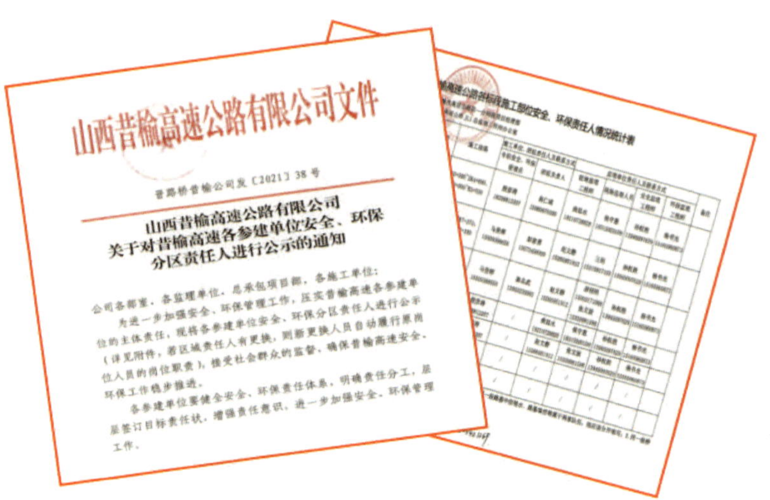

山西昔榆高速公路有限公司文件

昔路桥昔榆公司发〔2021〕38号

山西昔榆高速公路有限公司
关于对昔榆高速各参建单位安全、环保
分区责任人进行公示的通知

公司各部室、各监理单位、总承包项目部、各施工单位：

为进一步加强安全、环保管理工作，压实昔榆高速各参建单位的主体责任，现将各参建单位安全、环保分区责任人进行公示（详见附件，若区域责任人有更换，则新更换人员自动履行原岗位人员的岗位职责），接受社会群众的监督，确保昔榆高速安全、环保工作稳步推进。

各参建单位要健全安全、环保责任体系，明确责任分工，层层签订目标责任状，增强责任意识，进一步加强安全、环保管理工作。

图 5-6　昔榆高速公路各层级、各区域安全责任人公示

（三）实施安全管理的“五着力”

1. 着力加强培训教育

建好用好安全体验馆，普及安全知识、强化警示教育，充分利用“安全生产月”“消防安全日”等对所有参建人员进行系统、科学、有针对性的安全生产教育培训（图 5-7）。建立培训管理制度，组织召开平安工地、消防等各类专项培训，适时考核安全管理人员，采取考核成绩通报、考核不合格人员转岗或清退出场方式，增强了全员对安全培训教育的重视程度。

山西昔榆高速公路有限公司

昔路桥昔榆公司函〔2020〕181号

山西昔榆高速公路有限公司
关于对安全管理人员“安全、环保知识考核”
结果的通报

公司各部室、各监理单位、总承包项目部、各施工单位：

为了有效提高安全管理，促进责任落实，加强安全、环保管理人员的知识水平、业务能力，圆满完成昔榆高速公路项目建设，昔榆公司于2020年12月4日对各参建单位安全管理人员举行了“安全、环保知识考核”，考核应到44人，实到39人，成绩合格30，不合格9人，缺考5人，全体管理人员继续加强安全、环保法律法规与专业知识的学习，未合格人员与缺考人员另行安排时间进行补考，如补考人员再次不合格的将建议转岗或清退出场。

附件：昔榆高速公路2020年“安全、环保知识考核”成绩公布表

山西昔榆高速公路有限公司

2020年12月[illegible]日

图 5-7　安全教育培训

安全培训方式灵活多样。综合运用线下 + 线上、实景 + 虚拟仿真、现场 + 理论教学、多媒体工具箱教学、VR① 体验等方式（图 5-8），使得安全培训内容更为生动，一线作业人员理解更为简单，安全专业素养逐年提高。

图 5-8　建立线下 + 多媒体 +VR 多元安全教育体系

通过下沉管理与服务，打通安全教育“最后一公里”。各分部分项工程开工前，全部进行安全技术交底（图 5-9），不交底不开工，各班组实行班前“三分钟”讲话，由班组长对操作人员进行风险告知，着力解决一线工人安全意识薄弱的顽疾。

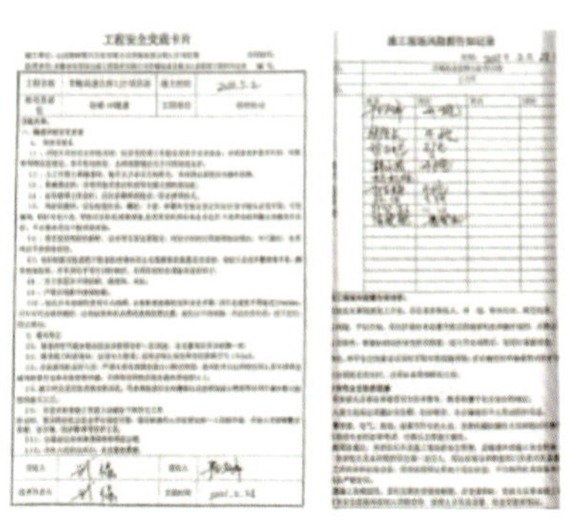

图 5-9　安全技术交底

2. 着力夯实安全保障基础

根据不同的环境因素、地质条件、施工工艺、结构形式来设置各类安全防护设施，日常做好安全防护设施的安装与维护，实现本质安全。严格执行安全生产费用专款专用制度，按照相关规定严格审核、足额提取安全生产费用。编制安全设施标准化图册（图 5-10），做到安全防护设施标准化、定型化、规格化。

① VR：Virtual Reality，译为“虚拟现实”。

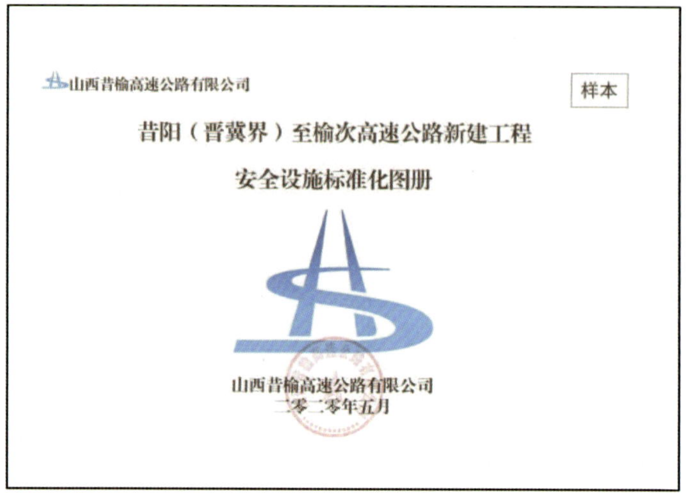

山西昔榆高速公路有限公司

样本

昔阳（晋冀界）至榆次高速公路新建工程

安全设施标准化图册

山西昔榆高速公路有限公司

二零二零年五月

山西昔榆高速公路有限公司

晋路桥昔榆公司函〔2022〕162号

山西昔榆高速公路有限公司
关于实施梁板运输架设安全标准化的通知

公司各部室、各督导组、各参建单位：

为加强昔榆高速全线梁板运输架设施工的安全管理工作，贯彻落实"安全第一、预防为主、综合治理"的方针以及有关安全生产法律法规，强化各参建单位安全管理责任落实到位，夯实安全生产工作基础，提高安全生产管理水平，有效防范施工安全事故，结合当前实际情况，现将梁板运输架设施工安全标准化有关要求通知如下：

一、施工准备阶段安全控制要点

1.技术要求

（1）各施工单位在施工前应根据桥梁跨度、梁板重量、结构形式、路线坡度、曲线半径、超高等特点合理选择运梁、架梁设备，并按照《公路工程施工安全技术规范》JTGF90-2015中危险性较大工程有关要求编制运梁、架梁专项施工方案，40m以上预制梁应完善专项方案的论证、审核程序，总监办应督促施工单位严格按照审批专项施工方案组织施工。

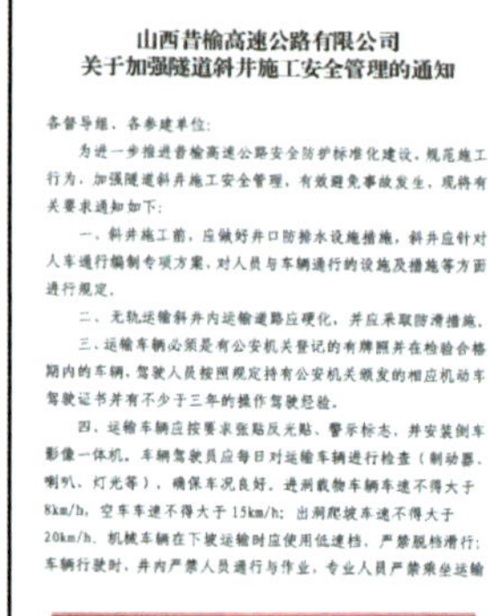

山西昔榆高速公路有限公司

晋路桥昔榆公司函〔2022〕233号

山西昔榆高速公路有限公司
关于加强隧道斜井施工安全管理的通知

各督导组、各参建单位：

为进一步推进昔榆高速公路安全防护标准化建设，规范施工行为，加强隧道斜井施工安全管理，有效避免事故发生，现将有关要求通知如下：

一、斜井施工前，应做好井口防排水设施措施，斜井应针对人车通行编制专项方案，对人员与车辆通行的设施及措施等方面进行规定。

二、无轨运输斜井内运输道路应硬化，并应采取防滑措施。

三、运输车辆必须是有公安机关登记的有牌照并在检验合格期内的车辆，驾驶人员按照规定持有公安机关颁发的相应机动车驾驶证书并有不少于三年的操作驾驶经验。

四、运输车辆应按要求张贴反光贴、警示标志，并安装倒车影像一体机。车辆驾驶员应每日对运输车辆进行检查（制动器、喇叭、灯光等），确保车况良好。进洞载物车辆车速不得大于8km/h，空车车速不得大于15km/h；出洞爬坡车速不得大于20km/h。机械车辆在下坡运输时应使用低速档，严禁脱档滑行；车辆行驶时，井内严禁人员通行与作业，专业人员严禁乘坐运输

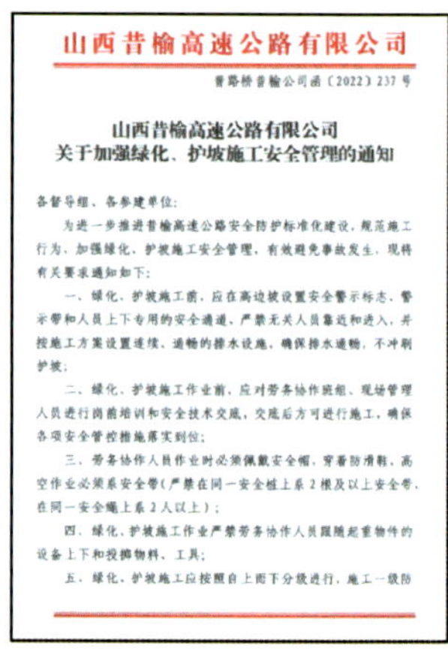

山西昔榆高速公路有限公司

晋路桥昔榆公司函〔2022〕237号

山西昔榆高速公路有限公司
关于加强绿化、护坡施工安全管理的通知

各督导组、各参建单位：

为进一步推进昔榆高速公路安全防护标准化建设，规范施工行为，加强绿化、护坡施工安全管理，有效避免事故发生，现将有关要求通知如下：

一、绿化、护坡施工前，应在高边坡设置安全警示标志、警示带和人员上下专用的安全通道，严禁无关人员靠近和进入，并按施工方案设置连续、通畅的排水设施，确保排水通畅，不冲刷护坡；

二、绿化、护坡施工作业前，应对劳务协作班组、现场管理人员进行岗前培训和安全技术交底，交底后方可进行施工，确保各项安全管控措施落实到位；

三、劳务协作人员作业时必须佩戴安全帽，穿着防滑鞋，高空作业必须系安全带（严禁在同一安全桩上系2根及以上安全带，在同一安全绳上系2人以上）；

四、绿化、护坡施工作业严禁劳务协作人员跟随起重物件的设备上下和投掷物料、工具；

五、绿化、护坡施工应按照自上而下分级进行，施工一级防

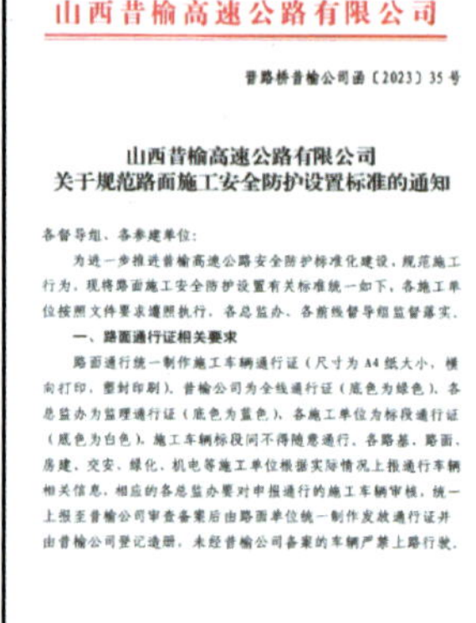

山西昔榆高速公路有限公司

晋路桥昔榆公司函〔2023〕35号

山西昔榆高速公路有限公司
关于规范路面施工安全防护设置标准的通知

各督导组、各参建单位：

为进一步推进昔榆高速公路安全防护标准化建设，规范施工行为，现将路面施工安全防护设置有关标准统一如下，各施工单位按照文件要求遵照执行，各总监办、各前线督导组监督落实。

一、路面通行证相关要求

路面通行统一制作施工车辆通行证（尺寸为A4纸大小，横向打印，塑封印刷），昔榆公司为全线通行证（底色为绿色），各总监办为监理通行证（底色为蓝色），各施工单位为标段通行证（底色为白色），施工车辆标段间不得随意通行。各路基、路面、房建、交安、绿化、机电等施工单位根据实际情况上报通行车辆相关信息，相应的各总监办要对申报通行的施工车辆审核，统一上报至昔榆公司审查备案后由路面单位统一制作发放通行证并由昔榆公司登记造册，未经昔榆公司备案的车辆严禁上路行驶。

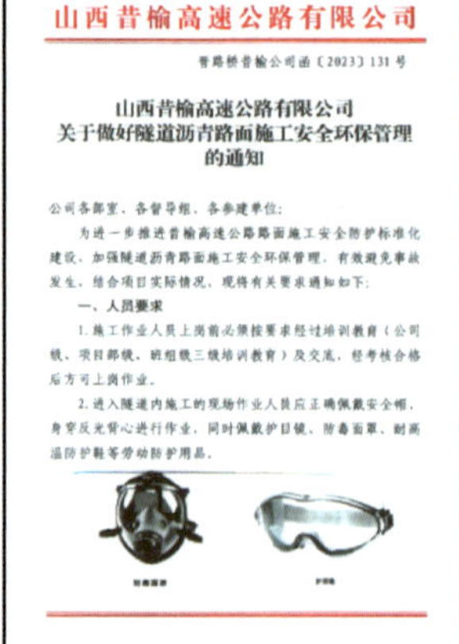

山西昔榆高速公路有限公司

晋路桥昔榆公司函〔2023〕131号

山西昔榆高速公路有限公司
关于做好隧道沥青路面施工安全环保管理
的通知

公司各部室、各督导组、各参建单位：

为进一步推进昔榆高速公路路面施工安全防护标准化建设，加强隧道沥青路面施工安全环保管理，有效避免事故发生，结合项目实际情况，现将有关要求通知如下：

一、人员要求

1.施工作业人员上岗前必须按要求经过培训教育（公司级、项目部级、班组级三级培训教育）及交底，经考核合格后方可上岗作业。

2.进入隧道内施工的现场作业人员应正确佩戴安全帽，身穿反光背心进行作业，同时佩戴护目镜、防毒面罩、耐高温防护鞋等劳动防护用品。

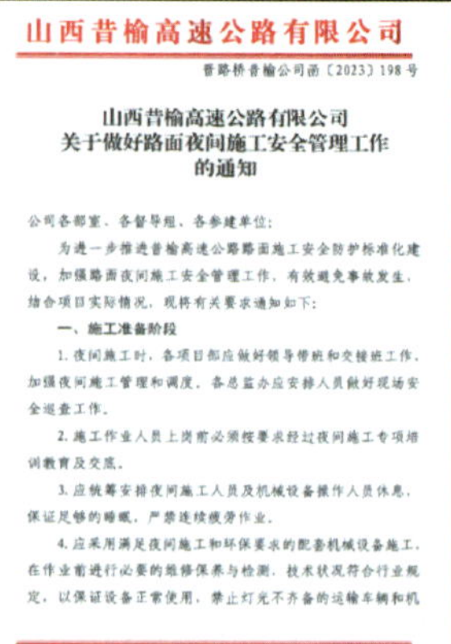

山西昔榆高速公路有限公司

晋路桥昔榆公司函〔2023〕198号

山西昔榆高速公路有限公司
关于做好路面夜间施工安全管理工作
的通知

公司各部室、各督导组、各参建单位：

为进一步推进昔榆高速公路路面施工安全防护标准化建设，加强路面夜间施工安全管理工作，有效避免事故发生，结合项目实际情况，现将有关要求通知如下：

一、施工准备阶段

1.夜间施工时，各项目部应做好领导带班和交接班工作，加强夜间施工管理和调度，各总监办应安排人员做好现场安全巡查工作。

2.施工作业人员上岗前必须按要求经过夜间施工专项培训教育及交底。

3.应统筹安排夜间施工人员及机械设备操作人员休息，保证足够的睡眠，严禁连续疲劳作业。

4.应采用满足夜间施工和环保要求的配套机械设备施工，在作业前进行必要的维修保养与检测，技术状况符合行业规定，以保证设备正常使用，禁止灯光不齐备的运输车辆和机

图5-10　安全防护标准化管理

依据《安全防护标准化图册》，核查安全生产条件和验收安全设施（图5-11）。每一道施工工序经施工单位自检、监理单位审查验收后，方可进行主体施工，严格落实“先验收后施工、不验收不施工”的管理规定。

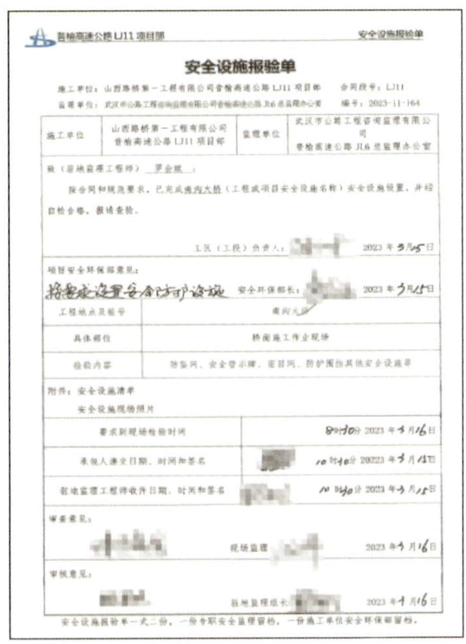

昔榆高速公路 LJ11 项目部　　安全设施报验单

安全设施报验单

施工单位：山西路桥第一工程有限公司昔榆高速公路 LJ11 项目部　　合同段号：LJ11

监理单位：武汉市公路工程咨询监理有限公司昔榆高速公路 JL6 总监理办公室　　编号：2023-11-164

施工单位	山西路桥第一工程有限公司 昔榆高速公路 LJ11 项目部	监理单位	武汉市公路工程咨询监理有限公司 昔榆高速公路 JL6 总监理办公室

致（驻地监理工程师）罗金斌：

按合同和规范要求，已完成南沟大桥（工程或项目安全设施名称）安全设施设置，并经自检合格，报请查验。

工区（工段）负责人：　　2023 年 3 月 15 日

项目安全环保部意见：

按要求设置安全防护设施　　安全环保部长：　　2023 年 3 月 15 日

工程地点及桩号	南沟大桥
具体部位	桥面施工作业现场
检验内容	防坠网、安全警示牌、密目网、防护围挡其他安全设施等

附件：安全设施清单

安全设施现场照片

要求到现场检验时间	8 时 30 分 2023 年 3 月 16 日
承包人递交日期、时间和签名	10 时 10 分 20023 年 3 月 15 日
驻地监理工程师收件日期、时间和签名	10 时 30 分 2023 年 3 月 15 日

审查意见：

现场监理　　2023 年 3 月 16 日

审核意见：

驻地监理组长　　2023 年 3 月 16 日

安全设施报验单一式二份，一份专职安全监理留档，一份施工单位安全环保部留档。

昔榆高速公路 LJ11 项目部　　安全设施报验图片资料卡

安全设施图片资料卡片

施工单位：山西路桥第一工程有限公司昔榆高速公路 LJ11 项目部　　合同段号：LJ11

监理单位：武汉市公路工程咨询监理有限公司昔榆高速公路 JL6 总监理办公室　　编号：2023-11-164

工程地点及桩号	南沟大桥	具体部位	施工现场

南沟大桥施工现场安全警示牌

南沟大桥施工现场安全警示牌

南沟大桥施工现场密目网防护

南沟大桥施工现场防坠网防护

南沟大桥施工现场防坠网防护

南沟大桥施工现场安全通道设置

安全生产副经理：　　现场监理：　　2023 年 3 月 16 日

图 5-11　安全设施报验单

编制安全生产费用总体、年度、月度使用计划（图 5-12），遵循“规范计取、合理计划、计量支付、确保需要”的原则，严格按照计划保证安全生产投入足额、到位。

图 5-12　安全生产费用使用计划

特种设备、机械设备实施分类管理，全部编码建立“一机一档”，执行“不合格不进场，不检验不使用”的管理要求。积极应用推广智能机械设备（图 5-13），探索“机械化换人、自动化减人、智能化少人”的施工现场管理形式，确保本质安全。

3. 着力构建双重预防机制

实施安全风险分级管控与隐患排查双重预防机制。

一是划分四色安全风险分布图（图 5-14），以红、橙、黄、蓝四色标示不同等级的安全风险。对不同等级的风险，采取有针对性的管控措施，实现了“风险预警、措施得当、监测可控”的目标。昔榆公司编制总体风险评估，各参建单位编制专项风险评估，列出风险管控清单，明确风险等级。根据不同等级，制定专项管控措施，指定管控责任人，对经评估达到重大风险等级的工程和危险性较大工程，编制专项施工方案，强化过程控制。动态管理风险分级管控，每月及时更新四色安全风险分布图，确保重大风险与危大工程始终处于可控状态。

图 5-13　特种设备自动限位器、夹轨器

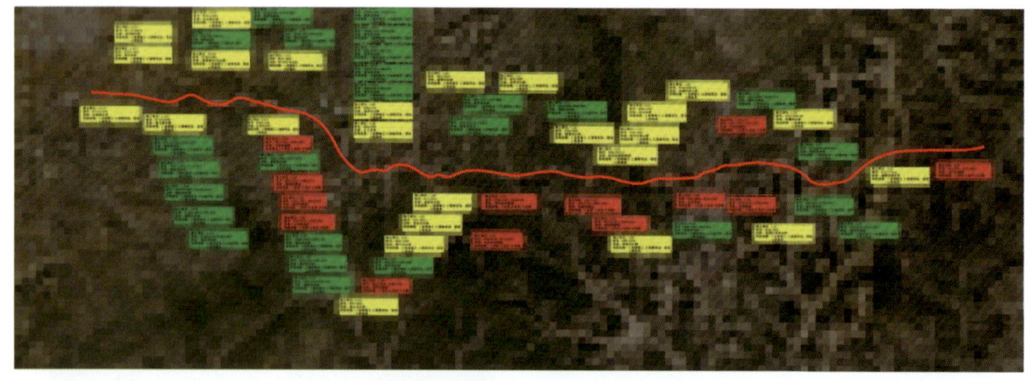

图 5-14　四色安全风险分布图

二是建立全员参与、全岗位覆盖、全过程衔接的隐患排查治理机制，以“四不两直”的形式进行安全生产大检查（图 5-15）。按照检查计划开展日常检查、季节性检查、重大活动及节假日检查、复工检查、专项检查、综合检查等，建立隐患检查、整改台账，指定专人督办、跟踪问效，确保责任、措施到位，使风险可控，隐患清零，实现“平安工地”。同时，开展阶段考核评比，评选出安全管理优秀单位及个人，奖优罚劣，创建赶学比超的积极氛围，推进安全生产责任落实，促进安全管理效率提升。

4. 着力强化应急处置

构建“1+N”应急管理体系。昔榆公司制定综合应急预案，各参建单位制定专项应急预案、现场处置方案，方案之间相互衔接，预案经过专家评审后向上级主管部门备案。建立应急物资库建设标准，储备各类应急物资，成立专兼职应急救援队伍，开展消防、坍塌、触电等有针对性的应急救援演练。昔榆高速公路项目成立了 24 支应急救援队伍，组织开展消防、防汛、高处坠落等各类应急演练 189 次（图 5-16），通过实战演练，补充完善应急预案，不断强化应急管理体系，全方位提升项目应急处置水平。

图 5-15　施工现场安全检查

a) 建立标准化应急物资库

b) 消防应急演练

c) 防汛应急演练

d) 举办高峪咀隧道涌水及坍塌事故综合应急演练

图 5-16　应急演练

5. 着力推行智能管控应用

以山西路桥集团“平安交通”安全管理平台（图 5-17）为依托，通过安全生产责任、安全风险管控、安全生产保障、隐患排查治理、应急救援处置等模块，实现远程监督管理，全面落实“按规范、守着干”的管控要求，提升防范化解重大安全风险的水平。

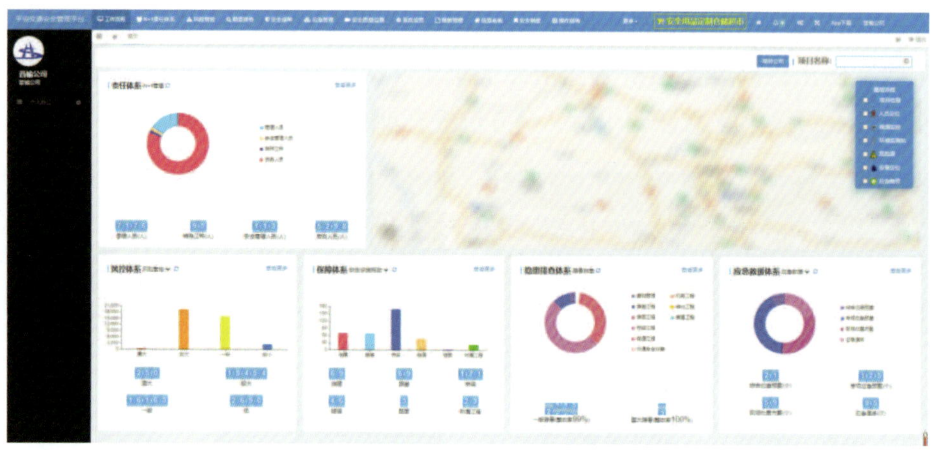

图 5-17　“平安交通”安全管理平台

（四）落实一张安责险保单，强化安全投入保障

昔榆高速公路 24 个参建单位全部投保安全生产责任保险（图 5-18）。在保障事故预防能力的同时，做好安全生产标准化建设以及安全生产科技推广服务，提高施工过程中防范安全风险和保障安全生产工作的能力，确保在施工全过程落实防范安全风险和保障安全生产工作，为各参建单位生产安全保驾护航。

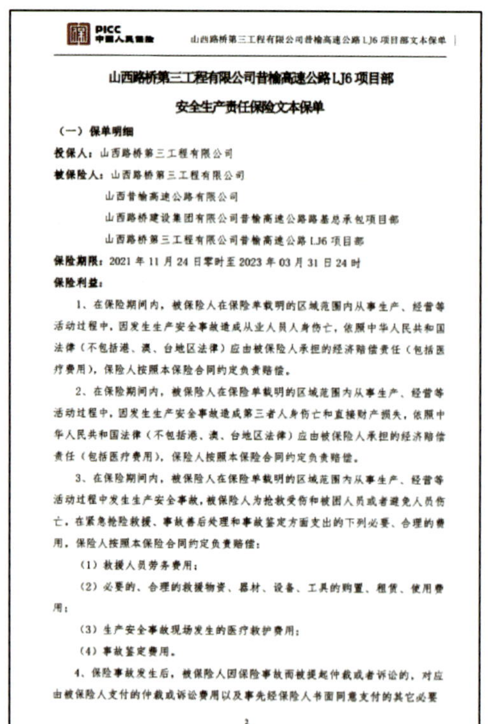

PICC 中国人民保险　　山西路桥第三工程有限公司昔榆高速公路 LJ6 项目部文本保单

山西路桥第三工程有限公司昔榆高速公路 LJ6 项目部

安全生产责任保险文本保单

（一）保单明细

投保人：山西路桥第三工程有限公司

被保险人：山西路桥第三工程有限公司

山西昔榆高速公路有限公司

山西路桥建设集团有限公司昔榆高速公路路基总承包项目部

山西路桥第三工程有限公司昔榆高速公路 LJ6 项目部

保险期限：2021 年 11 月 24 日零时至 2023 年 03 月 31 日 24 时

保险利益：

1、在保险期间内，被保险人在保险单载明的区域范围内从事生产、经营等活动过程中，因发生生产安全事故造成从业人员人身伤亡，依照中华人民共和国法律（不包括港、澳、台地区法律）应由被保险人承担的经济赔偿责任（包括医疗费用），保险人按照本保险合同约定负责赔偿。

2、在保险期间内，被保险人在保险单载明的区域范围内从事生产、经营等活动过程中，因发生生产安全事故造成第三者人身伤亡和直接财产损失，依照中华人民共和国法律（不包括港、澳、台地区法律）应由被保险人承担的经济赔偿责任（包括医疗费用），保险人按照本保险合同约定负责赔偿。

3、在保险期间内，被保险人在保险单载明的区域范围内从事生产、经营等活动过程中发生生产安全事故，被保险人为抢救受伤和被困人员或者避免人员伤亡，在紧急抢险救援、事故善后处理和事故鉴定方面支出的下列必要、合理的费用，保险人按照本保险合同约定负责赔偿：

（1）救援人员劳务费用；

（2）必要的、合理的救援物资、器材、设备、工具的购置、租赁、使用费用；

（3）生产安全事故现场发生的医疗救护费用；

（4）事故鉴定费用。

4、保险事故发生后，被保险人因保险事故而被提起仲裁或者诉讼的，对应由被保险人支付的仲裁或诉讼费用以及事先经保险人书面同意支付的其它必要

2

正本

山西路桥第三工程有限公司
昔榆高速公路 LJ6 项目
文本保单

PICC
中国人民保险

中国人民财产保险股份有限公司
晋中市分公司
二零二一年十一月签发

图 5-18　安全生产责任保险

四 昔榆高速公路安全管理典型做法

（一）策划阶段应全局统筹考虑安全管理

1. 充分分析项目安全管理重难点，有针对性采取安全管理措施

（1）太行山区地势险峻，沟壑纵横，跨越障碍构造物多。昔榆高速公路有特长隧道 3 座，其中包括 14.011km 长的太行山隧道；有桥梁 25 座，其中特大桥 6 座，最高墩高 78m，最大跨径 155m；存在高边坡 74 处，最深路堑达 62.58m；同时路线交叉干扰多，跨越等级公路、铁路共 13 次。上述工程特点导致安全隐患大，安全风险高且多，易发生高处坠落、机械伤害、物体打击、火灾灼伤、爆炸等安全事故，安全管控压力大。

（2）森林覆盖面积大，动火作业易引发森林火灾。昔榆高速公路穿过山区森林，草木茂密，尤其是山西雨雪少，秋冬季干燥、风大，加之项目动火作业（例如钢筋、钢材切割、焊接）多，火花四处飞溅易引发火灾，防火应成为安全管理重点。

（3）工人数量多，安全防范意识薄弱。昔榆高速公路建设高峰期，参建人员达 10000 多名，来自 26 个省份，文化水平参差，生活习惯迥异，安全防范意识总体薄弱，再加上项目后期路基、路面、机电、绿化等交叉施工作业多，施工机械与施工人员相互干扰大。

2. 采取科学合理的安全管理保障措施

（1）落实安全管理保障措施。着力加强培训教育，着力夯实保障基础，着力构建双重预防机制，着力强化应急处置，着力推行智能管控应用。

（2）开展专项行动。以深入开展“平安工地”创建活动为主线，抓住重点，整体推进，扎实开展各类安全生产专项行动。按照行动要求，制定方案，建立台账，强化整改，动态清零。将“红线行动”“一线工作法”“隧道工程回头看”等专项行动贯穿于项目建设全过程。加强隧道施工超前地质预报和监控量测，加强火工品安全管理。严查违规和冒险作业，坚决杜绝“三违”现象。

（3）推行“标准引领，示范推广、现场观摩”做法。全面推行“安全首件”认证及样板推广，以“预防为主、以点带面、示范引领”为原则，以提升各参建单位的安全管理意识、全面落实昔榆公司各项安全管理要求为目的，通过首件认证的实施，合理优化、改进、完善标准要求，最终形成标准模板以指导同类项目的落实。组织召开全线正、反面现场会，充分调动各参建单位的积极性。

（4）创新“互联网 + 监管”管控模式。以信息管理平台为依托，落实“互联网 + 监管”管控模式，在“三集中”场站、高边坡、桥隧等风险较大的重点部位安装人员定位系统、瓦斯监测系统、出入门禁系统、远程视频监控系统、危大工程监测系统，及时发现和纠正安全问题，实现精准定位，快速指挥。

（二）实施阶段应做细做实安全管理应对措施

1. 高桥墩安全管理应对措施

（1）以松溪河特大桥、阳涉铁路桥、涂河特大桥挂篮施工，13 处跨线施工，昔阳、修文 2 个枢纽为重点，按照相关规范要求，设置安全防护棚、安全通道、安全警示隔离带、限高限速、减速带等标准化设施（图 5-19），督促编制专项施工方案并监督严格按方案执行。

图 5-19　跨线桥安全通道标准化

（2）根据施工任务安排，重点监督落实桥梁桩基施工基坑围挡（图 5-20），高墩柱安全防护（图 5-21、图 5-22），梁板预制、存放、张拉、运输、吊装过程中的各项安全措施，桥面系施工湿接缝、湿接头防坠落及临边安全防护（图 5-23）。使用的门式起重机、架桥机等特种设备全部经检验登记后投入使用。

图 5-20　基坑围挡安全防护

图 5-21　墩柱安全防护

图 5-22　墩柱施工举升车

图 5-23　桥面系施工安全防护

2. 森林防火应对措施

围绕“防大火、控小火、遏亡人”的目标，紧盯高空焊接、爆破作业、用油、用火、用气、工人驻地取暖、临时用电等重点领域、重要环节，找准规律、分类实施、综合治理，深入推进森林防火和消防安全大检查，及时消除安全隐患，采取有效措施（图 5-24、图 5-25）防范化解火灾风险。邀请专业消防机构，对全线安全管理人员开展消防知识专项培训，提高参建人员消防意识和防火能力。并在培训过后组织参训人员召开安全、环保专题部署会议，对安全、环保重点工作进行安排部署。

图 5-24　施工桥下洒水防火

图 5-25　施工现场防火挡板

3. 特长隧道安全管理应对措施

（1）重点针对太行山隧道、高峪咀隧道，按照相关规范及主管单位下发的各项指导文件，重点监督、落实隧道开挖过程中各项安全管控要求（图 5-26、图 5-27），特别关注安全步距超标、超榀开挖、拱脚脱空的问题，加强对门禁系统、人员机械进出洞登记的管理（图 5-28），有效设置逃、救生管道和人车分离通道（图 5-29），及时修复或更换破损通风管，确保通风设备有效运行。

图 5-26　隧道洞口安全防护标准化

图 5-27　隧道台车安全防护

图 5-28 人员进出洞登记、人员闸机信息扫描

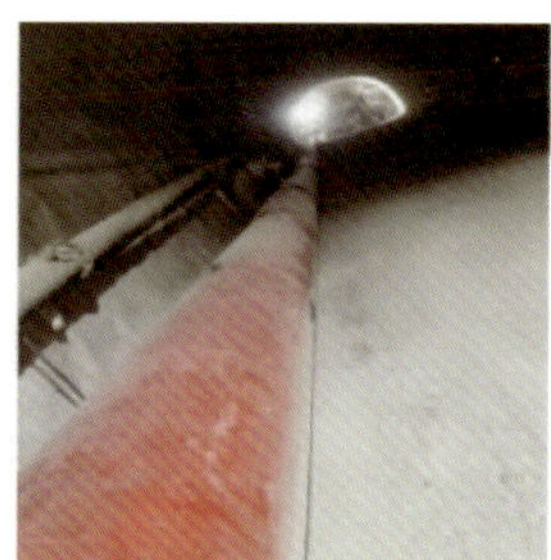

图 5-29 隧道救生、逃生管道与人车分离通道

（2）应用隧道通风监控系统（图 5-30），在隧道内安设一氧化碳传感器、氧气传感器、二氧化碳传感器、温度传感器、风速传感器、粉尘传感器等，实时监测隧道内一氧化碳浓度、二氧化碳和氧气含量、环境温度、通风风速 / 风量、掌子面空气中粉尘含量等参数，并将数据传送至主控计算机进行分析处理，有毒、有害气体一旦超限，可自动语音报警。

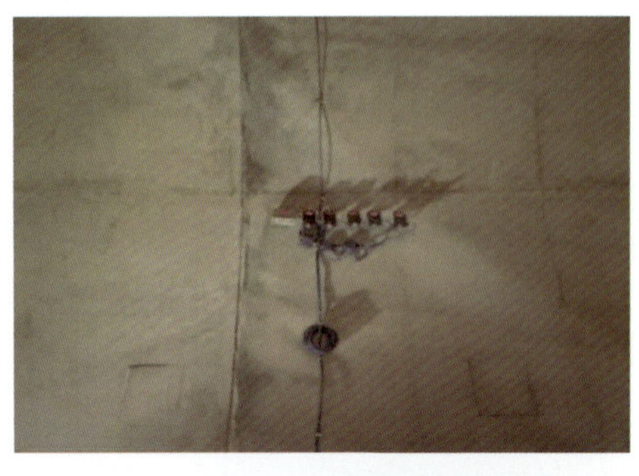

图 5-30　通风监控系统

4. 对于特种设备的安全管理

（1）特种设备、机械设备分类管理，全部编码并建立“一机一档”（图 5-31），执行“不合格、不进场，不检验、不使用”管理要求。重点对高墩柱施工使用的塔式起重机、墩柱盖梁施工人员上下使用的电梯、隧道施工使用的压力容器、梁板架设使用的架桥机等特种设备进行监管，督促检验到期的设备进行复检。持续压实每日班前安全检查、定期维修保养，确保特种设备安全运行。待拆除的机械设备严格落实各项安全措施，确保特种设备拆除、撤场的安全。

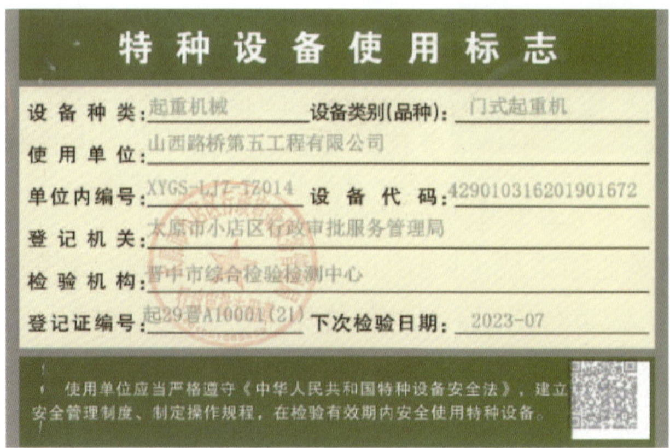

图 5-31　特种设备检验报告和使用登记

（2）持续不断开展特种设备检验专项提升、督促落实特种设备检验登记工作，定期邀请第三方单位对特种设备进行安全检验（图 5-32），确保全线特种设备始终处于可控状态。

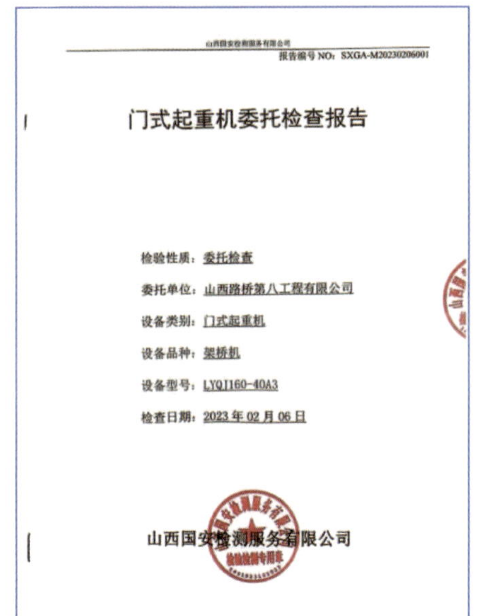

山西国安检测服务有限公司

报告编号 NO：SXGA-M20230206001

门式起重机委托检查报告

检验性质：委托检查

委托单位：山西路桥第八工程有限公司

设备类别：门式起重机

设备品种：架桥机

设备型号：LYQJ160-40A3

检查日期：2023 年 02 月 06 日

山西国安检测服务有限公司

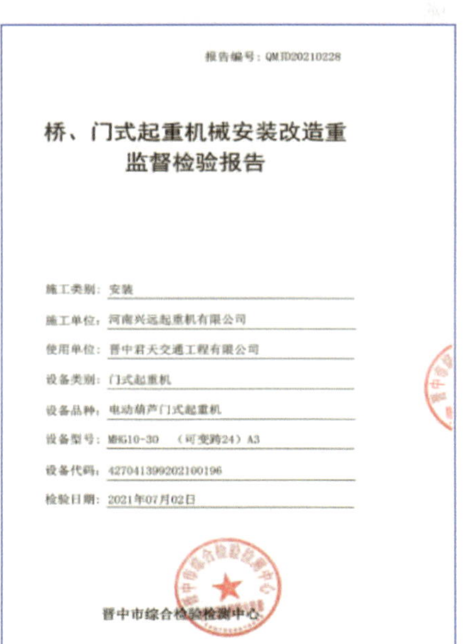

报告编号：QMJD20210228

桥、门式起重机械安装改造重
监督检验报告

施工类别：安装

施工单位：河南兴远起重机有限公司

使用单位：晋中君天交通工程有限公司

设备类别：门式起重机

设备品种：电动葫芦门式起重机

设备型号：MHG10-30　（可变跨24）A3

设备代码：427041399202100196

检验日期：2021年07月02日

晋中市综合检验检测中心

图 5-32　特种设备第三方安全检验

（3）在特种设备安装智能监控监测终端（图 5-33），对机械类型分别归类统计，通过机械上的定位系统实时监控机械工况，自动记录作业时的危险状况，有效提升安全水平，减少机械事故的发生。

5. 季节性专项行动的安全管理

（1）针对汛期和极端天气，公示各单位防汛、防地质灾害管控责任人以及防汛应急队伍、防汛物资设备。通过开展防汛大检查大整治，对“一室两区三厂”、工人驻地的汛期与地质灾害风险再排查、全覆盖，及时处置发现的隐患，确保平安度汛。与晋中市气象局对接、联动，针对全线工程特点及所涉范围，每日发送针对性的天气变化情况、气象预警等级、气象临近预报等信息，为全线应对极端气象灾害提供信息支持，根据天气变化及时调整工作安排，有效地预防汛情、强降雨、降雪、大风、寒流，切实加强极端天气下安全防控能力。按照“汛期不过，检查不停，整改不止”的原则，以及“发现一处、治理一处、销号一处”的隐患整治要求，摸清底数，全面排查，精准巡查，不留死角，不留盲区，确保安全。

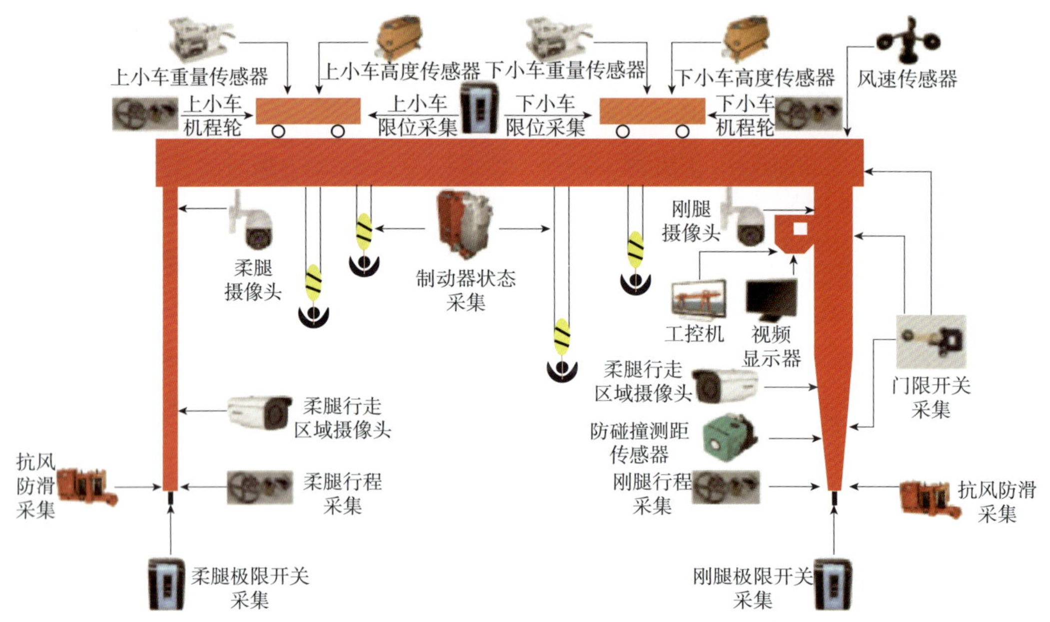

图 5-33　智能监控监测

（2）结合秋冬季干燥、风大、火灾易发的特点，在每年 1—4 月、10—12 月持续开展消防安全整治提升行动，桥面焊接作业接火斗、接火盆、灭火器等防火措施覆盖率持续提高。工人驻地大功率违规电器使用率持续下降，特别是通过临时用电整治，安全用电意识和能力显著提升。

（3）在冬季和岁末年初，全面压紧压实安全质量主体责任，坚决杜绝麻痹思想和松劲心态。印发冬季施工实施方案，召开工作部署会议，严格进行条件核查，持续推进隧道施工、桥面系作业、高处作业等各项工作再部署、再落实，坚决防范、遏制各类生产安全事故。

（4）印发《节假日危大工程施工领导带班巡查的通知》，要求各施工和监理单位在日常领导带班和应急值班的基础上制定节假日领导带班巡查计划，确保节假日期间每天有领导班子成员带队，对项目全线和所辖标段危大工程施工作业点以及高风险点进行安全巡查、现场盯控。安全应急部指定专人每日核查各单位领导带班巡查日报，特别是节假日和关键时间节点，各单位领导班子成员每日在现场盯控，全面压实各单位主体责任，由公司领导带队，深入桥梁、隧道、场站施工现场和工人驻地督导检查（图 5-34），督促项目经理、总监理工程师带队蹲守重点区域，对危大工程以及高风险点进行安全巡查、现场盯控，保证了节假日及重大时段安全生产稳定。

图 5-34　重要时间节点领导一线安全检查

6. 复工前安全管理措施

昔榆公司结合工程实际，在每次复工复产前扎实推行“五个一”行动。

（1）制定一个严格、详细的复工复产工作方案。成立领导小组，明确工作职责和具体任务，细化各项安全管护措施，全面指导复工复产工作有序开展。

（2）召开一次复工复产动员部署会议。公司召开复工复产专题工作部署视频会（图 5-35），全覆盖至施工协助队伍负责人、班组长，全面克服“假期综合征”等的不利影响，对复工复产工作开展全面部署，确保有序复工。

图 5-35　复工复产专题工作部署会议

（3）组织一轮全员安全教育培训。组织或督促各参建单位结合实际，围绕一系列突出的安全问题，重点对安全生产六十条禁令、特种设备使用管理、动火作业、临时用电等方面进行再培训、再教育，全面提升全员安全意识。

（4）全面核查一次安全生产条件。重点对各参建单位人员到岗、教育培训、设施设备维护、特种作业人员持证、现场安全防护等情况进行条件核查，持续加强生产现场安全巡查，复工条件不符合不复工、隐患未整改销号不复工。组织全线特种设备操作人员进行统一培训考试并取证，包括起重工、起重指挥员、空压机操作员、电工、焊工等特殊工种。

（5）签订一次全员目标责任书。公司与各参建单位每年签订安全目标责任书，明确年度重点工作任务与工作目标。进一步压实各层级、各岗位的安全责任，确保复工复产有序开展。

五 安全管理成效

2021 年 5 月，昔榆高速公路正处施工高峰期，交通运输部“送专家、送技术、送服务”专家组到现场调研（图 5-36）。昔榆高速公路的安全管理获得了专家组的一致好评，有效提升了安全管理的信心。

图 5-36　专家组现场调研

24 家参建单位全部取得安全生产标准化建设二级达标证书（图 5-37），促使安全生产标准化水平不断深入、不断提升。

在昔榆公司安全文化的引领下，LJ2 项目部“先锋力行队”、LJ4 项目部“匠心逐梦先锋队”获评为中国安全生产协会“安全管理标准化班组”（图 5-38）。

为解决施工现场特种作业人员持证上岗数量不足、人证不一的问题，昔榆公司组织全线特种设备操作人员进行统一培训考试（图 5-39），涉及起重工、起重指挥员、空压机操作员、电工、焊工等，分 4 批次共 200 余人，均已获得证书。

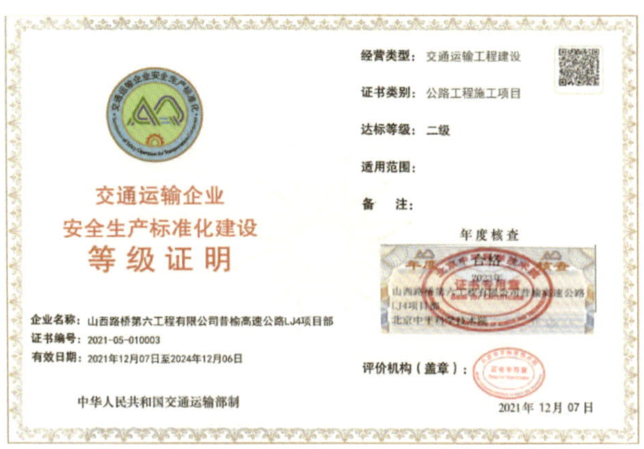

经营类型：交通运输工程建设

证书类别：公路工程施工项目

达标等级：二级

适用范围：

备　注：

交通运输企业
安全生产标准化建设
等级证明

年度核查

企业名称：山西路桥第六工程有限公司昔榆高速公路LJ4项目部

证书编号：2021-05-010003

有效日期：2021年12月07日至2024年12月06日

评价机构（盖章）：

中华人民共和国交通运输部制

2021年 12月 07日

图 5-37　安全生产标准化建设二级达标证书

中国安全生产协会文件

中安协会联〔2022〕3号

中国安全生产协会关于2021年度安全管理标准化班组创建活动开展情况的通报

各会员单位：

按照《中国安全生产协会关于开展2021年安全管理标准化班组创建活动的通知》有关要求，依据《安全管理标准化班组创建活动评定标准》、《安全管理标准化班组创建活动班组考评细则》相关规定，中国安全生产协会组织开展了2021年度安全管理标准化班组创建活动。通过企业初审、现场展示复审和专家评委终审，河南中烟工业有限责任公司南阳卷烟厂动力部运维班等200个安全管理标准化班组、国电建投内蒙古能源有限公司察哈素煤矿综采一队生产二班班长刘承祖等150名安全管理标准化班组长和中国航天科工集团有限公司等30个安全管理标准化班组创建活动组织单位

- 1 -

序号	班组名称
136	安徽马钢矿业资源集团罗河矿业公司地测质量部化验班
137	安徽马钢矿业资源集团桃冲矿业公司池州市宝源矿建工程有限公司青阳矿项目部采矿大班
138	华能武汉发电有限责任公司运行部运行五值
139	四川川交路桥有限责任公司产业协同事业部钢结构加工班
140	中国长江电力股份有限公司溪洛渡电厂测控分部
141	新疆中泰化学阜康能源公司烧碱车间甲班
142	四川川交路桥有限责任公司G348线（原S307）盐源小高山隧道工程SG标隧道开挖班
143	四川二滩实业发展有限责任公司官地分公司消防班
144	安徽马钢矿业资源集团张庄矿业公司张庄铁矿信号班
145	国网莱芜供电公司莱芜供电中心雪野供电所
146	中国长江电力股份有限公司乌东德电厂机械分部
147	国电电力云南新能源开发有限公司金铜盆风电场
148	北京小桔科技有限公司小桔养车西安纺织西街店
149	武汉市车都天然气有限公司东合营业厅
150	葛洲坝易普力四川爆破工程有限公司米易分公司爆破队
151	武汉誉城千里建工有限公司左岸大道穿三环线通道（滨江大道）工程施工班组
152	山西路桥第六工程有限公司昔榆高速公路LJ4项目部“匠心筑梦先锋队”
153	宁夏宁东水务有限责任公司检修维护班组
154	中广核新能源湖北分公司余店风电场
155	北京城建轨道交通建设工程有限公司绍兴地铁二号线工程02标郭全国班组
156	中铁十九局集团宁波市轨道交通3号线二期土建工程TJ3215标
157	中国长江电力股份有限公司向家坝电厂运行六值

- 9 -

图 5-38　中国安全生产协会通报文件

图 5-39　特种作业人员现场考核

第三节　工程质量管理

 一　质量管理思路

深化创建公路“平安百年品质工程”，是贯彻落实党的二十大精神和“交通强国”战略、“质量强国”战略的重要抓手，是践行新发展理念和建设“四个交通”的重要载体，是贯彻落实高质量发展和质量提升行动的重要举措，是交通运输转型升级和满足人民群众出行需求不断提升的必然要求，是全面推进公路质量安全水平提升的有效途径。

昔榆公司立足“平安百年品质工程”创建，坚持以“管理＋服务”为理念，以“统筹管理、预防为主、动态控制、跟踪监控”为主线，以全面落实质量责任制为基础，以打造百年品质工程为方向，结合信息化管理，抓源头控制，抓过程检查，抓产品验收，严格推行“实施有标准、操作有程序、过程有控制、结束有示范”的质量管理精细化“四步骤”，创新基于全面质量管理（TQM）理论的精细化管理模式。通过全员、全部门、全过程质量管理，践行“166”质量管理工作机制，坚守“一条红线”，强化“六项举措”，实现“六个提升见效”。

二　构建基于全面质量管理（TQM）的精细化管理模式

（一）基于全面质量管理的精细化管理模式

昔榆高速公路坚持“质量为本促生产”，基于全面质量管理，创新了精细化质量管理体系，引导公司全员参与质量管理，旨在确保工作质量、部门质量、人员质量、工程质量及服务质量达到最高水平。

1. 培训和教育

昔榆公司组织参建人员开展系统的质量管理培训和教育，包括质量标准、流程控制、问题解决技巧等。通过培训，提高员工的质量意识和技能水平，使其能够主动参与质量管理活动。

2. 流程改进

昔榆公司通过完善工艺流程、优化资源配置、降低成本和提高效率，实现质量管理的全面控制。采用现代化的管理方法和工具，如智能化质量管控平台、质量检测设备等，提升施工工艺的可控性和稳定性。

3. 流程优化

通过建立责任制、首件制、三检制等各项管理制度，严抓过程落实，夯实基础管理，保证质量管理体系有效运转。

4. 数据驱动

全过程采集和分析与质量相关的数据，实现数据驱动的决策和改进。通过检测、监测和统计数据，识别和纠正潜在的问题，确保质量标准的达成。

5. 持续改进

鼓励全员参与持续改进，通过设立质量改进团队或质量圈，收集员工的意见和建议，并将其纳入质量管理的决策和行动计划中。通过小步快走的改进实践，不断迭代完善质量管理体系。

6. 品质意识培养

通过培训、教育和定期沟通，提高员工对质量的认识和要求，激发员工的品质工程创建意识和责任感。

7. 责任追溯

建立清晰的责任和追溯机制。明确每个岗位和个人的责任，确保质量问题能够及时得到溯源，避免问题再次发生。

8. 风险管理

识别、评估和应对潜在的质量风险。采用风险评估工具和方法，制定相应的风险管理计划，并在质量管理中优先考虑关键风险的控制。

9. 供应链管理

与供应商建立紧密的合作关系，并对供应链的每个环节进行质量管理。确保进货原材料和外委服务的质量可控，避免质量问题向上游传递。

通过全员参与质量管理、全部门协同质量管理、全过程精细化质量管理，基于全面质量管理的精细化质量管理模式，昔榆高速公路实现更高水平的质量管理，确保工程质量与管理服务的一致性。这种模式要求全员的参与和贡献，建立质量导向的组织文化，并通过持续改进不断提升质量水平和工程价值。

（二）昔榆高速公路基于全面质量管理理论的精细化管理模式实践

昔榆高速公路基于全面质量管理理论的精细化管理旨在通过全员参与和持续改进来达到品质工程和高质量服务的目标，其实践的主要内容包括以下几个方面：

1. 明确质量目标与方针

质量管理理念：以“品质工程、质量提升”活动为主线，结合信息化手段，全面落实质量责任制，强调施工工艺精细化、规范化、信息化方面的综合管控，实现品质工程创建目标，确保“汾水”杯、“李春”奖，争创“鲁班”奖。

质量管理方针：科学管理、规范施工、精益求精、树立品牌。

质量管理手段：通过抓人员、抓材料、抓工艺、抓制度、抓检验、严奖惩、“一线工作法”联动机制等手段，消除通病，达到质量可控。

质量管理内容：坚持以“高质量发展和质量管理提升”为主线，依托信息化管理手段，结合创建“品质工程”目标，精细化管理贯穿质量控制的事前、事中、事后全过程。内容涵盖15项管理制度、“三大体系、八项提升”、昔榆公司“一线工作法”联动机制、质量管理红线等管理手段，体现工程质量可靠与耐久。

2. 明确全面质量体系与指标

构建“责任、防控、保障”三大体系，从昔榆公司层面到施工项目部，落实质量管理制度，建立质量责任体系，实行全员质量责任制；施工过程中总结全线质量、管理方面出现的问题，在各个阶段采取培训等相应措施攻破薄弱环节；从质量通病、关键控制点及薄弱点、五项准入制度（图5-40）等方面入手，建立防控台账并制定防控措施，明确相关责任人，实施动态考核；制定年度培训、检查计划，严格计划落实，不断提升参建人员的技术水平，消除施工过程中出现的各类隐患，为工程质量保驾护航。

实行五项准入

加强人员、材料、设备、工艺、临建等重点要素的准入管理，实现品质工程建设的全要素、全链条保障。

人员准入	材料准入	设备准入	工艺准入	临建准入
1.竞争上岗 2.岗前考试 3.审批入库 4.首件准入	1.集中采购 2.车车检	1.限制、淘汰落后设备 2.引入、推广先进设备	推广落地百项工艺	1.标准化 2.审批制 3.验收制

图5-40　五项准入制度

3. 进行全员培训与参与质量管理

昔榆公司注重员工的培训与参与，通过培训提高员工的质量意识和技能，使每个员工都能够理解和实施质量管理要求。以人为本，提高专业素养，根据工程进度及实际需要，按时组织技术比武、盲样比对、专业知识培训，不断提高从业人员能力，保证试验数据的准确、有效性。提供专业培训和知识分享，为管理人员提供相关的培训课程和知识分享机会，使其了解质量管理的基本概念、标准和方法，以便更好地理解品质管理的重要性，并在实际工作中应用所学知识。建立跨部门合作机制，使管理人员能够更好地理解各个部门的质量需求和要求，这有助于在决策和管理过程中考虑整体品质目标，更好地推动部门之间的协作与沟通。提供持续学习和改进机会，不断鼓励管理人员学习和改进，通过参加培训、研讨会和其他专业活动增强品质管理的知识和技能。鼓励积极参与质量问题解决和改进活动，不断优化和完善管理过程。建立反馈机制和沟通渠道，为管理人员建立开放的反馈机制和沟通渠道，方便及时了解员工和其他相关方对品质管理的意见和建议。通过与员工的互动和沟通，管理人员可以更好地了解品质管理的实际情况，并及时采取措施进行调整和改进。

4. 实施全过程质量管理

昔榆公司对生产、运营和服务过程进行了全面的管理，通过规范和改进各个环节，提高工作效率和质量水平，确保产品、服务的稳定性和一致性。通过狠抓监理管理促进工程施工质量提升。全过程严格控制原材料质量，在料源确定、出场、运输、进场准入、加工、储存、使用等环节进行分级管控，实现原材料全部可追溯，杜绝伪劣、低劣、不合格材料或产品进入工程实体。强化全过程日常检查管理，构建项目公司 - 监理单位 - 施工单位三级质量巡查机制，通过巡查及各类专项检查及时发现问题、解决问题，尽最大努力把质量隐患消除在萌芽状态。建立产品认证制，对全线拌和站、预制梁厂、每片预制梁进行认证，确保各个环节均达标后，方可正式批量生产。

5. 引入先进技术和方法

昔榆项目积极引入先进的技术和方法，包括智慧化质量管理系统、先进的路面材料和施工技术等，以提高施工质量和道路运行品质。大力推行信息化管理，采用工序 APP、云检系统、视频监控、智能张拉压浆设备等信息化管理手段加强施工质量管理。

6. 持续改进

持续改进是贯穿于全面质量管理模式实践的重要环节。通过不断收集和分析数据，开展质量问题分析并提出改善措施，实现质量的不断提升。坚持以试验检测数据指导施工，充分发挥施工、监理单位工地试验室在控制和评判工程质量、保障工程施工安全方面的重要作用。利用质量技术咨询中心的质量检测 + 技术咨询 + 专家服务，加强工程项目建设过程中质量安全风险的预防、预控、预判、预警工作。确保试验室各项试验检测工作科学规范，保证试验检测数据真实、准确、客观、公正。

通过上述精细化管理模式实践，昔榆公司能够更好地管理建设的全过程，实现了质量的提升和持续改进。这种模式不仅使得工程的质量得到保证，也提高了管理工作的质量，对于促进品质工程建设具有积极的作用。

三 质量管理措施

昔榆公司认真贯彻落实山西省委、省政府关于建设交通强省的决策部署，立足集团新发展阶段，质量管控工作全面实施“166”质量管理工作机制，即坚守“一条红线”、强化“六项举措”、实现“六个提升见效”，全力建设品质工程，打造“山西路桥”品牌，助力集团高质量发展。

（一）持续坚守质量“一条红线”

严格执行山西路桥集团《公路工程安全质量环保红线管理规定》，并下发“坚守公路工程质量安全红线”专项行动实施方案，全面推行“红线管理”，强化质量安全意识，严格重点部位、关键环节质量控制，严格排查并及时消除重大质量隐患（图 5-41），严肃查处质量违规行为，坚决杜绝重特大质量事故，坚决遏制较大事故，确保工程建设生产稳定，质量可控。

图 5-41　领导带队对红线问题进行排查

（二）严格强化“六项举措”

1. 健全完善管理体系，有效落实管理制度

一是落实主体责任，构建质量责任体系。昔榆公司组织各单位逐级层层签订《质量目标责任书》（图 5-42），全员签订《岗位质量责任清单》，逐级公示各单位、项目部以及施工班组质量责任人，项目主要负责人签订质量终身承诺书。

二是加强风险防控，完善质量防控体系。对本项目进行质量风险评估，依据项目实际情况，罗列关键环节、薄弱环节，标明常见质量通病，制定合理防控措施。

三是健全质量保证体系，提升质量管理人员素质。按照工程进展适时组织培训（图 5-43）、比武、考核等活动，提升参建人员质量管理水平。

图 5-42 签订《质量目标责任书》

图 5-43 新材料、新规范培训

2. 创新智能监管机制，全面应用管控平台

坚持创新驱动，全面推广应用山西路桥质量管控系统（图 5-44）、山西路桥智能物料管理平台（图 5-45），以数字化、网络化、智能化为手段，健全和完善质量监督体系。

图 5-44 山西路桥质量管控系统

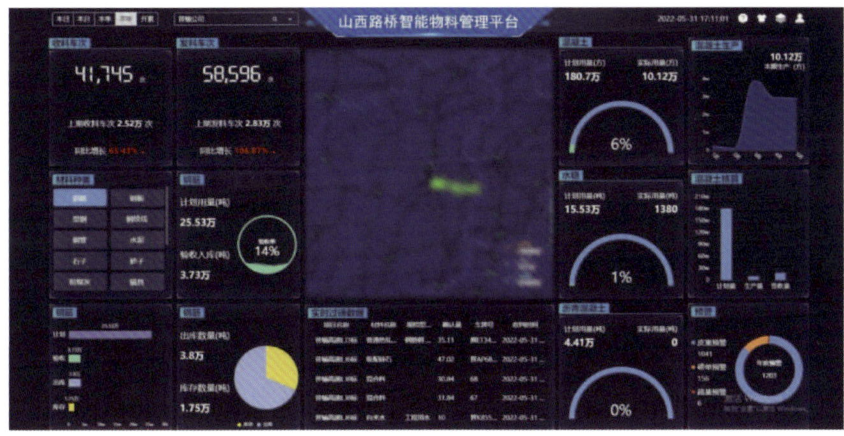

图 5-45 山西路桥智能物料管理平台

图 5-46　原材料进场检验

3. 严格材料源头管控，持续加强进场检验

严格材料源头管控，持续加强进场检验。持续加强工程原材料的进场管理（图 5-46），严格执行“车车检”制度，对进场原材料进行逐车初检。坚决杜绝不合格材料用于工程实体。

4. 严格实施样板引路，全面推行首件认证

为保证施工质量，昔榆公司严格执行首件制，对首件认证情况进行监督落实（图 5-47），组织监理、施工单位召开首件工程施工总结会，对首件施工过程中的人员机械配置、施工工艺、配合比参数等进行总结，形成统一的工作程序和标准的操作规范，指导和引领后续工程工序施工、检查和中间验收等，确保工程建设质量。

5. 严格实施精细管理，重点管控关键工序

严格落实项目策划，精心组织工程施工，明确管理职责，细化任务分工，加强施工过程管控。对直接影响工程质量的关键工序采用施工项目部、监理单位、昔榆公司三级管理模式，借助 APP 进行重点监督和管理（图 5-48），对影响结构安全、耐久性和主要使用功能的关键指标进行严格检查和验收。

图 5-47　首件工程施工管控

图 5-48　借助 APP 进行质量验收

6. 持续加强监理管理，提高建设管理水平

严格审批监理计划和专项监理细则，并监督实施。为充分发挥监理单位在监管、审查、验收中的专业作用，昔榆公司组织总监办进行业务知识考试（图 5-49），保证监理人员业务

素质、技术水平和管理能力，建立监理一人一档，保证对监理人员的有效管理。对全线各监理单位实行千分制月度考核，严格落实监理人员巡视、旁站、抽检、验收等工作职责（图 5-50），实行监理管理标准化、监理记录表格化、监理程序流程化，确保工程建设质量可控。

图 5-49　总监办进行业务知识考试

图 5-50　监理人员对预制梁板混凝土试块进行旁站监理

（三）工程质量管控落实在过程中

1. 人员素质提升

为全面提升各参建单位管理人员专业技术水平，采用“轻速云”考试系统，组织全线管理人员考试 25 次，施工单位考试合格率达 87%，监理单位考试合格率达 91%，技术人员考试合格率达 96%。为了提升一线作业人员操作水平，组织技能比武大赛 2 次，不断激发各参建单位管理人员及班组的作业积极性，培养全员争优、创优意识。

2. 材料源头管控

对粗细集料、钢筋、水泥、粉煤灰、工字钢、钢筋焊件、机械连接、连接钢板、无缝钢管、土工布、速凝剂、减水剂、钢筋网尺寸、塑料波纹管、防水板等进行源头管控。对于不合格材料，及时通知施工、监理单位进行清场处理，有效控制进场材料质量。

3. 工艺标准落实

通过首件工程认证，落实工艺标准。建立首件认证制度，尤其是在墩柱、梁板施工中实行“双件制”（试验件 + 实体首件），对混凝土配合比、结构外观、钢筋保护层指标控制进行总结，确定工艺标准，制定首件工程作业指导书，并对施工单位进行交底。

4. 施工过程管控

一是坚持落实问题导向、目标导向、结果导向的工作引导，年均开展复工检查、冬季施工“质量回头看”、破桩头施工、“三背”回填、特殊材料、隧道防排水工程、拌和站智能监控预警闭合处理、冬季施工等各类专项检查 20 余次。

二是每周至少开展一次现场质量巡查活动，对各施工点展开质量排查，发现问题及时要求整改闭合，对严重违规施工、现场不达标的责任单位进行通报处罚，加大工程质量现场管控力度。平均每年抽检现场实体指标检测点40485点，一般指标检测点2093点，关键指标检测点38392点。针对问题下发质量通报、现场巡查通知单，通报指出的问题全部得到整改闭合。

5. 试验检测管理

制订《山西昔榆高速公路有限公司工地试验室标准化检查评价办法》，对全线工地试验室进行标准化评价，规范了监理、施工单位工地试验室标准化建设和管理行为，确保试验室各项试验检测工作科学规范，保证试验检测数据真实、准确、客观、公正。通过标准化评价检查，各工地试验室运行管理水平得到不断提高。

为提高工地试验室运行管理水平，培养一批高素质试验检测人员，针对实验室进行了试验检测能力提升培训。例如："《工地试验室标准化检查评价办法》培训"逐一详解评价办法条目，重点强调工地试验室易出现的问题，使得工地试验室运行管理有章可依；"《混凝土配合比设计及优化》培训"详解配合比设计的质量法、体积法及等浆体体积法，阐述配合比优化的方向，提高工地试验室检测人员的配合比设计理论水平，更有效地指导施工生产；"《土工试验规程》培训"解读新标准，着重讲解常用试验、标准击实、液塑限、颗粒分析等的变化以及试验过程中的重点注意事项；"《水泥及水泥混凝土试验规程》培训"解读新标准，着重讲解常用水泥混凝土拌合物坍落度、扩展度、含气量、凝结时间试验，水泥混凝土试件标准抗压强度试验，水泥净浆流动度、充盈度等试验的新旧对比以及试验过程中的重点注意事项。

6. 监理工作

积极构建"17546"监理管理体系，即紧紧围绕监理合同这一条主线，通过严把7个关口（进场履约关、在岗履职关、变更审批关、考核上岗关、廉洁自律关、费用支付审批关、信用评价关），持续5个检查（日常检查、专项检查、交叉检查、月度检查、季度检查），利用4个会（监理例会、专题会、现场会、座谈会），强化6个手段（通报批评、谈话提醒、更换监理人员、约谈法人、更换总监理工程师，结合智慧监理、单兵系统等信息化手段），全面提升监理管理与服务水平。

7. 第三方单位工作

依据合同、相关规范、管理制度及办法，规范第三方检测单位履职行为，充分发挥第三方检测单位在工程建设中的作用，保证工程实体质量合格。重点监督监控量测单位根据工程进度及时完成隧道超前地质预报、施工监控量测和质量检测各项工作，真实、准确、及时地进行检测，判断、分析、处理相关的问题，为工程质量与安全提供保障。利用质检技术咨询中心，发挥专业团队优势，规范各工地试验室检测行为与运行管理，统一了试验检测频率、试验资料标准化填写，开展了多种形式的培训、考核，提高试验检测人员能力，为工程品质创造提供了技术支持和组织保障。

四 质量管理成效

（一）混凝土外观质量持续提升见实效

在混凝土外观质量控制方面，从原材料、模板、工艺、验收等方面进行严格管控，及时给予技术指导，多次邀请专家现场解决问题，混凝土外观质量得到显著提升（图 5-51）。

图 5-51 混凝土外观质量提升显著

（二）路基防排水施工质量提升见实效

严格落实防排水系统设计、施工、验收投入使用“三同时”要求，防排水系统完善且线形顺直、美观（图 5-52）。

图 5-52 路基防排水施工质量提升

（三）桥面系施工质量提升见实效

桥面铺装采用三维激光摊铺机，内掺玄武岩纤维混凝土，并采用一布一膜保湿养生（图 5-53），有效消除裂缝通病且平整度控制在 3mm 之内，桥面铺装质量显著提升（图 5-54）。

a) 三维激光摊铺机

b) 一布一膜保湿养生桥面铺装

图 5-53　施工工艺

图 5-54　桥面系施工质量提升

（四）路面工程施工质量提升见实效

路面基层平整度控制在 5mm 以内，上面层平整度 σ 值控制在 0.7mm 以内，中、上面层渗水指标控制在 10~50mL/min，沥青路面各结构压实度控制在 98% 以上，芯样密实。路面工程施工及质量控制措施见图 5-55。

图 5-55　路面工程施工及质量控制措施

（五）原材料质量管控提升见实效

采用智能质检员系统进行“车车检”，并实行三级（项目部 - 监理 - 检测中心）质量管控体系，确保实体原材料 100% 合格（图 5-56）。

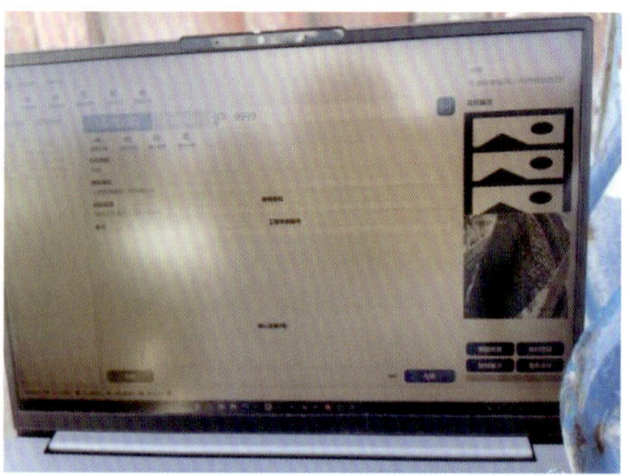

a)采用智能质检员系统进行“车车检”

b)进场材料三级(项目部-监理-检测中心)质量管控

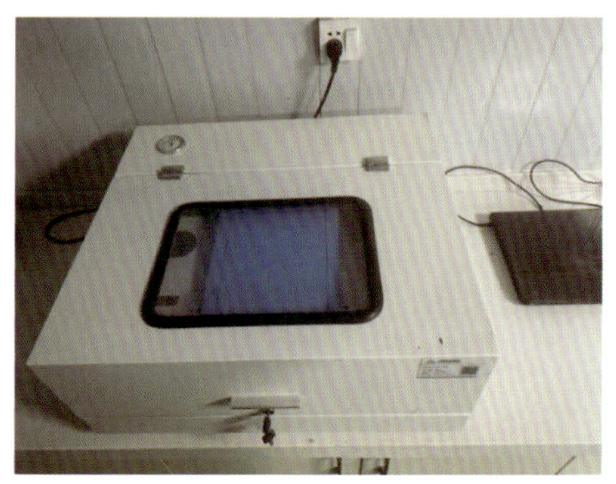

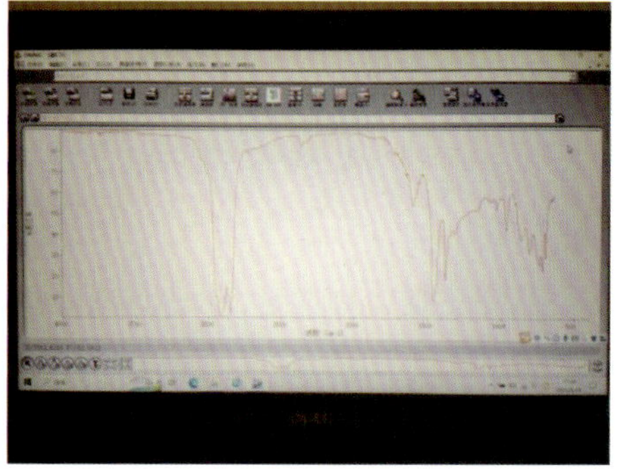

c)沥青红外光谱快速检测油源稳定性

图 5-56 原材料质量管控

（六）结构尺寸质量提升见实效

开展结构尺寸质量提升专项行动，重点控制桥梁梁板尺寸（图 5-57）、隧道内轮廓高度等结构尺寸（图 5-58），挡墙、护面墙等防护支挡结构断面尺寸，边沟、排水沟、急流槽等排水系统铺砌厚度、断面尺寸，以及预制梁板安装尺寸的质量。结构尺寸按“双百”控制，即 100% 检测、100% 合格。

图 5-57　梁板结构尺寸质量提升

图 5-58　隧道电缆沟槽断面尺寸提升

五　质量管理典型案例

（一）抓制度，促管理，有效运行质量管控体系

规范管理为基础，严抓制度落实。

一是落实责任制。组织各参建单位全员签订质量责任清单及目标责任书 1107 份，以文件形式对各参建单位分区责任人进行公示。

二是落实首件制。在梁板预制、拱形骨架、防撞护栏、桥面铺装、路面基层、底基层等方面共计完成首件认证 80 余项，组织首件工程工序验收 67 次、首件总结会议 16 次。

三是落实“三检”制。为规范工序质量检验工作、强化工序质量源头管控，质量监督部制定并下发“三检”传递单，推动“三检”制的有效落实。

四是落实产品认证制。对全线预制梁板认证持续进行跟踪检查。在此基础上，昔榆公司以合同履约为依据，严抓第三方管理。监理管理方面，以监理规范、监理合同为基础，多种考核方式相结合，狠抓监理人员到岗率，提高人员专业水平，层层压实责任，充分发挥监理作用，全面提升施工管理水平。

（二）抓关键，提指标，显著提升合格率

根据山西省交通运输厅、山西路桥集团下发的年度质量目标，质量监督部针对全年重点指标进行攻坚提升。在各分项工程开工前，通过培训交底、下发管控文件及作业指导书、首件认证等工作，明确主要施工工艺、控制指标及控制标准；施工过程中通过分析质量检测数据及时发现合格率低的指标，适时召开专题会议分析原因并制定整改要求与时限，聘请专家现场指导难点问题施工，结合教育批评、通报处罚、约谈等方式，多措并举助力质量管控提升见实效。例如：仅 2022 年度，对全线项目共抽检 38211 点，其中关键指标共检测 28533 点，合格 28025 点，合格率为 98.2%；一般指标共检测 9678 点，合格 9410 点，合格率为 97.2%，总体合格率从 96.5% 提升至 97.9%。

（三）抓检测，控原材，切实加强质量保证措施

鉴于昔榆项目原材料进场数量大、品种广、料源多、质量管控难度大的实际情况，在质量管理过程中，严格按照“施工自检、监理抽检、昔榆公司抽查”三级管控体系把控进场材料质量。

一是加强原材料源头管理。对全线施工单位的供料厂家进行备案，全线共 126 家。对于供料不合格的厂家，严格按照昔榆公司“黑名单”制度进行管理。

二是严控原材料初检关。例如，2022 年度施工单位检测原材料共 18300 次，监理单位检测原材料共 3660 次，质检技术咨询中心检测原材料共 268 次。对全部集料采用“车车检”的管理制度，对级配、石粉等指标进行了初步筛查。

三是规范原材料存储管理。多次下发规范材料存放的管理文件，有效预防了因材料存储不当而导致质量不合格的问题。

（四）抓问题，强整改，持之以恒消除质量隐患

坚持以问题为导向的工作思路，针对质量管控重点、难点及问题多发点，以设计图纸、施工技术规范、验评标准为基础，以加强人员管控为抓手，结合批评教育、通报处罚、约谈等手段，通过检查、考核等方式及时发现问题，建立挂销号台账，紧盯问题整改闭合管理，全面强化现场质量管控，现场质量管控工作水平稳步提升。

一是加大现场质量巡查力度。每周至少开展一次现场质量巡查活动，对重要的施工点开展全面质量排查。对现场一般质量问题或质量隐患及时下发通知单，并跟踪问题整改闭合。桥梁施工方面，重点对梁板预制、桥面现浇部分、防撞墙等工程施工进行阶段性专项检查并通报，主要管控混凝土外观、混凝土养护、防撞墙钢筋绑扎及线形、桥面铺装平

整度等方面，发现的问题全部完成整改，桥面系及附属工程施工质量得到大幅提升。隧道施工方面，对隧道超前支护、钢拱架、喷射混凝土、调平层、防排水、二次衬砌、电缆沟槽、隧道路面等施工进行专项检查，有效杜绝了喷射混凝土施工工艺不规范等红线问题，大幅减少了喷射混凝土局部空洞、喷射混凝土局部鼓包、锁脚锚杆施工不规范、钢拱架焊接质量差、防水板与止水带施工不规范等质量问题。路面施工方面，编制《水稳基层、底基层施工作业指导书》和《路面施工作业指导书》，重点对水稳碎石层级配控制、裂缝等方面开展专项整治行动，其间邀请山西交通集团、长安大学等机构的专家召开3次分析研讨会，同时开展室内外系列试验，优化级配，分析裂缝成因，为避免裂缝通病发生和保障后续水稳层大面积施工奠定了基础。

二是针对性开展专项检查和专项整治行动。在路基施工方面，针对路基高填方、台背、填挖结合部位等薄弱点，组织监理、施工单位定期开展路基沉降监测，每月进行专项检查并通报。

（五）抓对标，树亮点，有序推进品质工程创建

通过多媒体、张贴标语、开展活动等多种方式，全方位、多层次、多渠道传播先进质量理念，积极倡导树立“质量第一”的意识。一是开展质量知识答题竞赛，提高了员工的业务素质。二是组织各总监办、项目部开展技术比武活动，发现和培养更多工匠、能手。三是对标一流，汲取省内外多条高速公路的经验和亮点，在混凝土外观、护栏线形、桥面铺装平整度、隧道初期支护、隧道防排水、路面水稳层耐久性等方面开展质量攻坚，打造亮点工程，取得了显著成效。通过组织现场交流，发挥优秀单位的示范引领和模范带头作用，是做好质量管理的重要抓手。例如，2022年组织全线各单位针对桥面系、防撞护栏、框架梁、湿接头、湿接缝、隧道路面等方面召开现场交流会4次、观摩会3次，表彰质量管控好的优秀单位，树立了一批样板工程，促进各单位之间施工管理经验的学习、交流、指导，引领全线质量进一步提升。

质量是工程的根本，工程的根本是造福人民。打造平安百年品质工程是对人民的生命安全负责，坚持质量达标就是对人民负责。

六 质量管理的创新性与先进性

（一）“微视频”宣贯标准

为提全面精细化管理质量，昔榆公司采用“微视频”的方式进行工程标准化指导与监控，规范施工过程。制作并下发桩基机械连接、环切法破桩头标准化施工微视频（图5-59），全线统一施工工艺，明确质量检查方法及质量控制标准，效果显著。

昔榆高速公路LJ12项目部

环切法（无损式）破桩头施

武汉市公路工程咨询监理有限公司
昔榆高速公路JL6总监理工程师办公室

昔榆高速公路LJ8标钢筋笼直螺纹连接工艺

昔榆高速公路有限公司

昔榆高速LJ12项目部桩基桩头环切工艺

图 5-59　“微视频”宣讲标准

（二）创新信息化质量管理

积极推行工程建设信息化管理，打造智慧工地。全线 19 家工地试验室运用地磅管理系统、材料管理系统、工地试验室信息管理系统、试验机联网与动态监控系统、混凝土试件二维码管理系统、拌和站生产与动态监控系统，各施工及监理单位现场质量管理运用桥梁预应力智能张拉 / 压浆动态监控系统及工序质量管控系统等信息化管理手段，强化监督管理，规范现场质量管控及工地试验室试验检测行为。

利用信息化质量管理，助推过程管控。质量管理信息化应用主要包括质量管理系统、试验云检、智慧监理、电子资料。

在质量管理系统完成全线工序的编码工作，实现每道工序有独立编码，及时上传检验情况。质量监督部每周对工序 APP 使用情况进行检查，对使用差的施工单位、监理单位进行通报处罚，有效落实“三检”制，并保存影像资料。

通过试验云检系统（图 5-60）对混凝土拌和站生产以及钢筋、水泥、混凝土等试验进行监控，对不合格数据进行分级报警。质量监督部安排专人跟踪预警问题的处置。对于试验数据预警，通知施工单位、监理单位分析原因，监理单位跟踪处置，及时闭合，杜绝了不合格材料、半成品用于工程实体，确保工程质量。

率先运用智慧监理系统，为主要监理人员配备手持视频终端（单兵系统）设备，实现人员定位、越界预警、现场喊话、视频回传等功能，强化了对现场监理的有效管控，将监理月度评价、监理人员信息、监理企业信息上传至智慧监理系统，实现监理管理信息化、智慧化、系统化。

昔榆高速公路是山西省交通运输厅电子资料管理试点项目。电子资料存储在计算机或云端，可以实时更新，提高了信息的时效性和准确性，使得项目管理和决策更加高效；电子资料检索便捷，能进行数据加密和数据复制，提高了数据的安全性；电子资料可通过网络实现随时随地共享和传递；电子资料管理还可以实现自动归档、自动分类等功能。昔榆公司组织全线施工、监理单位、电子资料软件提供单位针对昔榆项目进行多次技术研讨，在使用过程中组织各标段进行了业务培训，并要求电子资料系统人员坚守一线指导，实现了整个项目电子资料整理的全覆盖。

图 5-60　山西路桥试验云检系统

（三）搭建以赛促能平台

贯彻集团公司高质量发展战略部署，深入实施质量提升行动，成功承办了由晋中市总工会、山西路桥集团共同主办的第一届“路桥杯”技能比武大赛、“传承五四薪火，青春建功有我”青年技能比武大赛，以赛促能，以技能提升促进工程质量，激发了技能人才创新、创效、创造的活力，为山西路桥集团高质量发展提供人才基础。

七　反思与启示

昔榆高速公路品质工程创建过程中，虽在原材料管控、混凝土外观、钢筋保护层厚度合格率、路面平整度等方面取得不少成效，但建设工程质量还有诸多提升空间，主要体现在以下方面：一是增强施工单位质量意识，重点是要增强对质量责任、防控、保障三大体系的认识，要充分发挥质量管理体系作用；二是提高参建单位质量管理人员技术水平，并且需要经验充足的管理人员，要求在现场管理的岗位相对固定；三是采取措施加强施工协作队伍技术培训，主要是提升执行能力、组织协调能力，同时还要克服施工队伍人员流动的困难；四是进一步通过制度明确监理单位职责，消除监理人员监督过程中的顾虑，增强其斗争意识，坚决执行指令，在执行上不打折扣，对发现的问题整改要到位更要彻底。

第四节 工程进度管理

一 进度管理概述

进度管理、品质管理与成本管理体系共同构成了昔榆高速公路的管理体系主体。进度管理与项目质量管理、安全管理等同为项目管理的重要组成部分，它是保障项目工期、控制项目投资的主要措施之一。昔榆公司基于多维项目进行生产全过程分析和研究、影响因素准确预测，并依托现代科技手段和先进的管理理念，提升了进度管理的精确度，实现了项目进度全面受控。

昔榆公司在详细分解、计算段落范围内特长隧道、特殊结构桥梁、特大桥等关键控制性工程工期计划的基础上，明确项目完工时间。围绕“四年总工期、三年小循环”的项目进度决胜总目标，昔榆公司在细谋、紧盯、严管等方面开展创新，通过施工标段合理划分、“三集中”统一布局、施工便道详细规划、大宗材料战略谈判等特色做法，夯实施工生产，抓实风险防控，从升级管理模式、升级管理细度、升级管控效能这“三个升级”上持续发力，进一步明目标、出举措、求实效，围绕进度如何管、怎么抓等具体事项，瞄准重点工程、重要节点和关门工期目标，统筹细分进度计划，推动各项任务目标落地见效。

昔榆公司秉承“管理＋服务”管理理念，进度管理坚持问题、结果导向，以“打通堵点、联通断点”为目标，以年度目标任务为中心，利用网络技术，精准预测，狠抓关键线路，突出重点，同时总揽全局。结合年度进度计划、月度进度计划，公司对形象进度和产值任务进行分解，细化到各预制场、桥梁基础、下部及隧道作业掌子面，对各标段任务完成情况进行跟踪考核。组织抓实一日一统计、一周一汇总、一月一考核、一季一竞赛，用“四个一”提升进度管理成效。

二 构建全过程动态管控进度管理体系

（一）全过程动态管控进度管理体系

从我国高速公路项目建设管理现状看，不少管理人员重视成本与品质的管理，而忽略了进度管理，不少项目管理人员在进度管理时缺少系统的分析手段和管控措施，抓不住主要矛盾和矛盾的主要方面，抓不住各个施工阶段需攻克的“瓶颈工程”，无法对项目任务进行合理分解以实现全过程管控。针对以上问题，对于高速公路等大型工程项目管理，实施项目全过程动态管控进度管理是确保项目良性可持续发展的重要方式。构建全过程动态管控进度管理体系是为了有效管理项目的进度，确保项目按时完成。

1. 项目计划制定

在项目启动阶段，制定详细的项目计划，包括项目目标、可交付成果、活动和任务、资源需求、工期等。计划应该包括项目的整体时间轴，以及里程碑和关键节点。

2. 工作分解结构（WBS）

将项目工作划分为可管理的任务和活动，并按照层次结构组织起来。WBS 将项目任务划分为更小、更可管理的部分，使得进度管理更加容易。

3. 网络图 / 甘特图

使用网络图或甘特图实现项目进度计划可视化。网络图显示了活动之间的逻辑关系和依赖关系，而甘特图则将活动以条状图的形式展示，表明其开始和结束时间。

4. 进度基准确定

根据项目计划和相关方的批准，确定项目的进度基准。进度基准是项目的参考点，用于比较实际进度与计划进度的差异。

5. 进度监控与调整

通过跟踪和监控项目进度，及时发现偏差并采取相应的纠正措施。常用的工具包括里程碑报告、进度报告和风险评估。

6. 关键路径管理

关键路径是项目中决定项目最早完成时间的路径。通过对关键路径的管理，可以确保项目按时完成。

7. 风险管理

风险管理是预测、评估和应对项目风险的过程。风险对项目进度的影响是不可忽视的，因此应该识别关键风险，并制定应对策略。

8. 项目绩效评估

定期评估项目的绩效，对比实际进度和计划进度的差异，并分析造成差异的原因。这有助于识别问题并提供改进的机会。

9. 沟通与协作

在进度管理过程中，有效的沟通和协作是至关重要的。确保所有相关方都了解项目的进展，并及时解决可能出现的问题。

全过程动态管控进度管理体系提出了一种结构化的方法来管理项目进度，以确保项目能够按时完成。

（二）昔榆公司全过程动态管控进度管理实践

昔榆公司充分依托现代科技手段和先进的管理理念，基于多维项目的生产全过程分析和研究、影响因素准确预测、全面控制与协调，构建了全过程动态管控进度管理体系，根据实际情况对工期进行动态管控和调整，确保项目进度管理有计划、有数据、有监测、有分析、有评估、有预警、有优化、有调整。

1. 结合工期目标制定进度管理计划

为认真贯彻山西路桥集团的各项部署，昔榆公司在项目启动阶段制定分两期通车的目标，并根据项目的复杂程度、工作量和资源可用性等因素确定工期计划。基于项目总体进度目标，制定了详细的项目进度管理计划，明确管控目标、调整频率、责任部门和人员、进度报告制度、进度评估的方法和工具等。依据进度管理计划，制定了详细合理的年度、季度、月份施工组织计划，按时段、按标段逐一分解、落实目标任务，确保项目进度管理有完善的计划作为指导。

2. 实时数据收集和监控

项目实施过程中，通过对逐日数据统计上报制度的认真落实，昔榆公司第一时间掌握各分部分项工程进度情况；同时通过工序报验数据自动汇总生成形象直观的工程 BIM 动态分析图；每旬组织利用无人机对施工现场进行清晰拍摄并上传，对同一施工部位进行对比分析，真实掌握现场实时工程进度，完成施工进度的记录和监测。

3. 进度分析和评估

经过数据收集和监控后，持续深化分析和评估项目进度，与基准计划进行比较，确定实际进度与计划进度的偏差情况，找出延期或超前的任务和关键路径等。

4. 及时调整和优化

根据进度分析的结果，及时进行调整和优化。对于延期的任务或关键路径上的问题，采取增加资源、改进方法或技术、使用高素质人员等方式来缩短工期。同时，对于超前完成的任务，对后续工作进行合理安排，以避免资源浪费和质量问题。

5. 进度报告和沟通

昔榆公司制定了定期进度报告指导，并与相关部门和项目团队沟通。通过进度报告，向上级领导和利益相关方汇报项目进展情况和问题，以寻求支持和解决方案。

6. 风险管理和应对措施

在动态管控进度管理过程中，昔榆公司重视风险管理和应对措施，积极进行风险识别和评估，确定可能影响进度的风险，并制定相应的应对策略和预案，以便在出现问题时能够及时应对和处理。

综上所述，昔榆公司在动态管控进度管理方面，通过目标设定、计划制定、数据收集、分析评估、调整优化、报告沟通等一系列措施，确保项目进度按时完成，并在需要时采取相应的应对措施应对风险和问题，有效提高项目的执行效率和质量，保证了建设项目的顺利实施。

三 进度管理具体措施

设计总工期为 48 个月，根据对工程规模、关键性工程、地形地质特点和气候条件等因素的综合分析评价，确定工期目标及开始运营通车时间目标。

（一）工期目标

工期目标：K0+000~K10+240 段（太行山隧道），计划完成时间为 48 个月；K10+240 至项目终点与榆祁高速公路相接（K128+115），计划完成时间为 36 个月。

（二）进度管理应对措施

1. 通过先进技术确保工期

为保证工程实施能按时完成，经过多次分析论证后确定了主要关键性节点，通过招投标的方式挖掘施工总承包商最优技术力量投入关键性节点工程来实现最优总工期的目标。同时，昔榆公司推进装配式建造技术、智能化技术、智慧化管理来推进工程进度，例如引进隧道智能化装备、无人驾驶路面摊铺设备来提高施工效率。

2. 工程质量与施工安全是工程进度的重要保证

加强质量控制，确保每个环节的质量都符合要求，避免了因质量问题导致进度延误；时刻确保施工现场安全，避免发生安全事故，有效保障了工程进度。

3. 重点控制关键节点及关键资源

在施工过程中，抓住关键节点的进度，确保整个项目的进度不受影响。某特长隧道是工期控制性节点工程，在施工过程中存在工程进度滞后预警现象，昔榆公司立即采取了以下应对措施：首先组织开展专题研判会，组织设计、监理、第三方等对该隧道施工情况进行具体分析，采取在出口右洞增加一个导洞工作面的技术措施，协调其他标段隧道智能化装备至工作面进行隧道机械化快速施工作业；其次，昔榆公司领导层约谈施工单位主管领导，要求其在该隧道项目部现场指导工作，并纳入昔榆公司考勤系统，充分发挥其协调作用来保证工作措施快速落实；再次，将该隧道列为重点督导项目，每日由现场督导统计进度后汇总上报，每周由公司包片领导组织召开进度推进会，每半月召开工作协调会，每月进行专项考核，全力保障该隧道的正常施工；最后，采取奖励班组的激励措施，增设工程进度专项奖，对在施工过程中推进工程进度表现突出的工队及班组进行奖励。

4. 施工计划重在落实

根据项目的实际情况，制定合理的施工计划，并严格按照计划执行。采取了以下措施：

（1）主要领导重点关注。“主要领导挂帅”在工程进度管理方面发挥了至关重要的作用。实施“一线工作法”“限时办结制”等工作机制，以项目部为单元，以分管领导蹲点责任包干为主要措施，通过听汇报、看现场、定措施的形式，切实做到“情况在一线掌握、问题在一线发现、政策在一线落实、工作在一线推进”，确保重点项目全力攻坚、持续突破。尤其是坚持在三年建设期中每周开周例会，主要领导全部出席，相关负责人向领导层详细汇报分项、分部工程进展，共同分析进度缓慢原因及解决方法，有效保证工程进展顺利。

（2）智慧平台及时管控。建立基于 BIM 的施工进度管理系统，将 BIM 建模软件构建的公路模型与进度软件完美地链接。将传统的进度计划的编制与 3D 模型联动，实现施工进度监控，建立 4D 模型并研究 BIM 进度管理信息平台的构建方案。在进度管理系统中，施工人员通过手机 APP 进行工序报验，实时统计施工现场的信息（包括工程完成量、施工人员布置、施工机械使用情况、材料的用量等），分析工程进度完成情况，并驱动 BIM 模型在智慧沙盘中进行形象进度展示。同时，采用图表方式直观展示项目的投资完成情况、计量情况，以不同的颜色区分不同工序的完成情况，实时在 BIM+GIS 三维平台中进行施工进度形象展示。使用 BIM+GIS 平台对进度计划实现动态管理，第一时间掌握项目实际进度完成情况，为进度计划跟踪和调整提供数据支撑。根据项目的特点，合理分配施工资源，合理规划施工内容，实时监管工程进度。对项目施工过程进行数字化管理，减少施工风险，避免施工延误，保证工程进度。

（3）“红、橙、黄”三色督办。针对工程进度严重滞后（≥ 30d）情况，采取红牌专项督办措施；对于较为滞后（≥ 15d）情况，采取橙牌严重警告措施；对于一般滞后（≥ 7d）情况，采取黄牌警告，提醒引起高度关注。

（4）专项行动机动考核。例如：下发《关于确保临建工程施工进度的通知》，分阶段进行临建设施建设进度考核，推动昔榆项目的建设进度，完成临建设施建设任务目标。

（5）劳动竞赛保驾护航。每年制定当年的劳动竞赛实施方案，根据各阶段施工重点进行考核、评比、奖罚。在全线范围内共计开展了 12 次劳动竞赛活动。借助劳动竞赛的杠杆作用和激励作用，在各参建单位间形成了“比、学、赶、超”的良好氛围，充分调动和发挥各参建单位的积极性和创造性，确保年度任务目标圆满完成。

5. 充分发挥组织协调优势

（1）统筹安排项目进度。明确各节点任务目标后，昔榆公司在项目管理前端持续发力，在人、材、机方面做实做优“三预控”管理，精准精细进行进度预判；强化项目进度分析组织领导，班子成员牵头参加控制性工程的进度分析会，压实管理责任，确保进度分析“算到位”“真分析”；根据项目进展情况举办隧道、桥梁现场进度推进会，通过观摩班组机械化施工、座谈会交流、隧道工序专题授课，提高项目施工组织水平和进度计划管控能力。围绕闫庄互通到修文枢纽小循环通车目标，昔榆公司抓实“三个重点”，做好“四项统筹”。“三个重点”方面，2021 年路基工程基本完成，涉路工程具备施工条件；2022 年底前所有桥梁上部工程完工；2023 年包括高峪咀隧道在内的所有隧道全部贯通，路面完成铺筑，机电工程完成设备安装。“四项统筹”方面，落实好路基剩余工程与路面施工作业的统筹计划，做好路面铺筑进度与机电交安工程的统筹协调，做好特长隧道内喷涂、机电、路面等后续工程统筹推进，做好水泥、火工品等重点材料的统筹安排。

（2）提高服务管理效能。以进度产值为主线，夯实项目建设基础。昔榆公司坚持以生产要素为突破，把解决项目存在的问题作为提升服务效能的主要抓手。以马上就办、办就办好的态度，汇总督办存在的问题 359 条 / 次，解决材料供应、工序衔接等问题 109 个，最大限度地保障了项目平稳有序推进。坚持科学部署、及时跟踪、动态调整的原则。坚持做到服务超前，提前将工期目标制定好、交叉施工协调好；做到任务清单化，详细将总体计划分解到标段，分解到各分部分项工程；做到考核精准化，把完善检查考核作为优化项目推进机制的有力支撑。工程运行情况逐日汇总，每月考核通报，每季度阶段检查，针对隧道掘进、防护排水等工程项目，制定完成计划和考核指标，分类推进。

四 进度管理成效

在传统项目管理中，项目计划的编制主要是构建一个工作网络图，并且计算这个网络的最长路径（如关键线路）。事实上，如果活动的持续时间是已知或可以确定的（肯定型），可以利用关键线路法计算出项目的工期；相反，如果每个活动的持续时间是不确定的（非肯定型），通常使用计划评审技术来计算整个项目的持续时间。然而，采用传统方法编制的进度表通常不能令人满意，现实中很少使用，因为这些方法没有考虑资源分配和进度计划的机动性。由于传统的进度计划方法存在上述缺陷，为了使进度计划有更广的适用性，有必要寻找整合组织资源和项目进度的方法。

20 世纪 90 年代末由高德拉特提出的关键链法，在工程项目计划管理、资源冲突处理等方面得到了很好的实践应用。

关键链法是一种基于约束理论的项目管理方法，旨在通过优化资源分配和消除时间浪费来提高项目完成的效率和效果。关键链法将关键资源（瓶颈资源）作为项目的约束因素加以考虑，将瓶颈资源作为项目进度计划的制定依据。瓶颈资源上的工序称为瓶颈工序（即关键工序）。瓶颈资源利用率越高，项目进度就越快；如果瓶颈工序延误一天，将导致整个项目延误一天。因此，要加快项目进度，就必须提高瓶颈资源的利用率。关键链法在传统网络图中加入瓶颈工序来计算工程进度，既考虑了工序间的技术约束条件，也考虑了资源约束条件。瓶颈工序的长短决定了整个项目工期的长短。与关键路径法相比，关键链法不仅考虑了活动间的逻辑约束，而且考虑了活动间的资源冲突，因此更加符合实际。

关键链法的核心思想是通过资源约束和缓冲管理，降低资源约束可能导致的项目延期风险。这种方法将项目资源合理分配到关键路径上，通过设置缓冲区来提高整个项目的进度控制能力。关键链法将资源约束因素和人的因素综合考虑在内，同时引入了缓冲区和缓冲管理的概念，可以在任何项目进度路线上插入缓冲区来缩短工序的安全时间，避免资源冲突和不确定性情况的影响，见图 5-61。

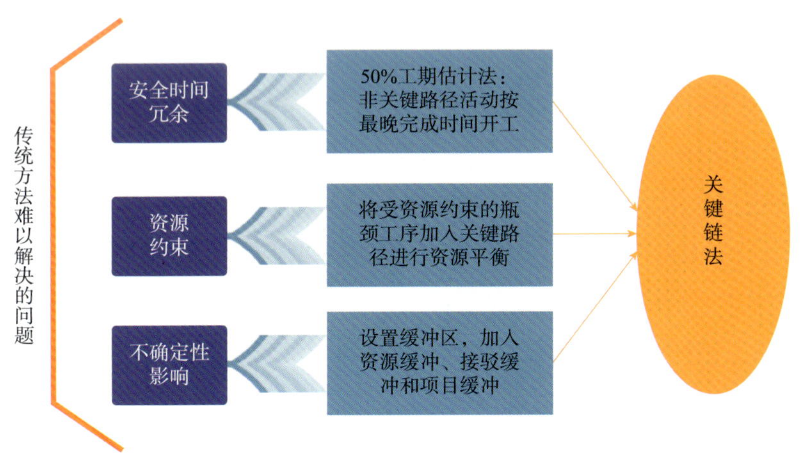

图 5-61　关键链法核心思想

关键链法在项目管理中具体的应用场景包括：

（1）确定项目的优先级。在工程项目管理中，各个项目的优先级可能不同，需要根据企业内外部环境评估项目对企业经济利益和发展前景的影响，确定各项目的优先级。

（2）资源的合理分配。在确定项目优先级的基础上，合理分配项目资源，尤其重点考虑瓶颈资源的使用时间，提早开展有瓶颈资源的工作任务，合理加入缓冲。

（3）在各项目内部使用关键链法进行管理。找出项目的关键链，为瓶颈资源加入缓冲，设置接驳缓冲和项目缓冲，确定缓冲时间的警戒线，监控项目进展。

（4）监控缓冲的消耗。如果触及之前设置的缓冲警戒线，则需要及时采取措施解决问题，平衡资源。

（5）调整各个项目的相关计划内容。如果项目延迟的原因涉及各项目共同的瓶颈资源，则需要及时采取措施并调整各个项目的相关计划内容。

关键链管理从项目整体考虑，针对传统进度管理方法的不足，考虑不确定因素、人的行为、资源受限因素，按照局部最优并不能达到整体最优的思路进行优化，抽取在不同任务中设置的安全时间到缓冲时间中进行集中统一管理，用关键链替代关键路径。关键链管理综合考虑活动持续时间、紧前关系和资源之间的相互作用，以确保总工期为最终目标，合理化解了资源约束和不确定性问题，解决资源受限冲突，推动项目计划编制与进度控制环境改善，缩短计划工期。

第一，昔榆公司对工程量进度项进行数据初始化导入。基于 WBS 分解，将昔榆高速公路按照项目分为路基工程、路面工程、桥涵工程、隧道工程、互通立交工程、绿化工程、交通安全设施、机电工程和房建工程共九大单位工程，每个单位工程又分解为分部工程，分部工程又分解为分项工程，层层分解。

第二，在项目计划阶段，通过观察情况、收集整理信息、掌握规律、预测趋势，正确预计未来可能出现的问题，提前采取措施，将可能发生的偏差消除在萌芽状态，为避免在未来不同发展阶段可能出现的问题而事先采取的措施，防止偏差。例如：根据设计图纸和有关施工技术规范规程，精心编制施工组织建议书；结合项目总工期要求，按周期分年、季、月、旬制定进度计划，做到“长计划，短安排”，控制重点，兼顾全局；对控制工期（关键工序）的项目，从人力、财力、物力资源各方面优先保证。根据工期计划编制相应的物资采购供应计划、机械设备供应计划、劳动力供应计划等，形成系统完善的工作计划体系；识别关键链中的关键资源（瓶颈资源）。

第三，在项目实施阶段，关键链技术主要应用缓冲管理来实现对项目的实时控制。主要通过监控项目总体进度及其缓冲占用状况，为项目是否需要修改计划或以加快进度等形式进行调整提供了指导。缓冲管理的进度控制结合进度预警和汇报活动进度制度进行。昔榆公司借助智慧管理平台，通过进度管理系统对昔榆高速公路的 20 个标段进行多层级管理，通过工程量、投资等计划模板实现计划在线编制、审核，自动生成甘特图和计划报表，实现工程进度的规范化、标准化和精细化管控。通过 APP 实时采集现场进度、BIM 模型直观展示实时进度，实现计划与实际进度动态对比，达到分级预警，及时进度纠偏，还通过无人机航拍掌握项目的进展情况。应用进度管理系统，及时合理调配施工资源，提高资源利用率，避免资源闲置。通过对施工资源的高效利用和优化管理，实现了工程进度控制和调整。

第五节　工程投资管理

一 投资管理概述

高速公路项目投资控制管理涉及投资融资、设计、项目发包、施工实施、竣工验收等，需要对各环节开展造价规划及控制，确保项目的造价处于可控状态。在满足工程进度、工程质量和保证施工安全的情况下，根据相关规范及公司内部管理办法，合理优化设计，精心组织施工，节省工程造价，有效管控资金，降低资金成本。

昔榆高速公路地形起伏大，沿途沟壑纵横，桥隧比较高，地质条件复杂，建设运营周期长，投资规模大。投资控制是在“安全为先、质量为本、进度为重”准则的要求下，力争投资最优化，同时建造出高品质的公路、产生最佳的经济效益，并保持效益的长久性。

昔榆公司围绕“品质工程”这一目标，通过“静态控制，动态管理”两个抓手，坚持“全寿命周期管理，全要素动态控制，全层级协同管理”三项原则，落实降本增效、节能增效、节支降耗、科技降本、管理降本五项工作，构建了“1235”投资管理模式（图 5-62）。

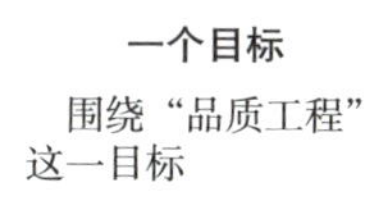

图 5-62　“1235”投资管理模式

二 静态控制，动态管理

公路工程概预算总金额包括建筑安装工程费、土地使用及拆迁补偿费、工程建设其他费、预备费、建设期贷款利息，是公路工程项目从筹建到竣工交付使用所需的全部费用，按照《公路工程建设项目概算预算编制办法》（JTG 3830—2018），经批准后的概算是建设项目投资的最高限额，是静态控制的总目标。设计单位必须按照批准的初步设计和总概算进行施工图设计，施工图预算不能突破设计概算。

昔榆公司作为建设单位，将计划投资额作为投资控制目标值，实施过程中与项目的实际支出额进行比较，找出偏差并分析原因，最后采取纠偏措施予以调整，调整后再进行分析纠偏，直至达到目标要求。在项目实施过程中，安排专人及时、准确、全面地统计实际支出额，并定期与阶段目标值进行比较，一旦发现偏差，立即分析原因，并根据分析的结果采取控制措施，确保项目投资控制管理目标得以实现。

首先，建立项目投资台账，实现资金动态管理。按月、按季统计项目各分项完成的实物工作量和资金支付量，统计工程变更引起的投资增减，分析分项投资增加原因，合理地使用招标节余及跨分项资金调配，合理安排项目建设计划，做好年度、季度、月度资金使用计划，保障资金得到合理安排使用。

其次，关注造价影响因素，实现工程动态预算。工程建设的全过程，也是工程造价的动态因素影响工程造价增减的过程，是工程造价逐步接近实际的过程。在这个过程中，建设项目初步设计总概算是对设计任务书投资估算的修正，施工图预算是对设计概算的修正，工程结算是对工程承包合同价的修正，工程决算是对工程投资包干协议价的修正。工程造价的动态因素是客观存在的，各项工程的具体情况不同，工程造价的动态因素对其造价的影响程度也不同。计算工程的基础价和考虑物价上涨因素的固定价，给出精确的投资控制范围，有助于对项目的经济性作出更科学的评价；同时，可以实现滚动预算，实时控制，即在工程的任一阶段，可以自动进行下一轮的工程预算。

最后，运用智慧建设系统，实现成本动态控制。高速公路参建单位多、信息量大、涉及的分支专业多，传统、低效的点对点协同共享往往产生理解不一致等问题，效率低下，导致工期延误。昔榆公司为各参建方建立统一的信息共享平台、统一的数据库系统、统一的流程，实现高效协同。信息化管控平台可大幅度提高工程建设的集成化程度，促进工程建设行业生产方式的转变，提高投资、设计、施工、运维乃至整个工程生命期的质量和效率，提升科学决策和管理水平。昔榆公司利用 BIM 信息化平台，通过综合性的模型和数据集成能力，使公路工程造价管理贯穿项目的整个生命周期，从前期的成本估算到施工阶段的成本控制，再到项目后期的设施管理和维护，实现了全过程的管理和优化。BIM 技术通过实时的数据共享和协同工作环境，能够让各参建方和利益相关方共同参与公路工程造价管理，实现信息的实时更新和共享，提高沟通和协作效率。

三 坚持“三全”管理原则

（一）全寿命周期投资管理

随着高速公路建设的大规模展开，山西路桥集团的高速公路管理模式由阶段分离式管理走向集项目融资、建设、运营、养护和管理为一体的综合管理模式。“投建营一体化”

模式的最大特点即项目主体既是投资方，也是建设方，更是生产运营方。这就要求必须从全寿命周期养护的角度综合考虑建设投资及养护成本，既要考虑项目建设前期以及建设期投资，也要兼顾运营维护阶段投资，使项目在其全寿命周期总投资最小，质量和工期达到要求，实现建设总体目标效益最大化。

1. 决策阶段的投资控制

昔榆高速公路投资建设各个阶段有着不同的工作内容，决策阶段的重点工作是做好总体规划分析和可行性研究报告编制。总体规划是影响项目投资、建设、运营的最主要因素，昔榆高速项目针对准备阶段、实施阶段、验收阶段等各环节展开全过程的科学谋划和整体部署，并做好整体的规划工作，明确管理目标，同时深入分析项目特点、风险点与管理的重难点，提前制定应对措施，以此提升昔榆高速公路项目全过程造价管理的精细化管控水平，有效控制建设项目风险，从而为后续工程造价管理工作提供可靠的参考依据。

重视可行性研究报告的编制。昔榆高速公路项目建议书获批复后，依据国家、地区、行业发展规划的要求编制可行性研究报告，并对高速公路的建设方案进行多方案的比选论证，明确建设方案的优劣，为审批部门审定项目建设方案提供真实有效的数据支撑。在编制过程中重视建设项目的报告编制质量，工程咨询机构做好报告编制前的基础资料收集工作，确保建设项目方案的可行性、经济合理性。昔榆公司全程跟踪项目建设方案的落地，对可行性研究报告展开全面梳理、分析、对比，并积极对接编制单位完善可行性建设方案，以确保项目估算足额批复。

2. 设计阶段的投资控制

设计阶段，工程造价管理人员应配合设计人员进行设计方案比选、优化设计、限额设计等工程造价分析与控制，处理好工程技术方案的可行性与经济合理性之间的关系。为实现昔榆高速公路投资的有效管理与控制，昔榆公司主要采取以下措施：

（1）提前引入第三方咨询单位，由第三咨询单位综合运用多学科知识、工程实际经验、现代科学技术和经济管理方法，为昔榆高速公路提供全过程造价咨询服务，以此降低项目整体造价，从而实现工程效益最大化。

（2）施工图优化。在初步设计批复后，昔榆公司采用设计人员与施工技术人员交流讨论的方式，让设计人员了解更多现场施工的技术，以避免细节设计不规范问题，提高施工图设计的科学性与合理性。由现场施工监理单位二次审核施工图，以此不断完善施工图设计细节，从而保障施工图的设计质量。

3. 招标阶段的投资控制

1）标段的划分

高速公路施工是一个复杂的工程，影响标段划分的因素有很多，昔榆公司根据工程内容、规模和专业复杂程度合理划分标段。首先，划分的各标段要大致均衡，标段间在空间上和时间上应有效衔接。其次，标段界面划分要清晰，避免各标段在安全责任、质量责任、投资责任、工期责任上出现推诿扯皮现象。再次，标段不宜过大或过小，划分过大会导致资质门槛限制、管理难度增大、风险集中、资金压力增大，过小则协调工作量大、增加管理成本、难以发挥规模效应、不利于吸引潜在的投标人参与投标。

2）加强履约检查

为有效规范从业单位从业行为，提高履约水平，根据昔榆高速公路从业单位履约管理办法相关内容，定期、动态对各参建单位进行履约检查。核查身份证等实名认证信息，对照“备案管理人员情况表”确定是否为本人，并签字确认，全过程拍照，留存原始影像资料，作为监督依据；对请假、出差、外出办公的人员，通过打卡考勤系统进行后台查证，作为履约检查的辅助手段，并对后续请销假情况继续跟踪落实，随时记录，每月汇总，形成闭环。对履约考核差的单位，通报批评、处以违约金、约谈其母体公司，并纳入年度公路建设市场信用评价。

4. 施工阶段的投资控制

施工阶段是整个高速公路投资建设资金投入的重要阶段，是招投标工作的延伸，也是合同的具体化。昔榆公司按照多维项目管理理念，系统合理地安排资源，从多维项目角度出发，在不同项目之间合理调配资源，始终以服务优先项、聚焦重点项、关注紧急项为指南，让资源、人才、经验在项目建设中合理流动、科学配置。

1）资金使用计划的编制

资金使用计划通常有两种编制方法：一种是按不同子项目编制资金使用计划，一种是按时间进度编制资金使用计划。由于施工过程随机因素与风险因素的影响，形成了实际投资与计划投资的差异，称为投资偏差，即投资偏差 = 已完工程实际投资 – 已完工程计划投资。投资偏差是施工阶段工程造价计算与控制的对象，可以通过赢得挣值法判断费用是超支还是节约，然后分析造成偏差的原因，最后通过采取组织、经济、技术、合同四个方面的措施实施纠偏。

2）临时工程费的控制

为深入全面贯彻品质工程标准化建设要求，实现山西路桥集团公司“三集中”管理目标，按照“工厂化、集约化、专业化、配送化”原则，结合项目实际情况，因地制宜、合理布局、统一规划，昔榆高速公路对全线项目部、混凝土拌和厂、钢筋加工厂、试验室、预制厂、幸福小镇、炸药库等进行集中建设，破除了传统标段的界限，实现全面集中管理。

昔榆公司按照“临时工程按永久工程质量标准实施”理念，打破专业限制，打破标段限制，全线统筹应用，“三厂一室”全面推行“三集中”，采用“三智能”（预应力智能张拉、智能压浆、钢筋数控智能加工），做到“四准入”（人员、关键设备、钢模板和原材料准入管理），实现“三化”（工厂化、标准化、智能化），在产品质量得到有效保障的同时，大幅度降低工程费用。

3）材料差额的控制

材料费在高速公路的建安费中占 60% 以上，控制施工阶段投资的最主要手段就是控制施工材料费支出。

第一，货比多家。专门成立的物资采购部门，充分调研材料供应地、供应商，确定材料合理招标限价。例如：对路面用地材展开地毯式调查，多次赴娄烦、平定、寿阳、阳泉等地进行现场询价，并对项目周边县区的厂家进行电话询价，综合考虑产能、路况以及报价等因素，制定合理的招标限价。

第二，集中采购（带量采购），根据集团招标投标管理制度要求，对建设过程中质量要求高、用量较大的材料采取集中采购方式，如钢材、沥青、外掺剂（改性剂、温拌剂等）、伸缩缝及（支座、锚具）等特殊材料。昔榆公司成立采购战略合作谈判小组，对水泥、炸药、工业固废料等也采用谈判集中采购方式。

第三，协同管理，采取就近原则，相邻标段充分消化利用砌石自加工厂生产的石材，实现资源共享，例如设材料自加工厂 9 处，达到减少弃渣、利用固废、变废为宝、增加利润的目的。

第四，签署材料战略协议，与周边石料厂达成战略协议，通过区域采购、集中采购、控制限价等，约束材料单价上涨行为，规避投资增加的风险。

（二）全要素动态控制

全要素管理是“成本、工期、质量、安全、环保”的集成管理，昔榆公司以实施细则为抓手，以首件制工程为引领，以点带面，遵循安全第一、质量优先、技术可行、经济合理和环境保护的原则，加强项目管理、资源配置、施工组织设计等相关管理，同时以目标为导向，实现投资、建设、运营一体化管理，将成本管控贯穿于项目投资估（概）算、项目招投标、合同签订、项目准备、项目实施及项目收尾阶段的各方面和全过程，明确管控的重点和禁区。

（三）全层级协同管理

高速公路建设是一项复杂的系统工程，造价控制贯穿于各个环节、各个阶段。造价管理不是某一个部门的事，需要整个多维项目全层级协同管理。各业务部门及项目部不能局限或立足于本部门的业务管理，而要有大局观念和投资控制观念。各部门分工不同，职责各异，只有相互密切配合、通力协作，才能保证工程协调、顺利实施，才能真正做好投资控制工作。投资控制涉及建设项目组织中的各个层级、各个部分的工作，并与每个员工的切身利益有关，因此应充分调动各个参与部门和每一个员工控制成本、关心成本的积极性，真正树立起全员控制的观念。

第六节　工程技术管理

工程技术管理在高速公路建设及运营过程中发挥举足轻重的作用。高速公路工程技术管理是工程管理的核心内容。优良的技术管理将助力提升综合管理的素质。昔榆公司以高质量发展为主导，以精细化的技术管理体系为依托，提升施工工艺水准，及时辨识并解决潜在的问题与不足，确保高速公路的耐久性和安全性，从而为昔榆高速公路打造平安百年品质工程奠定坚实基础。

一　技术管理的三个措施

（一）完善技术管理体系

技术管理部建立技术责任体系，并明确各级技术人员职责，确保技术问题可追溯；通过完善的技术防控体系，规范审批施工技术方案、施工组织设计和标准化施工流程，并实施监督，确保施工规范运行。

（二）严格落实施工方案审查制度

为有效防范和遏制生产安全事故，强化施工安全技术管理，针对危险性较大工程，组织专家对施工单位编写的专项施工方案进行评审，方案获批后方可施工。

严格执行“先评审、后施工”的原则，确保施工方案内容完整、技术合规、经济合理、先进有效。要求项目部在危险性较大工程开工前 10~15 日完成方案编写并经母体公司审核，为专家评审创造条件。

（三）技术服务到现场

根据施工单位上报的问题，及时组织设计单位及设计代表解决现场问题，并形成问题清单台账，真正做到清单化与痕迹化，使技术工作可溯源，保证工作连续性与真实性；通过 PPT、视频与现场踏勘相结合的形式，对各参建单位重难点工程进行技术交底，每季度组织设计单位统一对各标段进行设计回访，对现场问题进行集中答疑。如对 LJ4、LJ5、LJ11 标特殊钢构桥进行现场技术交底，对民安隧道出口与杨照河大桥衔接及进洞困难、太行山隧道和高峪咀隧道涌水处治、高峪咀隧道挑顶、LJ10 标边坡地质灾害处治等问题，多次组织设计单位及专家现场踏勘并形成技术咨询意见。

技术管理的三个“功”法

（一）前期准备做功课

1. 专人办理前期批复手续

在工可行性研究报告获批复前，指派专人紧盯建设项目选址意见书、环境影响评价、水土保持影响评价、土地预审报告等的批复手续，随时跟踪办理进度，确保项目及时开工建设。

2. 技术上消除“超概”隐患

在工程可行性研究阶段，吸取其他公路工程建设费用超过概算的经验教训，昔榆公司筹备组提前介入项目设计，经过实地调研，在临时便道、外电线路供电及临时用电、隧道突水和涌水及反坡排水等不良地质、土地征拆、压覆矿区补偿、专项费用方面进行深度勘察，有效避免因设计考虑深度不足导致工程费用不够的情况。

在初步设计阶段，动态跟踪初设概算编制过程，与设计单位共同核算费用组成，并且参考其他项目的概算批复内容进行综合分析对比，尤其在施工便道详细设计、临时用电与永久用电结合、特殊路基处理应对措施、隧道不良地质处理、土地征拆费用、压覆矿床补偿等方面进行查缺补漏，保证概算费用更加合理。

在施工图设计阶段，充分考虑因相关政策调整影响工程费用，例如失地农民保险、电子雷管费用、涉路施工路赔补偿、信息化建设、研究试验费增加等，为下一步设计优化、投资控制奠定基础。

3. 全盘考虑，系统设计

结合建设经验，设计单位或各专业设计多重点关注本专业内容，很少从全局、从系统上进行整体设计。昔榆公司以设计为突破口，协调各专项设计部门从同一目标出发开展共同设计。例如：房建场区内的土石方、防排水工程由主体与房建设计单位联合设计，确保成本最优；房建与机电工程管道线路由房建与机电设计单位联合设计，施工图设计时统筹规划，方便实施。

（二）优化设计下功夫

1. 初步设计阶段

1）路线平纵优化

前期邀请集团设计分公司、设计单位、设计咨询单位进行路线现场踏勘，对 K94+520~K106+400 段路线进行了优化调整，缩短路线长度 860m，减少占地 120 亩。

K120+000~K127+058 段平均填土高度为 7m，沿线布设 18 座通道。与当地政府进行沟通，在不影响附近村民出行方便的前提下，对通道进行整合优化，降低填土高度。优化后减少占地约 23 亩，减少借方约 21 万 m^3。

2）构造物优化

为加快施工进度，减少后期养护成本，贯彻绿色公路理念，对桥涵进行标准化设计。

（1）排水、涵洞工程：结合本项目特点，将 1 孔 4m 现浇通道涵（9 道）优化为装配式结构，见图 5-63；将部分排水工程现浇混凝土优化为预制构件，集中体现高速公路标准化建设技术，实现工期缩短、运维费降低的目的。

图 5-63　装配式涵洞

（2）桥梁工程：为方便施工、质量可控、使全线桥梁跨径尽量统一，统一桥梁上部结构形式，优先采用便于工厂化生产的 20m、30m、40m 跨装配式混凝土 T 梁。

（3）隧道工程：隧道电缆槽盖板采用高分子聚合物复合材料在工厂加工，方便施工、养护，见图 5-64。

图 5-64　高分子聚合物复合材料盖板

3）中央分隔带结构优化

为降低后期运营过程中的养护成本，结合《公路交通安全设施设计规范》（JTG D81—2017）的相关规定，进行如下优化：

（1）中央分隔带范围内水稳基层通铺，上部安装 10cm 厚混凝土支撑块，防止渗水。

（2）将波形梁钢护栏优化为混凝土防撞墙，等级为SAm级；在中央分隔带开口处设置组合式波形梁活动护栏。

4）路基边坡、隧道边仰坡、明洞洞顶、碎落台、互通区、服务区等部位绿化优化

（1）在保证边坡安全的前提下，减少圬工防护，尽量采用框架、喷混植生、三维网植草等绿色防护形式。

（2）对填方路基，根据填土高度并结合地形条件，分别采用拱形骨架护坡等工程并辅以植草灌绿化，以保持边坡稳定和防止坡面冲刷。

（3）对隧道进出口处开挖的坡面进行草灌混播，以利于自然植被恢复。对分离式隧道进出口，根据地形情况采取绿化美化措施，种植观赏植物、利用花灌木组成优美的图案，一方面与周围景观相协调，另一方面起到诱导视线的作用。

（4）沿线隧道明洞顶采用造型灌木与攀援植物搭配种植，一方面绿化隧道边仰坡，一方面醒目地提醒驾驶者隧道洞门位置。

（5）碎落台绿化选用河南桧、黄刺玫、金叶榆球、紫丁香、胶东卫矛球、紫叶矮樱、白三叶等植物搭配种植，爬山虎覆盖坡面，改善路域景观。

（6）互通区设计以自然式布局为主，种植以丛林式为主，在少数空间比较开阔的地段加入了造型灌木组图，利用简单流畅的线形增强空间动感，使互通整体更具有灵动性，动静结合、高矮搭配，营造优美行车环境。

5）结构优化

隧道中心排水管直径为80cm以上，排水管顶部混凝土铺装配钢筋加强。

6）工作界面优化

房建场区内的土石方、防排水工程由主体与房建设计单位联合设计，确保成本最优。房建与机电工程管道线路由房建与机电设计单位联合设计，施工图设计时统筹规划，方便实施。

7）其他优化

为降低后期运维费用，减少质量通病，提高安全耐久性，结合《公路交通安全设施设计规范》（JTG D81—2017），高填方和长下坡终点填方路侧护栏采用滑动防撞护栏。

2.施工图设计及实施阶段

1）桥梁工程

（1）根据山西路桥集团《施工图标准设计导则》相关内容，将桥梁工程上部结构6片梁体优化为5片梁体。

（2）对墩高小于35m的桥梁进行优化，有效节约投资。

2）隧道工程

（1）根据地质超期预报资料，结合现场围岩情况，及时动态调整隧道围岩支护参数，

同时根据地形情况优化隧道明洞长度及洞门形式，通过两者结合，强化安全、质量、环保控制，有效降低工程成本。

（2）结合本项目特点，邀请专家将隧道内装饰拱墙贴瓷砖优化为釉面幕墙涂料，简化施工工艺，消除瓷砖容易脱落的弊病，保证后期运营安全，且加快了施工进度，降低养护费用。

3）防护工程

组织专家、设计院、设计代表对全线路堑边坡进行现场踏勘，根据不同的地质情况对全线 230 处路堑边坡进行了优化调整，既能满足安全稳定，又能体现美观环保，达到了边坡生态系统全寿命自然循环的目的。

（1）根据坡面的岩性、产状，本着经济节约、安全可靠的原则，对部分较为稳定的石质路堑边坡进行动态调整，由原框架锚（索）杆防护优化为喷混植生生态护坡。

（2）取消土质路堑边坡段的拱形骨架防护，采用种植紫穗槐防护。

（3）由于全线存在风化砂岩及砂泥岩互层等不良地层，为确保路基填筑稳定，防止路基沉降、坍塌，对填石、土石混合料路基边坡均设置 2m 厚包边土，将路堤下边坡土工格室防护优化为拱形骨架防护。

（4）由于沿线地质多为砂岩且开挖后较为破碎，为加强路基上边坡喷混植生的稳定效果，将原喷混植生主锚杆由 80cm 调整为 200cm。

4）排水工程

（1）叠瓦式路堤边坡急流槽施工工艺复杂、成本较高，优化为现浇混凝土急流槽。

（2）路基挖方坡级大于 2 级和填方大于 8m 的段落，将检修踏步与急流槽合并使用。

5）路基工程

（1）马坊连接线在实施过程中跟踪优化调整，取消非临河段挡墙，调整填土小于 2m 的挡墙为护肩形式，17 道钢筋混凝土盖板涵优化调整为钢筋混凝土圆管涵，K15+180 右侧和 K16+100 左侧通过调整线形避让高压塔。

（2）为保证路基施工质量，根据实地地形条件，将不具备冲击碾压条件的 LJ2、LJ4、LJ10、LJ11 标的冲沟优化为重夯。

（3）由于 LJ12 标距村庄较近、挡墙基底工作面较小，经与设计院沟通，对涵洞通道及挡墙基底的处理方式由强夯调整为换填。

6）路面工程

（1）隧道路面结构原设计为露石混凝土，为提升行车舒适性，调整为复合式路面。

（2）为有效提高路面使用寿命、减少病害、降低运营养护成本，路面改性沥青同步碎石封层变更为 SBS① 热改性沥青同步碎石封层，桥面沥青防水层变更为 SBS 热改性沥青同步碎石下封层。

---

① SBS：苯乙烯 - 丁二烯 - 苯乙烯嵌段共聚物。

（3）为有效提高混凝土力学性能和抗渗、抗冻性，践行环保、绿色理念，桥面铺装原设计采用 C50 聚丙烯纤维混凝土，优化为 C50 玄武岩纤维混凝土。

（4）为有效提高路面使用寿命、减少病害、降低运营养护成本，路面中面层原设计抗车辙剂沥青混凝土调整为 SBS 改性沥青混凝土，路面上面层原设计胶粉复合改性沥青混凝土调整为 SBS 改性沥青混凝土。

7）交安工程

（1）原设计现浇式混凝土护栏后期维护成本高，更换困难。装配式混凝土护栏具有施工速度快、后期维护成本较低、可再利用等优点，将部分中央分隔带护栏调整为装配式混凝土护栏，见图 5-65。

（2）刺铁丝隔离栅立柱原设计采用 C20 混凝土立柱和基础，过于笨重，运输、安装不方便。从隔离栅的耐久性和全寿命周期考虑，优化为新型复合高强混凝土隔离栅立柱和圆锥台基础。

（3）防眩板原设计材质采用玻璃钢。玻璃钢防眩板褪色快，易折损和老化，优化为 PVC[①] 材质防眩板，有效延长使用寿命。

（4）波形钢护栏防腐原设计为热浸镀锌防腐，存在不耐储存、易脱落、污染严重等问题，优化为预镀锌铝镁合金防腐。

亮点

集中预制，不受天气的影响，施工质量可控，功效高，安装方便，对路面污染小，损坏组件可快速更新，后期维护成本低。

图 5-65　装配式护栏

（三）注重术业有专“攻”

1. 专注耐久

（1）将沥青混凝土拦水带调整为凸起式路肩缘石，提升了路面边部排水设施的耐久性和路表整体美观性。

① PVC：聚氯乙烯。

（2）防撞墙内侧增设防腐涂层，防止融雪剂腐蚀混凝土。

（3）增加关键部位钢筋保护层厚度，延缓钢筋腐蚀，保证结构的耐久性。

（4）采用加大泄水孔的布置密度、集中排水、桥面加铺防水层等措施减轻积水对结构的侵蚀。

（5）中央分隔带范围水稳基层通铺，上部安装 10cm 厚混凝土支撑块，防止渗水。

2. 专注节能

高速公路隧道内部设有多种机电设施，能耗大。昔榆高速公路通过选用合理的设计方案和机电设施，有效降低能耗。

（1）隧道消防节能。隧道消防管道冬季防冻保温系统采用带温控器的电热带系统，当环境温度低于 –5℃时系统启动，高于 5℃时系统关闭。由于该保温防冻系统只在指定温度范围内工作，能大大降低能耗，节约电能，无论是初期投资，还是年运行费用，均相对比较节约。

（2）隧道照明节能。选用低能耗 LED 隧道灯具，有效降低能耗。另外，照明采用无级调光系统，使隧道内照明可以适应洞外亮度，以更好地达到节能的目的。

（3）隧道通风节能。隧道通风控制模式采用前馈 - 反馈相结合的复合控制法，即把引起隧道内污染物浓度变化的主要干扰（车流量）作为前馈输入信号的前馈控制系统，和对污染物浓度偏差进行控制的反馈控制系统，共同组成前馈 - 反馈复合式控制系统。不但保证了通风控制的及时性，而且提高了通风控制的精确度，对隧道内行车环境的保证和火灾救援将大有裨益。

3. 专注生态

1）避开敏感区

松溪河特大桥采用大跨径桥梁跨过松溪河，减轻对松溪河湿地生态自然环境的破坏。针对自然保护区与烈士陵园等敏感区，部分石方挖方段落由爆破开挖转为机械破碎锤开挖。

2）保护绿色资源

昔榆高速公路坚持“多借景、少造景”，实现绿色公路与环境敏感区域、生态脆弱区域、生态红线“近而不进”，因地制宜地将路域优质景观资源纳入路内，为使用者所感受和体验。对沿线原生树进行移栽，用于景观绿化工程。

3）注重环境保护

（1）始终将绿色理念贯穿到建设全过程，按照“预防为主、保护优先、施工和保护并重”的原则，全面加强生态环境保护工作，在增设围挡、便道洒水、裸土覆盖、土方车辆苫盖等方面形成常态化管控。

（2）全线环保设施标准化。全线广泛应用储料仓喷淋系统、工字钢洗车台、扬尘在线实时检测仪、砂石分离机等新技术、新设备，促进施工现场环保管理，严格落实环境保护措施，减轻对环境的影响。

（3）施工生活污水和生产废水经处理后回用，减轻施工对环境影响。施工产生的建筑垃圾、弃土（弃渣）及生活垃圾等及时运送到指定地点统一处理，做好施工和生活区污水处理。设立三级沉淀池，实现废水零排放及回收再利用，极大地减少了对当地环境的污染及破坏。

（4）对水稳拌和站、斜皮带、成品料仓及钢筋加工棚进行全包封，达到了减噪、降尘、保护环境的目的。

（5）针对隧道施工涌水排放处置召开专题会议，要求施工、监理单位对隧道涌水进行分段截流、分类处置，制定排水处置方案，以减少施工对涌水的污染；在洞外设置三级沉淀池，污水处置后，经检测符合标准并通过当地环水保部门同意后再排放，保证绿色施工、文明施工。

（6）路堑施工坚持“三同步”（开挖一级、防护一级、绿化一级）原则，使路基施工与生态环境修复深度结合，有效防止建设期内因措施不到位而引发水毁现象、造成损失的问题。同时，为建设期路基全断面、全指标交验以及运营期降低管养成本打下坚实的基础。

4. 专注绿化

1）绿化设计

（1）在保证边坡安全的前提下，减少圬工防护，尽量采用框架、喷混植生、三维网植草等绿色防护形式。

（2）对填方路基，根据填土高度并结合地形条件，分别采用拱形骨架护坡等并辅以植草灌绿化，以保持边坡稳定，防止坡面冲刷。

（3）对隧道进出口处开挖的坡面进行草灌混播，以利于自然植被恢复。对分离式隧道进出口，根据地形情况采取绿化美化措施，种植观赏植物、利用花灌木组成优美的图案，一方面与周围景观相协调，另一方面起到诱导视线的作用。

（4）沿线隧道明洞顶采用造型灌木与攀缘植物搭配种植，绿化隧道边仰坡，并且醒目地提醒驾驶者隧道洞门位置。

（5）碎落台绿化选用河南桧、黄刺玫、金叶榆球、紫丁香、胶东卫矛球、紫叶矮樱、白三叶等植物搭配种植，爬山虎覆盖坡面，改善路域景观。

（6）互通区设计以自然式布局为主，种植以丛林式为主，在少数空间比较开阔的地段加入了造型灌木组图，利用简单流畅的线型增强空间动感，使互通整体更具有灵动性，动静结合、高矮搭配，营造优美行车环境。

2）应用绿色创新技术

采用植物椰丝毯技术、微喷技术、植物微生态修复技术、滴灌技术。

5. 专注景观融合

打造景观时，考虑公路沿线的民族、历史、文化、风景、自然、休闲等内在品质，通过各种形式展现地方风貌，给道路注入带动沿线经济社会发展的可持续生命力。同时，这些内在品质与周围环境一起构成景观走廊，让昔榆高速公路的景观与沿线风景文化融合，充分展现地方历史脉络和人文变迁，从而实现文化传承和旅游发展的双重价值。

1）绿色景观打造

全线边坡采用生态防护，在高边坡、碎落台、枢纽互通区、服务区采用草灌混栽、乔灌草结合的方式进行专项绿色景观设计。所有树种两两搭配，每 5km 进行循环。

2）隧道洞内景观打造

在太行山隧道左右洞内各设了两处特殊灯光段，灯具采用大点间距直插灯管技术，营造丰富的视觉效果，显示各类图案，如蓝天、白云、党旗、枫叶、满天星、宣传标语等，以减轻驾乘人员疲劳、缓解紧张情绪。

3）隧道洞门景观打造

全线隧道洞门采用人工造景的方式，与沿线自然景观和人文景观相融合，突出体现勤奋团结的晋商文化和不畏艰险的太行精神。

4）“一区一品”场区建设

以“传承企业文化，展现昔榆风采”为主题，结合山西路桥集团文化与自然景观，在管理中心、收费站、服务区开展“一区一品”主题建设。通过不同色彩、不同的铺装形式来区分主线、互通、匝道、服务区。

三 标准化施工

昔榆公司全面推进标准化施工管理，以打造平安百年品质工程、工程创优为主线，努力创建昔榆高速公路品质工程的标准体系和管理典范。通过标准化管理，在建设过程中实现复杂问题程序化、模糊问题具体化、分散问题集成化、成功方法规范化，整体提高项目管理水平，为又好又快实施大规模建设任务提供保障。

（一）实施施工标准化手册

为加强和规范建设管理，进一步提升管理水平、强化安全管理意识，以“规范化、标准化、精细化”为施工原则，根据昔榆高速公路建设实际情况，依据路基、桥涵及隧道技术规范，执行现行《公路工程质量检验评定标准》（JTG F80）的要求，制定了施工标准化手册。组织相关部室、总监对施工标准化手册征求意见，集体研讨，共同审核、审定后下发了《昔榆高速公路路基施工标准化手册》《昔榆高速公路桥涵施工标准化手册》《昔榆高速公路隧道施工标准化手册》，进一步完善了昔榆高速公路标准化体系建设，不仅规范指导工程项目实施、提高工程质量，还有效提升经济效益。

（二）执行施工技术要求

根据昔榆高速公路建设进展情况，吸收以往高速公路常见工程质量问题，技术管理部组织项目部总工、设计单位、监理单位第三方服务单位开展了技术研讨会，专门收集常存在的饱受诟病、问题突出的工程技术管理难点、痛点，制定了《昔榆高速公路人工挖孔施工技术要求》《昔榆高速公路弃土场选址及施工要求》《昔榆高速公路路堑施工技术要求》《昔榆高速公路冬季施工技术要求》《梁板架设及桥面系施工技术要求》《路基挡土墙施工有关技术要求》《框架锚杆施工技术要求》《隧道路面施工技术要求》《土质路堑坡顶挡水埝施工技术要求》《桥梁墩身施工技术要求》《喷混植生施工技术要求》《桥梁支座垫石及耳背墙施工技术要求》《昔榆高速公路隧道光面爆破指导意见》《“施工工艺标准化”技术提升专项行动实施方案》等一系列技术要求及实施方案，明确技术管控要求，精准施策解决短板，突破质量提升瓶颈，提升工程实体品质。

（三）落实集团标准化建设指南

1. 场站建设标准化

临建绿色施工时，各施工单位和监理单位严格执行合同要求，以“标准化、规范化、精细化”为总体施工原则，积极采用标准化施工的机具设备、先进技术和新型材料，做好项目部驻地建设、工地试验室、拌和厂、钢筋加工厂、梁板预制厂、小型构件预制厂、隧道临建、施工便道及其他临时设施等建设工作，不断提升标准化管理水平，确保标准化施工。

昔榆高速公路各驻地采用院落式封闭管理（图 5-66），庭院内设置绿化区域，环境优美整洁。

拌和厂区（图 5-67）合理划分为材料计量区、材料存放区、拌和作业区、机械设备停放区、试验区等。

图 5-66　项目部驻地

图 5-67　拌和厂区

原材料堆放区、半成品堆放区、成品待检区、废料收集区科学布置，设置明显的标识标牌（图 5-68）。

图 5-68　钢筋堆放

智慧梁场（图 5-69）的建设综合考虑路线走向、地形地貌、桥梁位置、拌和厂位置、梁板数量、工期计划、运梁条件及材料供应等方面因素，确保满足工程需要。

图 5-69　智慧梁场

推进工地试验检测工作标准化（图 5-70）、规范化、制度化，提高工地实验室的综合能力和检测数据的准确性，充分发挥工地实验室在施工质量控制中的重要作用。

图 5-70　标准化工地实验室

产业工人“幸福小镇”标准化建设（图 5-71），不仅便于生活区安全管理，有效保障工人用火、用电安全，更体现对人本文化的重视。

图 5-71　幸福小镇

2. 路基施工（图 5-72）标准化

（1）撒白灰形成网格，网格交点处人工堆砌填筑高程标志，顶部压实平整，点白灰做标识，边坡处以钢筋头或花竿做填筑高度标识，有效地控制了路基填筑厚度，见图 5-73。

（2）路基填筑施工中，及时修整边坡，并用平板振动夯对边坡补强，保证边坡及边坡防护不变形、损坏，见图 5-74。

图 5-72　土方路基

图 5-73　网格土方填筑

图 5-74　边坡夯实

（3）对高填方或填挖接合部使用土工格栅、冲击碾压和强夯进行补强处理，有效消除了路基局部下沉和不均匀沉降，见图 5-75。

图 5-75　强夯与土工格栅处理

（4）边角部位采用小型夯实设备进行碾压（图 5-76），有效防范台背边角压实不到位的质量通病。

图 5-76　路基边角夯实

3. 桥梁施工标准化、机械化、智能化

钢筋集中加工厂分区规划，便于成品、半成品分类存放（图 5-77），提高了加工效率。

自动滚轮机加工钢筋笼（图 5-78）节约了成本，提高了效率，有效保证了钢筋笼加工精度与焊接质量。

图 5-77　钢筋集中加工厂分区

图 5-78　自动滚轮机加工钢筋笼

数控弯曲机弯曲钢筋提高了效率，有效保证了钢筋加工精度与质量。数控钢筋锯切套丝生产线加工丝头，提高了工作效率，有效保证了钢筋机械连接丝头加工精度与质量（图 5-79）。盖梁骨架采用机器人焊接，提高了工作效率，有效保证了钢筋焊接质量。

图 5-79　数控弯曲机、数控钢筋锯切套丝生产线

自动喷淋养生系统（图 5-80）从工作开始到结束基本实现了自动化控制，其喷出的水呈雾状，养护效果极为明显，可达到全天候、全方位、全湿润的“三全”养护质量标准。

规范首件工程认证管控程序（图 5-81），推行样板引路、强化对标提升，提高工程质量管控水平。

图 5-80　自动喷淋养生系统

图 5-81　首件工程

用墩柱主筋机械连接丝头（图 5-82）保护轧好扣的螺纹钢筋丝头，避免运输、搬运过程中的磕碰。

严把保护层厚度验收关，工前对保护层不符合要求的钢筋骨架及时进行调整，工后及时进行检测（图 5-83），对影响保护层厚度合格率的主要因素及时进行分析，采取措施并总结。

图 5-82　墩柱主筋机械连接丝头

图 5-83　钢筋保护层控制

4. 隧道施工标准化、机械化、自动化

标准化的施工流程和操作规范确保了隧道施工的稳定性和可靠性，提高工程质量。隧道挖掘采用全自动液压三臂凿岩台车和风钻等机械设备，实现了精准施工爆破和高效挖掘。隧道挖掘、衬砌、喷浆等作业的自动化设备（图 5-84~图 5-86），提高了施工质量和效率，同时减少人工操作环节，降低安全风险。

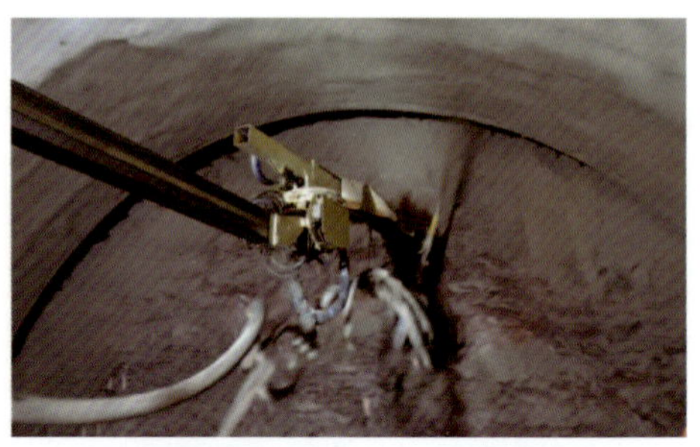

图 5-84　三臂凿岩台车、湿喷机械手喷射混凝土施工

图 5-85　二衬混凝土浇筑施工

图 5-86　电缆沟槽台车施工

5. 路面标准化

积极推行工艺、工序标准化管理，规范路面施工的各项工序操作，提高施工管理水平，有效减少路面质量通病，保证公路路面施工质量，延长路面使用寿命，为工程质量提升提供保障。路面施工标准化包括水稳基层标准化施工（图 5-87）、沥青面层标准化施工（图 5-88）。

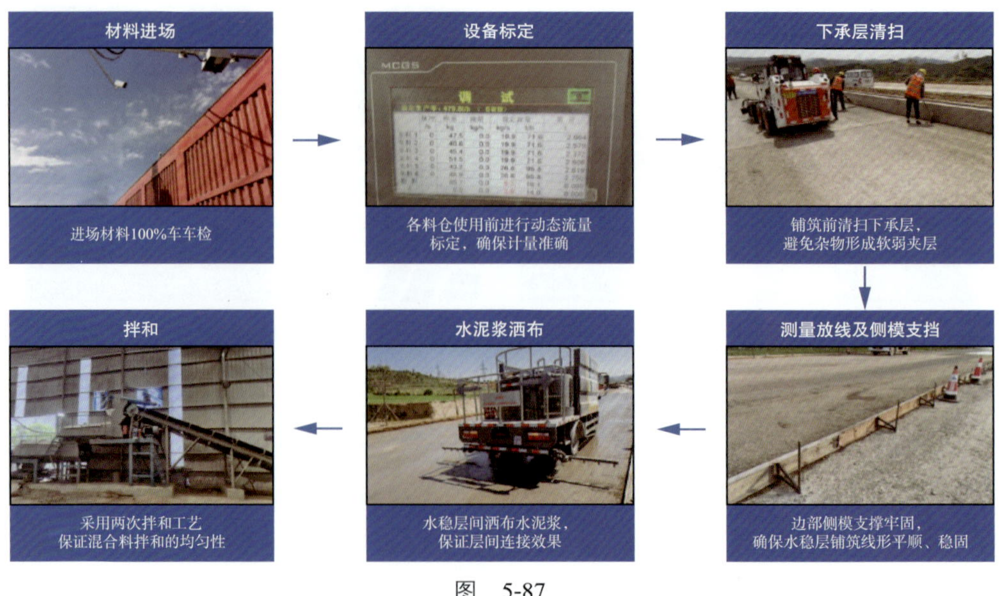

图　5-87

图 5-87 水稳基层标准化施工

图 5-88

图 5-88　沥青面层标准化施工

四 科技创新

昔榆公司坚持将技术创新作为促进项目发展和提升效益的重要驱动。为了实现高速公路建设全过程的技术增值导向，将科技创新贯穿于项目前期规划与设计阶段、施工建设阶段及运维阶段的策划中，进行了基于高速公路建设全过程技术增值导向的科技创新实践。

（一）完善科技创新体系

在工程建设前期，制定下发《科技创新工作管理办法（试行）》和《科技成果推广应用管理办法（试行）》两项科技创新管理制度，确立了科技创新体系，开展阶段考核及科技创新体系检查，为施工单位开展科技创新工作奠定了制度基础。

（二）增强创新意识和文化

致力于营造创新意识和文化，将创新视为企业的核心价值和行为规范。通过举办创新论坛、讲座和培训活动，激发员工的创新热情和创造力。此外，积极宣传和表彰创新成果，通过表彰先进个人和团队，树立榜样，激发员工的积极性。

（三）制定创新规划策划

制定了明确的创新规划策划，通过编制管理策划书，将技术创新纳入公司“四个创新”体系中，实现科技创新与公司整体发展目标的有机结合。通过对行业技术创新需求、竞争态势和科技趋势的深入分析，确定了创新的重点领域和方向，并制定了相应的研发计划和目标。

（四）建立创新生态系统

注重与外部合作伙伴的合作，包括与科研机构、高校和行业协会的合作，建立良好的合作关系，共同开展科技创新项目，共享资源和信息。此外，投入大量资源建设了研发中心和实验室，为科技创新提供了良好的平台和设施。

（五）强化部门创新协同与合作

重视跨部门协同与合作。建立了项目组和团队，打破了各部门之间的壁垒，实现了信息的共享和资源的协调。通过跨部门的协同合作，能够更好地完成科技创新的各个环节，提高创新效率和质量。

（六）强化创新评价与改进机制

建立了科学的创新评价和改进机制。制定了科技创新的评价指标体系，定期对科技创新项目进行评估和改进。通过评估结果的反馈和分析，及时发现问题和不足并采取相应的改进措施，提升创新效果和价值。

五 科研成果转化

加强关键技术和前沿领域的科研项目研究，结合工程建设进展，分阶段立课题项。对已开展的科研课题进行清单化管理，根据合同内容，按时间节点完成研究。

昔榆高速公路累计开展“黄土地区预制装配式通道涵洞关键技术研究”等 12 项课题，联合课题合作单位共取得 12 项科技成果证书，其中完成专利授权 7 项，完成论文发表 5 项。

联合长安大学，对全线施工工法、工艺进行深度挖掘，完成“复杂地形条件隧道洞口注浆与偏压强的处置工法”“公路桥梁现浇防撞墙模板简易台车安装与拆除工艺”“大型复杂枢纽保通设计数字仿真系统”“垫石与支座一次性浇筑施工工法”等 14 项施工工法。

六 新技术与“微创新”

坚持技术引领、创新驱动，倾力打造品质工程建设新标杆，在建设过程中大力推动理念创新、技术创新、管理创新和制度创新，推广“四新”技术应用，积极开展“微创新”和“五小”活动。为项目建设注入强大科技动力，显著提升工程内在品质。

（一）应用的“四新”技术

应用的“四新”技术见表 5-1。

“四新”技术应用 表 5-1

单位工程	应用项目
路基工程	多功能雾炮机，高速液压夯（装载机配置），平板液压（挖机配置），混凝土预制块砌筑技术，重夯（强夯）应用，自动篷布土方运输车，砂岩类弃渣防护混凝土，道路弃渣二次加工利用，边坡锚固钻机，水泥撒布机，排水边沟滑模施工，煤矸石填筑路基，客土喷播技术，生态水泥，陡坡路堤填挖接合部施工技术，粉碎性黄土路基施工技术，砂岩弃渣混合料压实施工技术，无人机航测技术在土方算量中的应用，一次性土路肩多功能夯实成型机，全自动智能边坡监测设备
路面工程	使用液化天然气等清洁能源烘干集料的沥青加热拌和设备（含煤改气加热系统），同步封层车，智能撒布车，平整度仪，水泥稳定基层侧边支钢模，路面工程 3D 摊铺控制技术，水稳侧模固定装置，无人驾驶智能化机群摊铺技术，钢渣耐磨沥青混凝土施工技术，玄武岩纤维沥青混凝土施工技术，混凝土路面自制拉纹器，水稳边部水泥浆洒布机，水稳拌和采用连续式双拌缸设备，水泥稳定类基层、底基层抗裂技术，花岗岩路缘石砌筑，沥青路面大宽度大厚度摊铺设备
桥梁工程	智能钢筋加工机（数控钢筋弯曲机、弯箍机、调直机、切断机、钢筋笼滚焊机等），标准模架进行钢筋安装，盖梁钢筋笼工厂化制作，桩基主筋预埋 PVC 管，环切法破桩头，液压爬模施工，行走式整体液压模板 + 扒拉式整体内模，全自动张拉、压浆工艺，专用压浆料或专用压浆剂配置的浆液，智能喷淋养生系统，预制梁锚下应力及注浆饱满度检测技术（正、负弯矩），钢筋保护层厚度检测仪，机械套筒连接技术，智能喷淋养生系统应用技术，挤压套管，专用压浆料，红外测距仪的应用，焊接机器人系统的应用，模板外侧喷涂聚氨酯，钢绞线编号施工技术，数控切丝打磨一体机，免凿毛止浆带，粉煤灰、矿渣粉双掺混凝土生产施工工法，气动手持式凿毛机，专用混凝土脱模剂，激光垂直仪控制高墩柱垂直度，机制砂代替天然砂应用于混凝土，新型钢绞线穿束机，钢筋直螺纹工厂化加工，大循环智能压浆系统在梁板预制中的应用，采用混凝土垫块控制，桩基保护层施工技术，网片机械加工及整体吊装技术
隧道工程	凿岩台车，多功能拱架台车，带弧形模板液压式移动栈桥，二衬厚度预检台车，多功能防水板作业台车机械铺设防水板，综合性液压衬砌台车（含逐窗入模装置、拱顶压浆系统、拱顶空洞报警装置），可行走式衬砌喷淋养护台车，电缆沟槽台车滑模施工电缆沟槽，拌和数据智能监控系统，二保焊接工艺应用，小导管缩尖机，三臂凿岩台车，全自动液压自行式栈桥，自行式火焰切割器，湿喷机械手，隧道小导管冲孔机，数控弯拱机，抽拔式气囊在隧道排水边沟中的应用，新型螺杆空压机，隧道钢板冲孔机，隧道全自动浇筑台车，小导管数控制作设备，隧道白色防水板，液体无碱速凝剂，多功能无人值守智能喷淋养护台车，爬焊机，隧道气体检测系统，逆变空气等离子切割隧道钢拱架连接钢板，隧道聚能爆破，应急电话系统，自动浇筑衬砌台车，多功能拱架安装台车，二衬养护台车，水沟电缆槽台车，三维激光扫描仪，激光定位仪器，隧道环境监控系统，砂岩混凝土，可重复使用聚能管定位环，接茬钢筋与纵向止水带双定位装置，隧道拱架专用模具在施工中的应用，隧道斜井转交叉口施工技术，高分子材料盖板

（二）“微创新”

发掘“微创新”152 项，其中，“大型复杂枢纽保通设计的数字解决方案”和“植物微生境生态修复技术”分别荣获第三届“微创新”大赛金奖、铜奖，“公路工程数字化建设”荣获第十九届交通企业管理现代化创新成果一等奖，“公路工程数字建造管理平台”荣获首届全国交通企业智慧建设创新实践优秀案例，“黄土地区预制装配式涵洞施工技术”荣获第四届“微创新”大赛金奖，为品质公路工程建设注入强大科技动力，显著提升工程内在品质。

为了促进技术创新的落地和应用，昔榆公司持续加强同政府、行业和企业之间的合作机制，鼓励科研机构、高校和企业开展技术研发和转化工作，加强人才培养和交流，建立技术创新的长效机制。

通过以上实践经验，昔榆公司成功构建了全过程技术增值导向的科技创新体系，不断提升科技创新能力和竞争力，为公路建设领域的技术发展和创新做出了积极贡献。同时，昔榆公司在实践中不断总结经验，不断完善和优化科技创新体系，以适应变化的科技创新环境。通过持续的技术创新，实现高速公路建设全过程的技术增值导向，提高工程质量、提升效益，促进了行业科技创新管理模式的发展。

第七节　工程监理管理

公司统筹谋划，围绕“17546”监理管理体系，紧紧把握监理合同这一条主线，通过严把七个关口（进场履约关、在岗履职关、变更审批关、考核上岗关、廉洁自律关、费用支付审批关、信用评价关），持续开展五项检查（日常检查、专项检查、交叉检查、月度检查、季度检查），利用四类会议（监理例会、专题会、现场会、座谈会），强化六种手段（通报批评、谈话提醒、更换监理人员、约谈法人、更换总监理工程师与信息化管理手段），全面提升监理管理与服务水平，实现监理管控目标。

一　监理人员管理

（一）工作岗位核查

通过钉钉考勤＋微信群定位（图 5-89）＋现场人员履约检查（图 5-90）的方式，对进入工作岗位的现场监理人员开展核查。

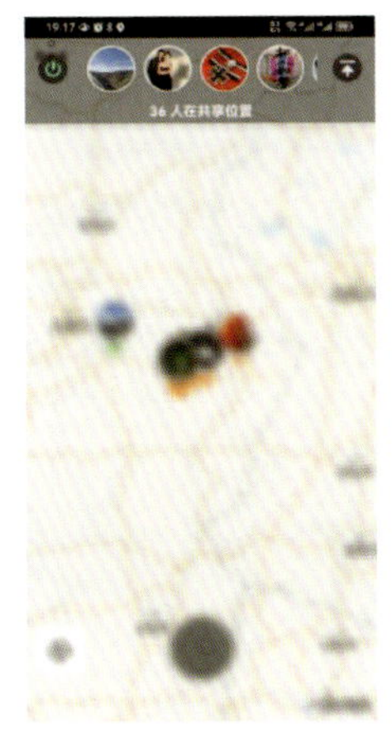

图 5-89　微信群实时定位

图 5-90　现场人员履约检查

（二）工作能力提升

以规范、管控文件内容形成题库并适时更新，采用“轻速云”线上考试系统对监理人员每周进行集中能力考核（图 5-91），提升监理人员履职能力水平。

图 5-91　采用“轻速云”开展线上考试

（三）工作纪律约束

对参建监理人员建立“一人一档”（图 5-92），明确监理人员职责范围，建立奖惩台账，激发监理人员的工作积极性、主动性，进一步压实监理人员责任。质量监督部建立监理人员管理档案，对监理人员进行一人一档管理，以总监办为单位，建立包含总监、专监、监理员的全员管理档案，对监理管控过程中存在失职行为的人员进行备案登记并追责，对有一次不良记录的监理人员进行警告，对有两次不良记录的监理人员进行通报批评，对有三次不良记录的监理人员进行母体约谈，对有四次不良记录的监理人员直接清退。

山西昔榆高速公路有限公司
监理管理档案

图 5-92　参建监理人员“一人一档”

二　监理工作过程管控

（一）智慧监理

对监理企业信息、人员履约、监理日常工作、阶段考核评价进行统一的信息化管理。为监理人员进行配备 108 套手持视频终端（图 5-93），包括监理会议、监理日志、旁站记录、巡视记录、监理指令、监理月报、监理费计量 7 大子模块。电子围栏功能能实时动态查询现场监理的行走轨迹，实现人员定位、越界预警、现场喊话、视频回传等功能，真正实现对现场监理的有效管控。

图 5-93　配备手持视频终端进行远程监管

（二）“千分制”月度考核

制订《监理质量专项月度评价实施方案（试行）》，采用日常巡查与月度考核相结合的方式，对监理工作开展情况与其所辖施工单位施工现场管控情况进行千分制考核（图 5-94），重点从人员履约、制度执行、现场管理、试验室运行、内业资料等方面对监理单位进行每月全面考核，奖优罚劣，全面提升监理管理与服务水平。

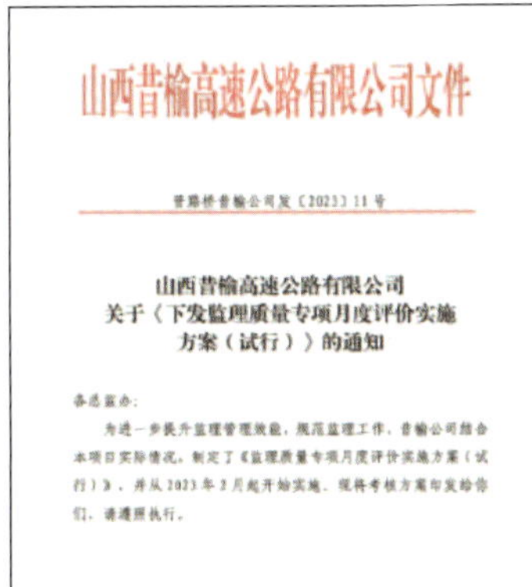

山西昔榆高速公路有限公司文件

晋路桥昔榆公司发〔2023〕11号

山西昔榆高速公路有限公司
关于《下发监理质量专项月度评价实施方案（试行）》的通知

各总监办：

为进一步提升监理管理效能，规范监理工作，昔榆公司结合本项目实际情况，制定了《监理质量专项月度评价实施方案（试行）》，并从2023年2月起开始实施，现将考核方案印发给你们，请遵照执行。

图 5-94　监理单位进行千分制考核

（三）现场监理例会

改变传统的在会议室召开监理例会的模式，把例会开在现场（图 5-95），在现场及时精准分析问题缘由，有效解决各类问题，提高监理例会效率。

图 5-95　现场 + 会议的监理例会模式

（四）监理工作座谈会

定期组织召开监理工作座谈会（图 5-96），使整个项目的监理人员都能明确阶段工作目标，熟悉本阶段监理重点工作，做到思想统一，行为一致；对监理工作中存在的共性问题予以一并解决，有效推进监理工作；对监理做法进行经验交流，树立良好工作作风，学习优秀工作经验，全面提升监理工作水平。

图 5-96　监理工作座谈会

第八节　第三方管理

一　明确工作职责

（一）质检技术咨询机构

成立昔榆公司质检技术咨询机构，采用技术咨询 + 专家服务的模式，对工地试验室运行、原材质量、施工质量控制重难点、质量通病、工程技术攻关等方面制定有效预控方案和提出建议，切实提高昔榆高速公路品质工程建设水平。成立技术咨询专家组，根据工程实际需要聘请专家定期、不定期进驻施工一线，解决本项目技术难题。

（二）监控量测单位

采用检测 + 及时反馈 + 技术服务的监控量测工作管理模式。依据工程特点，通过公开招标方式选定 3 家监控量测单位完成本工程监控量测任务（图 5-97）。监控量测单位在施工现场派驻设临时机构，按合同要求和工作需要配备检测人员、设备及交通工具等。

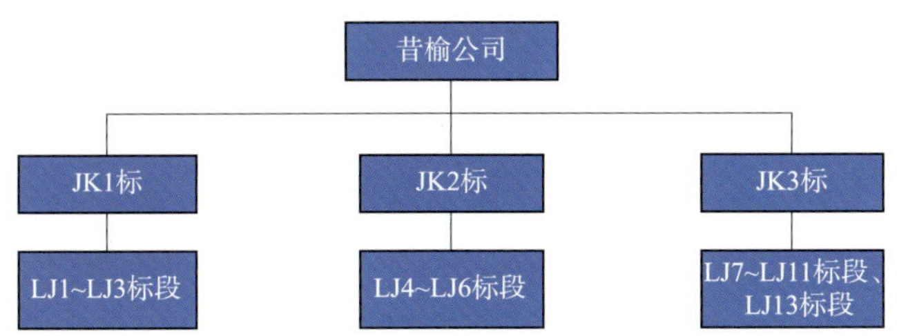

图 5-97　监控量测责任划分

监控量测单位主要职责有：

（1）根据合同成立现场监控量测组，制定相应的工作管理制度，编写监控量测实施细则，配备人员和设备，性能、精度和效率应能满足工作、工期的要求，保持人员稳定及工作连续。

（2）按照监控量测实施细则组织实施监控量测工作，及时提交监控量测成果，并对成果的准确性、真实性负责；结合监控数据和资料，按照安全预警等级，及时发出预警信息。

（3）监控量测单位应做好保护工作交底，做好资料整理管理台账，对监控量测成果及时进行变更、设计，定期进行报送计量支付资料。

二 管控措施

质量监督部依据合同、规范、制度对第三方单位抓履约、抓责任、抓落实。加强日常管理，利用专业团队优势，保证施工质量。

对质检技术咨询中心，以每日碰头会的管理形式，合理安排每日工作，跟踪工作进度；利用工作日报掌握现场施工情况，及时处理发现的问题，并跟踪落实整改情况；运用钉钉考勤系统对人员履约进行每日管控；通过周总结计划，管控工作内容及进度，及时纠正工作中存在的问题，把控工作方向，管控工作重点。

通过监控量测日报、周报、月报与质检报告相结合的报表模式，交叉检查、专项检查结合的检查模式，重点对监控量测单位的人员、仪器、工作开展情况、监测数据的及时和准确性进行监督管理，及时、全面了解现场施工情况。

第九节　工程计量管理

一 计量规范

计量支付以工程量清单为依据，以合格工程为基础，以规范计量、支付程序为手段，以严肃财务纪律、防止支付过程中腐败问题的发生和控制建设成本为目的，所有参建单位均采用山西路桥集团计量支付管理系统（图 5-98）进行计量支付管理。

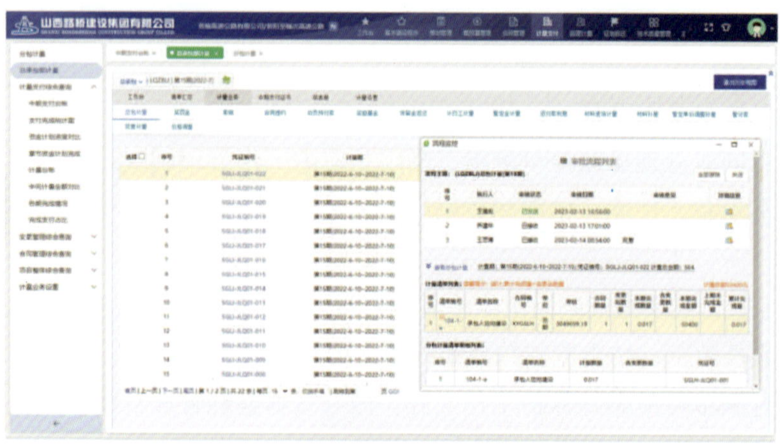

图 5-98　山西路桥集团计量支付管理系统

二 计量依据

工程合同部负责对昔榆高速公路建设项目全过程的工程计量管理，依据法律、法规、规范、合同，监督、审核施工单位的计量支付，对计量的真实性、准确性负责，于每月计量审批结束后将计量批复相关资料报集团建设运营管理部备案。

三 计量要求

施工单位工程支付报表中的工程计量数据应有正确、合法来源，必须详细说明工程数量的出处，提供相应的施工图纸、变更依据以及计量项目的详细计算过程，不允许按照清单数量直接填写。各审核单位、部门对施工单位工程计量数据要严格审查（图 5-99），确保计量数据真实、准确、严谨、规范。

图 5-99　防排水工程现场计量

四 计量流程

昔榆项目计量流程图见图 5-100。

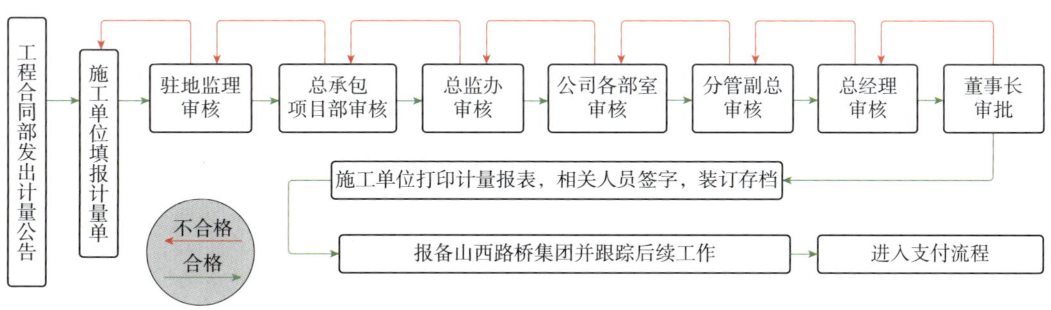

图 5-100　昔榆项目计量流程图

第十节　招标采购管理

 工程类、货物类、服务类采购招投标工作

工程类、货物类、服务类采购招投标，是应用技术、经济的方法和市场经济的竞争机制，有计划、有组织开展的一种择优成交方式，事先通过公开的方式公布项目概况和采购要求，吸引众多的投标人按照同等条件进行平等竞争，按照规定程序并组织技术、经济和法律等方面专家对众多投标人进行综合评审（图 5-101），从中择优选定项目中标人的过程。

图 5-101　规范化招标现场

 招采类合同的签订

工程类、货物类、服务类采购招标投标活动对后续合同的签订和履行起到至关重要的作用，工程类、货物类、服务类采购招标投标与施工合同有着密切的联系。

（1）工程类、货物类、服务类采购招投标的过程是合同谈判和订立的依据，是双方当事人确定权利义务的基础。

（2）从市场交易行为来看，招投标过程中双方还没有建立法律的交易关系，这个关系只受招投标法规的约束；只有在定标后，双方签订了合同，这种交易行为才通过合同的形式被正式确定下来，双方的权利义务关系才能受到法律的保护。

（3）从招投标的跟踪管理和评价招投标是否成功的角度，只有监督检查双方对合同各项

条款的履约情况这一种方式。建筑工程招标文件与施工合同之间互为重要内容，招标文件中的合同条款是招标文件的重要组成部分，合同的组成文件中同样包括招标文件。招投标法规定招标人与中标人不得订立背离合同实质性内容的其他协议，因此二者不可分割。

三 强化合同管理在招标采购中的作用

合同管理存在以下弊病：

（1）招投标与合同管理脱节给工作带来弊端。过去，由于对招标采购在合同管理中所起的作用认识不足，承办部门只负责合同立项、审批、合同签订及履行，工程合同部负责履行招标采购程序，组织编制招标采购文件及开、评标等工作，两者互不联系，结果在一定程度上造成工作衔接不够紧密，不能按照招投采购阶段中标人承诺的条件全面履行，给项目管理带来一定的隐患。

（2）由于忽视合同正式签订前的审查环节，在后期进行合同审计时发现存在部分合同主体资格不符、立项资料缺失等情况；由于签约行为不规范、合同条款不严谨、违约条款不全面，容易导致产生合同纠纷。因此，更要加强合同审查意识，防止经济损失。

（3）在实际工作中发现，不但招投标管理部门要正确处理招投标与合同管理的关系，承办部门也应该重视招标采购在合同管理中的重要作用。只有正确处理招投标与合同管理的关系，将两者密切地结合起来，才有利于招投标工作及合同管理工作的正常开展。

第十一节　班组建设与管理

一 班组建设与管理的重要性

施工班组是项目施工最小的组织单元，更是项目实施、工程建设的核心。班组管理与工程施工的安全、质量和进度密不可分。搞工程施工不能忽视抓班组人员。生产过程中的施工活动在班组中进行，班组工作的完成情况直接影响着工程的成败。确保班组有活力，才能保证整个工程顺利完成。班组管理（图 5-102）在高速公路建设管理中具有以下优点：

（1）提高管理效率。班组管理使得管理层级更加扁平化，信息传递更加快速和准确，从而提高管理效率。

（2）增强团队协作。班组管理以团队协作为核心，能够更好地整合资源，提高工作效率，同时增强员工之间的默契和协作。

（3）提升员工参与度。班组管理能够让员工更加积极地参与企业的日常管理，增强员工的归属感和责任感。

（4）优化资源配置。班组管理能够更好地优化人力资源、物资和设备等资源的配置，使得资源利用更加合理。

（5）加强安全管理。班组管理能够更好地落实安全责任制，提高员工的安全意识和技能水平，确保生产安全。

（6）促进企业文化建设。班组管理能够更好地传承和弘扬企业文化，营造积极向上的工作氛围，增强员工的凝聚力和向心力。

图 5-102　班组建设与管理

二　班组建设

强化协作队伍管理，装备一批具有智能化成套设备的施工班组，培养一批“大强专稳”的协作单位，彻底改变以往施工队、包工头的落后模式。具体举措如下：

（1）明确班组的职责和目标。班组是组织的基本单元，需要明确其职责和目标，以便更好地实现组织的目标和战略。

（2）建立有效的沟通机制。班组内部和与其他部门之间需要建立有效的沟通机制，以便更好地协调工作、解决问题和提高工作效率。

（3）加强培训和教育。班组成员需要不断学习和提高自身素质，以适应不断变化的组织需求和市场环境。

（4）建立激励机制。建立合理的激励机制，鼓励员工积极参与班组建设和管理，提高员工的工作积极性和满意度。

（5）强化团队建设。加强团队建设，提高班组成员之间的凝聚力和合作精神，促进工作效率和质量提升。

三 班组管理

（一）科学合理划分施工班组

一般根据施工工作面、施工顺序、专业化程度以及流水施工组织需求等原则划分班组，建议由项目部根据实际情况划分。例如，高速公路路面施工从混合料的拌和到最后的成品检测，每项工序都将影响施工质量，班组的划分应本着便于生产指挥和管理的原则，按工种、工序和作业区域合理划分，因此，将整个工序分为混合料拌和、运输、摊铺、碾压4个班组，检测工作由项目部试验室人员完成，使整个施工工序流程化、简单化；再如，隧道施工中，一般有开挖班、出渣班、初期支护班、二衬班、辅助工班等专业施工班组，通过日常穿着的反光背心进行区分，反光背心背部印制各班组名称。

（二）紧盯关键少数——班组长

通过项目部选出业务素质高、施工经验丰富、有一定组织及管理能力的人员担任各班组长，报备公司，作为奖罚的主体。

班组长需要加强自身安全、技术知识的更新与学习。定期组织班组长开展本施工区域的重大危险源的辨识和培训活动，帮助他们识别不同的作业活动中的危害因素的种类和分布，以及伤害事故产生的方式与途径，从而制定预防和控制措施。

企业安全生产工作的重点在一线，一线的重点在班组。班组是企业的细胞，班组长既是安全生产的组织者，又是安全生产的指挥者，并经常与“三违”行为、各种事故隐患“短兵相接”，是预防事故发生的一道重要防线。因此，提高班组长的安全管理素质尤为重要。

（三）建立健全岗位责任制

建立健全岗位责任制，明确班组长职责制，形成以班组长为核心的管理体系。

为进一步明确各班组工作职责，使施工作业人员熟知工作内容，昔榆公司督促项目部制定了各班组工作职责及施工注意事项，并与每名作业人员签订了《班组考核目标责任书》。

（四）奖罚并举

在班组化管理过程中，严格实行既定的奖罚制度，能够激发班组每名施工人员的积极性，从而提高整体施工质量及效率。尤其在推进工程进度方面，在制度中规定施工单位的奖励基金必须按一定的比例奖励优秀施工班组，奖金直接发至班组账户（图 5-103）。实践证明，这种方式能有效推进工程进度，值得推广。

当然，在工程质量管理方面，如发现质量缺陷，直接处罚班组，尤其处罚班组长，在确保工程质量方面也能起到良好效果。

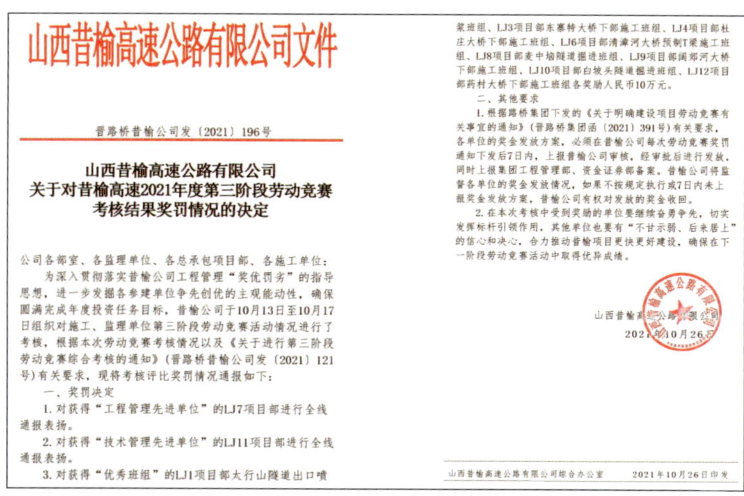

山西昔榆高速公路有限公司文件

晋路桥昔榆公司发〔2021〕196号

山西昔榆高速公路有限公司
关于对昔榆高速2021年度第三阶段劳动竞赛
考核结果奖罚情况的决定

公司各部室、各监理单位、各总承包项目部、各施工单位：

为深入贯彻落实昔榆公司工程管理“奖优罚劣”的指导思想，进一步发掘各参建单位争先创优的主观能动性，确保圆满完成年度投资任务目标，昔榆公司于10月13日至10月17日组织对施工、监理单位第三阶段劳动竞赛活动情况进行了考核，根据本次劳动竞赛考核情况以及《关于进行第三阶段劳动竞赛综合考核的通知》（晋路桥昔榆公司发〔2021〕121号）有关要求，现将考核评比奖罚情况通报如下：

一、奖罚决定

1. 对获得“工程管理先进单位”的LJ7项目部进行全线通报表扬。

2. 对获得“技术管理先进单位”的LJ11项目部进行全线通报表扬。

3. 对获得“优秀班组”的LJ1项目部太行山隧道出口喷浆班组、LJ3项目部东寨特大桥下部施工班组、LJ4项目部杜庄大桥下部施工班组、LJ6项目部清漳河大桥预制T梁施工班组、LJ8项目部麦中墙隧道掘进班组、LJ9项目部闻郊河大桥下部施工班组、LJ10项目部白坡头隧道掘进班组、LJ12项目部药村大桥下部施工班组各奖励人民币10万元。

二、其他要求

1. 根据路桥集团下发的《关于明确建设项目劳动竞赛有关事宜的通知》（晋路桥集团函〔2021〕391号）有关要求，各单位的奖金发放方案，必须在昔榆公司每次劳动竞赛奖罚通知下发后7日内，上报昔榆公司审核，经审批后进行发放，同时上报集团工程管理部、资金证券部备案。昔榆公司将监督各单位的奖金发放情况，如果不按规定执行或7日内未上报奖金发放方案，昔榆公司有权对发放的奖金收回。

2. 在本次考核中受到奖励的单位要继续奋勇争先，切实发挥标杆引领作用，其他单位也要有“不甘示弱、后来居上”的信心和决心，合力推动昔榆项目更快更好建设，确保在下一阶段劳动竞赛活动中取得优异成绩。

山西昔榆高速公路有限公司
2021年10月26日

山西昔榆高速公路有限公司综合办公室　　2021年10月26日印发

图 5-103　奖励优秀施工班组

（五）加强教育培训

通过班组施工交底会，对施工作业人员进行思想动员工作，使作业人员对班组建设的意义和重要性有充分的认识，并在思想上高度重视。

施工现场设置班组施工及各班组职责宣传标牌，使作业人员对班组施工有更加直观的认识。

注重日常安全技术交底工作。班组每天开工前针对现场存在的危险因素，认真实施作业现场危险点分析和预控（图 5-104），通过对施工人员进行基础专业知识、相关技能培训及施工流程的教导，提高每个班组的整体素质，形成一个闭合的良性循环。

图 5-104 施工班组培训

积极推行现场标准化作业，从组织管理和作业程序上控制违章行为的发生。

班组要加强对区域安全重点部位、关键环节、重要岗位的全面检查，及时消除隐患。

（六）加强各班组沟通

前述中提到了班组化管理可以更加明确地划分职责，各班组各司其职，但想有效提高施工质量及效率，应增强各专业班组间的沟通交流，尤其是相邻工序班组的交流，本工序班组人员必须了解本道工序对下道工序的影响，为下道工序提供良好的施工条件。如果上道工序对本道工序存在影响，本道工序人员应及时和上道工序人员沟通，避免上道工序对本道工序产生不必要的影响。

（七）严格实行“三检”制度

施工过程中，每道工序间的联系十分紧密，故应严格实行“三检”制度。将以往“三检”制度中的互检调整为工序交接检，上道工序班组长自检完成后，交由本道工序班组长进行检查，检查合格后，方可进行本道工序施工。若检查中发现上道工序不合格，严禁进行本道工序的施工。

（八）鼓励创新

鼓励施工班组和一线人员开展工艺、设备、工法、管理等“微创新”，提升质量安全技术保障水平。主要在设备微改造、工艺微改进、工法微改良等方面开展活动，并给予较大数额的奖金奖励。

在高速公路施工过程中，实行班组化管理，不但提升了控制与管理水平，还有效地提高了工程质量和效率。全面加强班组化建设，提高班组管理的科学化、制度化、规范化，是提高高速公路施工质量切实可行的一种方式，对打造品质工程具有重要意义。

四 班组管理成效

2022 年 6 月 2 日，昔榆公司在昔榆高速公路 LJ11 标刘家坡大桥组织开展了防撞护栏施工现场交流会（图 5-105），全线护栏施工班组组长参加。LJ11 标项目经理详细介绍了施工工艺、施工流程、施工经验及机械化施工情况。各施工单位、各总监办分组对桥面防撞护栏施工质量、作业过程进行了学习、观摩和交流。

图 5-105 施工班组现场观摩防撞护栏

强化班组管理，安全防范意识强，现场架梁操作精准，确保了 T 梁架设任务圆满完成（图 5-106）。架梁前，施工班组进行了详细、严格的班前教育和安全技术交底工作，加强现场施工生产管理，强化安全质量管控，严格规范施工，确保了整个架梁过程的安全、平稳、可控；施工中严把质量控制，认真落实施工方案，严格执行操作规程，确保现场每一片箱梁的架设位置无偏差。

图 5-106 专业的桥梁架设施工班组

实行“7S”考核制管理，开展“最优班组”“最美工匠”评选（图 5-107），提升专业化施工能力，真正打通品质工程建设的“最后一公里”。

图 5-107　优秀班组考核评价

五　创新举措

（一）隧道施工班组智慧化管理

1. 危险作业面全面实施智慧化班组管理

应用智慧隧道系统，实现隧道内人员与设备数量、身份、定位、行走轨迹实时显示和把控。智能安全帽除具备摘帽预警提醒功能外，还自带语音通信装置，紧急情况下可通过该装置实施远程通信，增强隧道施工安全保障。隧道二衬台车上安装的视频监控系统，可实时监控洞内作业面状况，确保作业安全。

2. 复杂工序实行可视化交底

隧道全过程施工工序 BIM 建模，实现了班组可视化交底。借助 BIM 技术、遥感技术、地理信息系统、全球定位系统、物联网采集终端等，对人员、机械、材料、作业环境、空气质量等生产要素实施远程动态监测，实现隧道施工管理可感知、可预测、可决策（图 5-108）。

图 5-108　隧道施工班组智慧化管理

（二）施工班组标准化建设

2021 年，昔榆高速公路 LJ2 标、LJ4 在中国安全生产协会举办的安全管理标准化创建活动中获评为“优秀示范班组”。为进一步发挥先进施工工艺在全线建设中的示范引领作用，有效提高现场安全和质量管理水平，进一步推动昔榆项目“品质工程”建设，2023 年 3 月在 LJ4 标杜庄隧道组织隧道路面施工班组长召开昔榆高速公路隧道路面施工现场观摩交流会（图 5-109）。此次观摩会总结推广了隧道水泥混凝土路面施工管理和工艺标准化的经验和做法。

图 5-109　隧道路面施工现场观摩交流会

（三）加快工程进度的重要举措

高峪咀隧道进口至斜井施工段落为贯通控制性关键点，优化缩短每道工序的循环时间为重中之重。为推进工程进度，采取以下措施：

首先，与隧道开挖班组技术人员研讨，确定具体举措：施工工艺上，优化开挖工序提高施工效率，各个工作面增配人员、设备；控制隧道围岩光面爆破炮眼数量及炸药用量，减少围岩超欠挖情况，缩短喷浆时间，避免补炮；优化开挖断面和爆破施工工艺。

其次，制定现场保障措施。一是制度保障，与各洞口生产副经理签订目标责任书，按照每月掘进计划落实奖惩考核机制，确保每循环掘进工序有专人负责督导跟进，项目领导班子和现场管理人员每日召开施工生产碰头会，对劳力、机械、材料管理方面的问题，及时纠偏、解决；针对协作队伍制定奖惩管理办法，对每月完成目标任务的班组进行奖惩，提高工人积极性。二是资源保障，项目部提前筹备，优先保证高峪咀隧道机械设备和材料用量，各作业面根据掘进里程动态调整出渣车、装载机的数量和驾驶员配置，确保装渣中途无间隙，缩短开挖班组进洞钻孔时间；混凝土浇筑时，现场负责人提前 1h 通知拌和站出料，在生产高峰期，优先对高峪咀隧道拌和出料；提前申报炸药需求，缩短出入库转运环节等待时间。确保每循环施工时间在 12h 以内。三是材料保障，严格管控材料源头，持续加强进场检验，尤其是对原材料的进场管理，严格执行“车车检”制度；坚决杜绝不合格材料用于隧道工程实体；对减水剂、速凝剂质量稳定性做到每批次抽检，发现问题及时纠偏，优化配合比参数。

第三篇

PART 03

党建引领铸精品

党旗猎猎映太行
昔榆先锋展新篇

坚持党的领导、加强党的建设，是国有企业的光荣传统，是国有企业的“根”和“魂”。昔榆公司在山西路桥集团党委的坚强领导下，紧紧围绕“锚定打造国内一流的交通基础设施投资建设施工现代企业集团”的使命任务，牢牢把握政治方向，团结带领项目全线广大干部职工，坚持高站位谋划、高起点推进、高标准要求，不断创新党建工作，扎实打造党建品牌，在打造平安百年品质工程、智慧建设新征程上迈出了坚定的步伐，持续为山西省高水平交通强省建设注入澎湃动力。

第一节　凝心聚力　党建引领耀征程

宏伟的目标，离不开领航的力量。昔榆公司加强党的全面领导，强化党建引领，把党组织的政治优势、组织优势转化为推动项目建设的强大动力，通过规范制度运行、强化班子建设、严格党员管理等全面加强总揽统筹，夯实党建基础。

一　党建引领　凝聚“开路先锋”思想共识

体制机制保障坚定党建引领。昔榆公司根据集团党委工作部署，全面推进落实“党建入章”和“双向进入、交叉任职”体制向基层延伸拓展，完善了《党委前置研究讨论重大经营管理事项清单》《党委会议事清单》《董事会议事清单》《总经理办公会清单》。全面推行党组织书记与企业负责人“一肩挑”、党组织前置研究把关等重点任务，从体制、机制、程序上把党的领导与公司治理有机融合，充分发挥党委管方向、把大局、促落实的作用。

基层党组织全覆盖凝聚共识。昔榆高速公路各个项目部、施工点、监理单位设置了23个党支部，实现党的基层组织全覆盖。坚持选拔政治坚定、工作先进、群众基础好的党员担任支部书记、支部委员，并且注重在项目一线发展党员，努力把业务骨干培养成党员，把党员培养成业务骨干，实现每个项目部、每个班组党员全覆盖。

树牢选贤任能导向，严把选人用人政治关。坚持将项目队伍建设作为重要工作、摆在重要位置，严格抓好项目团队管理，保证队伍稳定可靠。严格选人用人管理，强化人才教育培养。积极在项目全线开展制度宣贯以及党建、行政、施工、技术、质量、安全管理专业技能培训，强化队伍工作能力及专业素养，形成了具有凝聚力、战斗力和高效执行力的优秀团队。

严格党员党性要求。党员是项目从业人员中的先进群体，也是做好项目保障工作的先锋力量。昔榆公司党委坚持将“支部建在项目上”，让党旗高扬在项目建设的最前沿，构筑“红色矩阵”，实现基层党建工作全覆盖。搭建“学、干、促”平台，帮助青年干部加快提升岗位履职能力，在青春的赛道跑出更好成绩。

方向指引前行道路，足迹承载奋进征程。在公司党委带领下，基层党组织、党员和广大员工握指成拳，合力致远，为全面贯彻落实山西省委“三晋强基”工程和基层党建“八大行动”部署要求，努力承担好责任、发挥好功能、发展好企业、提升好队伍，主动融入交通强国建设等重大战略部署，不断探索可持续发展的新模式。

激发动力　增强“基层堡垒”奋进动能

人才是企业发展的第一要素。企业要发展，首先要让干部和人才队伍成长。昔榆公司党委注重抓好员工队伍建设，加快培养业务骨干，以员工成长带动公司成长。同时，做好新时代思想政治工作，凝聚人心、汇聚力量。

创新学习载体，引领员工不断强化思想认识、凝聚服务共识。抓牢日常政治学习教育，以“三会一课”、主题党日、“党课开讲啦”等为载体，每月常态化开展政治理论学习，将党性教育与岗位教育深度结合，鼓励员工积极向党组织靠拢，提升项目全员的精气神，切实起到了凝心聚力的效果。举办示范宣讲会暨“两优一先”表彰会，努力把党的创新理论转化为推动工作的强大动力，坚定信心、锚定目标、真抓实干，全力打造“三足鼎立”产业格局、实现“六型一体”高质量发展。

打造特色宣讲模式。按照上级单位安排，积极探索入驻基层的“上接天线下接地气、既有高度又有温度”的宣讲模式，形成了一批接地气、冒热气、有人气的宣讲作品。成立“先锋”“青年”“巾帼”“工匠”“专家”5支理论宣讲小分队，用通俗易懂的形式把党的创新理论送进基层、进一线，推动党的创新理论深入人心。增强了员工对自身工作的认同感、价值感和使命感，进一步凝聚了人心和力量，为交通事业发展营造了良好氛围。

彰显国企担当。昔榆公司把“我为群众办实事”实践活动作为重要内容和抓手，扎实推进“一课一片一实践”，通过组织“消费帮扶　乡村振兴”、走访慰问、志愿服务等活动，加强基层服务型党组织建设，履行社会责任。

建立基层党建联系点制度。昔榆公司党委不断健全全面从严治党主体责任体系，建立党建工作联系点制度，每名领导班子成员确定1个基层党建联系点，细化责任分工，形成“一把手负总责、分管领导各负其责、谁主管谁负责”的工作局面。全线共有23个项目部党支部。在太行山隧道、高峪咀隧道、涂河特大桥等控制性工程，加大党员责任区、示范岗、先锋队建设力度，引导广大党员干部在工程建设急难险重任务中创先争优、攻坚克难、开拓创新，争当生产经营的能手、创新创效的模范、服务一线的先锋（图6-1），为圆满完成昔榆高速公路年度投资任务做出贡献。

图 6-1　支部建在项目上

群团建设是推动基层党组织建设的重要手段。昔榆公司党委积极完善职工大会等企业民主管理制度，着力营造和谐劳动关系；全线设立青年突击队、工人突击队、工人先进班组，积极联合昔榆项目沿线地方市（县）团委、总工会，大力开展争先创优评比、劳动竞赛等精神文明创建工作，弘扬劳模精神、工匠精神；积极组织开展各类文体活动，丰富干部职工业余文化生活，提高团队凝聚力，激发劳动热情。

通过一系列党建“组合拳”，昔榆公司党委锻造了一支政治过硬、本领高强、务实创新的“铁军”，涌现出了一批技能大师、劳动模范和先锋党员，参与完成的项目荣获由山西省人力资源保障厅和山西省总工会联合颁发的“五一劳动奖状”，荣获中国公路学会“交通 BIM 工程创新奖”二等奖，昔榆公司荣获山西路桥集团“五星级党委”称号，成为推动山西路桥集团高质量发展的中流砥柱。

三　夯实基础　党建促进共融共建

党建引领激发原动力，创新逐梦迈向新征程。昔榆公司党委抓党建、搭平台、促创新，促进党建与业务等各项工作深度融合。

坚持党建与项目建设的深度融合。坚持党对国有企业的全面领导，坚持“第一议题”制度，与晋中市总工会联合开展“奋进新征程、建功新时代”劳动竞赛，掀起大干快上的热潮。坚持将“我为群众办实事”实践活动与“一线工作法”有机融合，解决群众“急难愁盼”问题，走进施工现场，开展多种形式的主题党日活动，将主题教育学习成果应用于工程建设。

坚持深入落实“1235 工作法”总体要求。党组织立足工作实际，围绕“坚持党建工作服务生产经营不偏离”这个中心，抓住创新、创效两个关键，瞄准公司迫切需要解决的重点、痛点、难点问题，开展强基型、提质型、创新型三种党建工作项目化管理工作，实施包含“选题立项、备案登记、组织实施、督导检查、成果总结”五个步骤的运行机制，以项目化的方式破解问题，推进党建工作和生产经营深度融合，实现提高公司效益、增强公司竞争实力、国有资产保值增值目标。

按照公司党委关于党建项目的“质量标准”和“节点要求”，一个个“党员责任区”“党员示范岗”，一支支“党员突击队”（图6-2）和“党员服务队”，如雨后春笋出现在昔榆高速公路的各个项目部、施工点。一个个精准化、个性化的党员争先创优阵地，成为一个个发挥党员先锋模范作用的平台，引领广大职工聚焦党建工作和项目建设，攻坚克难、提质增效。在昔榆公司党委的引导和督促下，各支部积极落实工作责任、创新工作形式，全体党员锚定工作目标，奋力争先作为，逐步形成了“支部发挥作用、党员人人参与、职工积极拥护”的党建工作新格局。

图6-2　“党员突击队”授旗仪式

在推进党建工作不断深入过程中，公司党委积极躬身入局。常态化组织巡查组深入项目一线，检查监督党建项目推进情况。对检查中发现的问题，针对具体情况进行督促整改、指导帮扶。通过质量标准、节点要求、竣工验收，基层支部和全体党员进一步明确了自身的责任、义务，实现了从“要我学”到“我要学”的转变，理论学习的积极性、主动性进一步增强；实现了从“过得去”到“过得硬”的转变，党员模范作用充分发挥，公司上下逐渐营造出风清气正、干事创业的良好氛围。

促进党建工作与项目建设深度融合，是推动基层党组织发挥作用的有效途径。昔榆公司党委连续多年开展联建共建项目，以创建“劳动竞赛集体奖”和“劳动竞赛个人奖”为载体，在昔榆高速公路全线形成“比、学、赶、超”的良好氛围，同时引导全体参建者紧紧围绕建设目标任务，以“功成不必在我”的精神境界、“功成必定有我”的历史担当，全力以赴把昔榆高速公路建成打造“平安品质＋绿色＋智慧”示范项目。

创新“党建工作＋项目建设”模式，推进基层党建理念创新、机制创新、手段创新，持续挖掘党建引领进度管理、科技创新、品质工程等项目成果。

登攀不止，奋斗不息。昔榆公司党委牢牢把握新时代国企使命担当，始终贯彻落实党中央决策部署，着眼于突出主责主业，充分发挥基层党组织战斗堡垒和党员先锋模范作用，全力营造“学先进、当先进”的浓厚氛围，实现党建与业务互融互促，以高质量党建引领高质量发展。

第二节　建功新时代　扬帆起航再出发

作为国民经济的“大动脉”，我国交通运输行业取得了历史性成就。我国综合交通基础设施总规模已位居世界前列，国家综合立体交通网主骨架空间格局基本形成，航空航海通达全球，邮政快递通村畅乡。

新征程上，昔榆公司把历史方位和使命放在“两个大局”中加以谋划，放在新发展格局中、集团高质量发展期的关键阶段中加以考量和谋划。

站位全局、服务中心，聚焦目标任务，统筹推进工程建设、精细管控、科技创新、党的建设等各项工作，形成了稳中有进、进中提质、持续向好的发展态势。

一　抓实服务管理　工程建设跑出新速度

昔榆高速公路的开发建设，走的是一条解放思想、创新突破之路，是一条匠心筑梦、冲出太行之路，是一条集约高效、绿色智慧之路。

昔榆高速公路站在新的历史起点上，强化思维方式变革。第一，树立“变”的意识，着力推进理念观念、体制机制、方式方法等全方位的改革创新。第二，增强“革”的勇气，不断解放生产力，最大限度地释放公司员工的创造力。第三，强化“创”的自觉，紧紧跟上时代发展步伐，适应新技术革命带来的变化。

昔榆公司党委秉持革新“管理＋服务”的理念，构建“1442”精细化管理体系，以创建平安百年品质工程为目标，按照“一体两翼三支撑、四化五转六见效”工作思路，对全线工序进行清单化管控，推动各项工作扎实有效开展。一是坚持“严”的标准，通过定期召开党风廉政建设会议（图 6-3），将“严”字贯穿于项目全周期。二是坚持“高”的工作效能，将“高”的工作效能作为项目各项工作的基准线，不断提高项目服务效能。在 2023 年 10 月初，昔榆高速公路的路基工程已全部完工，75 座桥梁、15 座隧道顺利贯通，比预期提前半年。项目建成通车后，对于区域连通京津冀、环渤海经济圈，改善区域经济发展条件具有重要意义。

图 6-3 昔榆公司召开党风廉政建设会议

二 实施精细化运营 昔榆品牌展现新面貌

昔榆公司党委充分发挥“投资 - 建设 - 施工 - 运营”一体化经营、协同化发展的优势，围绕创建全省高速公路“平安 + 品质 + 绿色 + 智慧”示范项目，把党建活动开展在一线（图 6-4），以“党建引领、品质塑造、平安工地、数智建造”为抓手，坚持向精细化管理要收益，以安全生产为底线，在规范化、精细化、高效化上下功夫。推行项目管理、工艺管理等管理体系，制定近 10 万字的制度流程，每周雷打不动开展业务培训。以节能降耗为突破口，每年组织党员攻关团队推进技改和提标改造工程，严抓细抠成本账，各种能耗成本不断下降。

图 6-4 党建活动开展在一线

强管理、出形象、树品牌。一是抓材料，控源头，坚决遏制不合格材料进场。进场材料抽检合格率达 98.3%，不合格材料全部清场，坚决杜绝了不合格材料用于工程实体。二是抓关键，控指标，有效提升质量指标合格率。重点对防撞墙的保护层厚度、桥面铺装厚度、水稳碎石基层厚度及平整度等关键指标进行提升攻坚，关键指标合格率提升至 98.5%。

接受了晋中市交通运输局、山西省高速公路综合行政执法总队、山西省交通建设中心、山西省交通运输厅等上级单位的综合检查，高质量完成了集团下达的年度目标任务。三是抓问题，盯整改，全面消除各类质量隐患。坚持以问题为导向，建立问题整改挂销号台账，实行分类分级管理，压实现场质量管理人员的责任，强化现场管控，工程质量始终处于受控状态。四是抓亮点，树标杆，大力推进品质工程创建。通过树立一批样板工程，引领全线质量进一步提升。此外还以“质量月”活动为契机，组织各参建单位开展技术比武、知识答题竞赛等活动，进一步提高了全员的质量意识及业务技能。

聚焦部级“平安工程”创建要求，建立健全“1151”安全管理机制，践行红线、禁令制度，压紧压实全员责任。围绕桥梁、隧道、高处作业等重点施工任务，按照“突出重点、狠抓关键、严格监督、彻底整治”的要求，组织开展了“百日攻坚”以及特种设备、梁板运输架设、隧道施工等专项提升行动 17 项，全线 12 个路基项目部取得安全标准化建设二级达标证书，330 台特种设备全部检验、登记，建立“一机一档”。为保障节假日安全稳定，开展节假日领导带班巡查 1976 次（图 6-5），对 34 处高风险边坡、25 座高风险桥梁、14 座高风险隧道等危大工程进行现场盯控，形成安全管理高压态势，确保未发生安全生产责任事故。同时，注重人文关怀，在重要节日节点，对施工现场人员进行慰问（图 6-6）。

图 6-5　公司领导一线检查

图 6-6　开展慰问活动

昔榆公司高标准、严要求，把昔榆高速公路建成了一条绿色、品质、平安、智慧、廉洁、美丽的高速公路，更为全国的高速公路建设探索新路、积累经验、提供示范。

三　激发创新力量　科技驱动树立行业标杆

创新是引领发展的第一动力，是我国迈向现代化强国的动力支撑，也是发展速度、质量、效能及核心竞争力的决定因素。科技创新是企业行稳致远、高质量发展的核心竞争力。昔榆公司党委将科技创新作为党建和业务融合的重点工作，全力推动科技研发成果快速应用在项目建设中。

全力推进智慧工程建设。昔榆公司党委始终坚持高效管理导向，带领党员、技术骨干积极推进信息化平台建设，全面助力项目管理提效。围绕“品质昔榆、全寿命周期”管理理念，紧扣数字化转型的任务，创建“2361”数字建造管理平台（图 6-7），开发 36 个子系统模块，与 19 个智慧管理站、218 路视频监控、200 余个手机终端、165 套单兵系统进行数据、信息的互联互通共享，分析并上传全线 258 处、1800 余个控制点数据，完成对全线的实时掌控，实现了进度管理与 BIM 模型互联共享的突破，实现了终端设备视频回传及平台调度突破，实现了以工序为驱动、多种应用场景互联的突破，真正成为项目提前感知、智慧研判、辅助决策中心，达到了质量可管、安全可防、进度可知、投资可控等目标。通过对平台的不断深化完善，荣获中国公路学会“交通 BIM 工程创新奖”二等奖及首届“全国交通企业智慧建设创新实践优秀案例”。

图 6-7　昔榆高速公路数字建造管理平台

合作共建赋能科技领先。昔榆公司坚持与高校、科研院所紧密合作，组织开展课题研究，赋能科技能力提升。全力推进综合治理工程实验室建设。依托集团所属企业与科研院所、高校等合作单位设立研究开发综合体，以大气、水、噪声污染防治及固体废弃物整治为管控重点，将监测作为管控手段，服务环保管理工作，全方位推进战略性、前瞻性、关键性技术等核心技术开发与实验能力的整体提升，为集团所属建设项目的环境保护与综合治理工作及加快集团产业发展和技术进步提供重要的技术支撑。

构建生态环境信息化管理体系。组织开展生态环境领域科技攻关和技术创新，以信息化建设为抓手，建立智慧高效的生态环境管控“一张网”，不断提高生态环境治理科技化、现代化水平。针对当前工程建设环境保护管理存在的主要问题和薄弱环节，实施信息化管理，提高管控成效。构建体系化管理模式、系统化报批流程、网格化运行机制、动态化监测预警系统，进一步规范工程建设项目环境保护行为，全面掌握环境动态及变化趋势，辅助管理决策。

一个岗位，一面旗帜，一份坚守，一份力量。昔榆人匠心筑梦，传承的是一种精神，诠释的是一份追求，承载的是一种责任，用实际行动诠释了“执着专注、精益求精、一丝不苟、追求卓越”的昔榆品质。

第三节　践行“两山”理念　党建赋能新发展

昔榆公司党委按照山西省委、省政府“高水平发展、高水平崛起、高标准保护、高品质生活”的总体思路和要求，本着“因地制宜、因路制宜、宜乔则乔、宜灌则灌、宜花草则花草”的绿色生态理念，创造性地开展体系建设、治理修复、固废利用、减污降碳等各项工作，积极践行“两山”理念，探索以生态优先、绿色发展为导向的高质量建设之路，绘就了一幅交通基础设施建设与生态文明和谐共生的壮美画卷。

一　环保管理　构建生态环境治理体系

绿水青山既是自然财富、生态财富，又是社会财富、经济财富。保护生态环境就是保护自然价值和增值自然资本，就是保护经济社会发展潜力和后劲，使绿水青山持续发挥生态效益和经济社会效益。

全面实施环保管理“1156”工作机制。明确各级生态环境保护责任，增强全员生态环境保护意识，提高生态环境保护管理水平。细化管理责任，分级明晰全员环保职责，逐级公示环保管理人员名单，层层签订《环保工作目标责任书》，对照岗位职责签订“环保责任清单”，建立起全员环保管理责任体系。

探索绿色环保管理新模式。全面推行“一线工作法”和“环保红线管理”，以《公路工程安全质量环保监督检查细则》为抓手，通过集团领导分片督导、职能部室挂牌督办、专人现场监督等方式，建立起集团公司季度督查、子分公司分管领导月度考核评价、项目部日常排查巡查治理相结合的监督管理机制。

加强生态风险监管评估。立足黄河流域生态保护和高质量发展，紧紧围绕推进“两山七河一流域”生态修复治理，统筹山水林田湖草沙一体化保护修复，强化生态保护监管，加强生物多样性保护。建立生态环保风险评估报告制度，持续推进建设施工项目取弃土场专项治理行动，消除环水保隐患，防治水土流失。组织开展以“绿色路桥　我是践行者”为主题的“环保管理提升月”活动，广大参建人员环保意识普遍提高。严密防控环境风险，开展涉危险废物等重点领域环境风险调查评估，公路运营单位加强危化品运输车辆通行管控，有效遏制危化品运输车辆事故发生，从而避免因事故导致危化品泄漏引发污染事件。

二　设计引领　践行绿色发展理念

全力推进绿色工程建设。坚持优化路网功能、控制资源占用、减少能源消耗、降低污染物排放、保护生态环境、推进绿色发展的理念。一是在全线高边坡、碎落台、枢纽互通区、服务区进行专项绿色景观设计。二是在路面施工过程中采用无人机摊铺智能化设备，改变传统的以人和经验为主导，转向科学技术与人相互结合，达到“提质增效”的目标。三是对隧道洞口进行专项文化景观设计，充分融入当地人文资源，彰显昔榆百年品质工程的创建活力。四是对太行山隧道、高峪咀隧道进行景观灯带专项设计，缓解驾驶人疲劳，全方位打造智能控制、安全节能、以人为本的高品质隧道。

开展固废资源化利用，蹚出降本增效新路。昔榆公司承办第六届平安百年品质工程交流会暨山西昔榆高速公路绿色智慧双示范工程现场观摩会，全面总结梳理绿色公路新发展，为未来绿色公路和品质工程创建指明方向。推进道路弃渣砂岩的资源化利用，主编省级地方标准《砂岩类弃渣在混凝土中应用技术规程》和《砂岩类弃渣在路面基层中应用技术规程》，凝练环保标准，填补行业空白，为道路弃渣在公路工程中的规模化、资源化、常态化应用掀开了崭新篇章。所属再生资源公司申报的“工业固废 CFB 灰渣水泥（生态水泥）在路桥基层中的应用研究”项目荣获山西省科技工作者双创大赛金奖，成为集团实施创新驱动发展战略、发挥大众创业万众创新主体作用的体现和例证。

持续推动绿色低碳发展。改造、更新现有设施设备。对多条高速公路沿线隧道照明系统进行改造升级，减少二氧化碳排放 9222.04t，减少粉尘排放量 37.34t，节约标准煤 3733.62t。在所属各项目大力推广清洁能源，项目部办公、生活区采用清洁能源采暖设备，沥青拌和站加热系统采用气加热或电加热等清洁方式。

全面实施分布式光伏发电。坚持“奉献清洁能源、践行绿色发展”的绿色企业行动理念，依托沿线收费站、隧道、互通等闲置、低效可利用土地资源建设分布式光伏电站，保证自用的前提下将多余电量并网输出。

生态环境保护治理既是生态文明建设的重要内容，也是全方位高质量发展的应有之义。昔榆公司党委使命在肩、责无旁贷，主动担当、主动作为，落实企业主体责任，厚植绿色发展底色。

三　强化管理　打造山区绿色公路

坚持环保为要，在打造绿色昔榆的征程上，上下同心、步调一致。一是生态环保方面，严格执行扬尘治理要求，实现环保管理工作程序化、标准化、规范化。二是绿色防护方面，结合绿色环保理念，昔榆高速公路全线边坡采用生态防护，既满足了边坡的安全稳定，又能体现美观环保，让边坡生态系统形成全寿命自然循环。三是建养并重方面，针对隧道洞内装饰、隧道路面及防排水工程等开展合理优化设计，保证施工质量的同时降低后期养护成本。四是创新驱动方面，积极推进绿色公路课题研究，努力将科研成果运用在实际生产工作中，实现科技成果转化。累计开展了12项科研课题的研究，发掘“微创新”“四新”300余项，积极申报各类奖项、专利等，共计产出34项成果，为绿色公路建设注入强大科技动力，显著提升工程内在品质。

绿色发展理念融入项目建设总策划，深化生态环保设计。在施工过程中，全面优化施工方案，通过生态、环保、安全选线等多种手段规避环境敏感点，设计线路优化比选，合理控制路基填挖，统筹土方调配，有效减少取弃土场，节约土地资源。对项目全线所有隧道、高边坡采用“一洞一设计、一坡一设计”，降低了洞口边仰坡的开挖高度，最大限度地减少对地表植被的扰动和破坏。施工完成后，对隧道洞口以及边坡进行植草复绿和生态恢复，充分融入原有的自然景观，生动地践行了“零弃方、少借方”的绿色公路理念，打造人与自然和谐共生、可持续发展的高质量公路工程。

坚持生物多样性，打造生态“金字招牌”。采用丰富的植物品种，以本土化植物为主，在不破坏原有植被的前提下，采用草灌混栽、乔灌草结合的方式进行绿化，实现优化配置。通过结合属地气候、色彩搭配、苗木生长习性、应用范围、绿化成本、景观效果、行车安全等诸多因素，优化苗木栽植位置，将选取的苗木以不同栽植形式进行了全方位展现。确定碎落台施工方案6种、护坡道施工方案2种，在绿化施工成本与绿化效果之间取得了最优解，为全面开展平面绿化施工奠定了基础，成为了昔榆高速公路平面绿化全面开工的“星星之火”。

“人不负青山，青山定不负人”。昔榆公司党委深刻把握“两山”理念的内在逻辑和客观规律，加快生态资源转化实践，走稳走实绿色融合发展道路，在太行深处切实推动绿色高质量发展，以时间为证，更好地铺展出绿水长流、青山常在的美丽山河画卷。

第七章

CHAPTER 07

同心同行　匠心筑梦向未来

“文化自信是一个国家、一个民族发展中更基本、更深沉、更持久的力量”。对企业而言，文化是一个企业的灵魂和核心竞争力，优秀的企业文化是企业可持续发展的重要保障，更是企业实现高质量发展的内生动力和源泉。“俯身为路，躬背为桥”的昔榆人，是一群让太行天堑变成通天坦途的追梦人，在开山辟路、闯关探险的路上，不仅一路传承着筚路蓝缕、钢铁意志的精神，滋养着百折不挠、艰苦奋斗的“太行精神”，还孕育出他们独特的企业文化，“融合、创新、拼搏、卓越”的企业精神浸入每一个人的心灵血脉，在“同心同行，同创未来”的浓厚文化氛围中打造出具有昔榆特色的公司文化体系，凝聚“一颗心”，同圆“一个梦”，凝心聚力，同绘改革发展的新蓝图，同谱创新发展的新乐章，同唱奋斗追梦的最强音，同心同德、齐心协力共建共享幸福和谐企业发展的新格局。

第一节　思想引领　凝聚内生动力

昔榆公司高度重视培育企业文化，一方面创刊《昔榆高速》，用情用心展现参建者风采、弘扬工匠精神，营造全员参与创建平安百年品质工程的文化氛围；另一方面发挥革命老区红色精神，创建昔榆高速公路基层党建品牌，推动党建工作和业务工作的深度融合，逐渐凝练出昔榆公司的独有品质和文化精髓。

一　宣传教育凝聚合力　打造“奋斗昔榆”青春坐标

昔榆公司强化政治引领，坚持把党的领导融入公司治理各环节。依托省内文化遗产及党性教育基地，发挥党组织的战斗堡垒作用和党员的先锋模范作用，开展了“传承五四薪火、青春建功有我”青年技能比武大赛、“学党史　当先锋　奋战 180 天　争创一流”劳动竞赛誓师大会等活动，让每位职工锤炼筋骨、披荆斩棘，用同心合力打造出一线工地上“奋斗昔榆”的青春坐标（图 7-1）。

图 7-1　突击队奋斗在一线

在科技创新前沿，坚持以项目管理“可管、可控、可视化”为目标，通过融合创新驱动，努力实现管理数字化、智能化、智慧化，为项目建设注入强大科技动力，显著提升工程内在品质，擦亮“创新昔榆”的闪亮徽章。

在改革攻坚路上，以创建平安百年品质工程为目标，率先在山西公路建设领域投保安全生产责任险，率先开展项目部安全标准化建设二级达标工作，展现了科学、严谨、务实、高效的企业风貌，形成了自上而下的“担当昔榆”精神。

在职工群众身边，加强上下联动，统筹推进，压紧压实责任，让“我为群众办实事”成为回报社会、惠及群众、凝聚员工、推动发展的温情纽带，形成高质量履行社会责任的合力，使广大干部职工在价值理念、思想认同上紧紧团结在一起，让“幸福昔榆”成为公司的一道靓丽风景线。

二　人文关怀营造氛围　塑造文化品牌

组织开展座谈会、研讨会、职工交流讨论等活动，积极探索文化润心、文化安心、文化暖心的实践形式，更好地塑造公司文化氛围。依托太行山文化，坚持内塑、外宣结合，展示昔榆公司特色企业文化形象，不断提升昔榆文化品牌影响力。

昔榆人传承和发扬工匠精神，用严谨、细致、专注、负责的工作态度以及对职业的认同感、责任感、荣誉感和使命感去对待每一项工作，让同心同德的融合精神、与时俱进的创新精神、勇于开拓的拼搏精神、超越自我的卓越精神成为企业价值追求，为昔榆高速公路打造品质工程厚植土壤。

三　激发榜样力量　打造“工地之星”

昔榆高速公路坚持打造绿色、智慧、品质示范项目。为了实现这一目标，成立了以项目经理为组长的领导小组，配备了责任心强、技术素质高、施工经验丰富、善打硬仗的项目管理班子，将目标层层分解，细化落实到每个环节、每道工序、每个细部节点，为品质工程打下了坚实的组织基础。

对标先进典型，增强看齐意识。不断提升综合素养，学习先进，对标反省、整改提升，以身作则、踏实工作。这种浓厚的看齐意识和学习意识在昔榆公司处处可见。2022年，为了确保年度施工任务顺利完成，项目班子、党员骨干、积极分子充分发挥带头作用，向好的标段看齐，与时间赛跑，经过6个月的奋战，如期完成，赢得了昔榆公司劳动竞赛“进步奖”的好成绩。

施工现场风吹日晒，寒来暑往。一线项目经理坚持恪守“扎实苦干树形象，率先垂范作榜样”的工作准则，坚持精细化原则，严格执行各项规章制度，用“铁腕治安硬十条”“安全质量环保管理刚性标准”等制度保驾护航安全与质量，用严谨务实作风在企业大舞台书写青春华章，在施工工地升起一颗颗“工地之星”“月度安全之星”。

四 不断超越自我 勇于开拓创新

创新工作室是“智慧昔榆、创新昔榆、绿色昔榆”建设中的一大亮点。“黄土地区预制装配式通道涵洞关键技术研究”得到了山西交通集团的表彰。推广应用“四新”技术153项，开展“微创新”152项、“五小”活动26项，申请专利7项。“大型复杂枢纽保通设计的数字解决方案”“植物微生境生态修复技术”分别荣获了中国公路学会“微创新”金奖和铜奖，为打造智慧昔榆、创新昔榆、绿色昔榆，为昔榆高速公路的科技进步和高质量发展充分发挥了桥梁纽带作用，也取得了良好的经济效益和社会效益。

在不断超越自我、勇于开拓创新精神的感染和带动下，团队紧紧把握当前科技进步、产业协同的大趋势、大潮流，不断拓宽自身边界，突破小我局限，把自我发展放在时代坐标中考量，不仅取得了一系列重大成就，还涌现了一批高素质的人才。

行者常至，为者常成。昔榆人用无可争议的实力生动诠释了“匠心智造”的企业核心价值理念。创新不止步，奋斗不停歇。昔榆人在新的起点上，对标对表一流，开拓创新、奋发进取，这种追赶一流、力争一流的文化氛围让昔榆人从不放松对品质的严苛要求，用精工细作凝筑精品，在崇山峻岭奏出华美乐章。

第二节 传承创新 汇聚发展合力

昔榆路桥人始终不忘路桥人与生俱来的精神品质，从太行山麓的刀把口，到晋中盆地的杨梁村，125km的工地上捷报频传。奋战在一线的全体人员以开路先锋的精神和“快速、严谨、务实、高效”的工作态度强化责任担当，用心血与汗水演绎着昔榆建设的“速度与激情”。

古有“愚公移山”的筑路神话。而今，在昔榆高速公路项目建设中，有这样一群“当代愚公”，他们开山辟岭，营建天路，创新新时代跨越太行的“开路先锋”精神，书写交通强国的梦想，把神话变成现实。

昔榆高速公路全线有3座特长、高风险隧道，6座特大桥及1座跨线桥，另外有昔阳和修文两个枢纽，施工难度大、交叉干扰多、地形复杂、沟壑纵横，造成便道、场地受限，材料运输困难；高填深挖段落多，段落分散，工程量大，土石方调配难度大，弃土场增多，成本增大，质量管控难度加大，最大填高53.8m，挖方最深62.58m；桥隧比达

49.5%，桥梁集中，台背数量多，质量管控难，隧道施工安全风险高；沿线地质情况复杂，大部分处于山区无人区，邻近电源接火点少，架设电力专线施工周期长，用电负荷大。面对重重困难，昔榆人在“两路”精神的感召之下，不畏艰险，一路向前，充分发扬不怕苦不怕累精神，合理调配各类资源，精心部署各项施工任务，全体参建者心往一处想、劲往一处使，坚定信念提振一口气，掀起建设高潮，取得了一个个阶段性胜利。

2022 年 7 月 15 日，白坡头大桥梁板架设顺利完成；2022 年 7 月 20 日，原家峪一号大桥梁板架设顺利完成；2022 年 7 月 28 日，白坡头隧道右洞掘进突破 1000m 大关；2022 年 8 月 3 日，桥面铺装首件工程顺利完成；2022 年 8 月 25 日，芦子坪一号大桥梁板架设顺利完成；2022 年 8 月 25 日，沙黎沟大桥梁板架设顺利完成；2022 年 9 月 13 日，张庄大桥梁板架设顺利完成；2022 年 9 月 24 日，芦子坪二号大桥梁板架设顺利完成……

（一）太行山脉中，彰显一往无前奋进品格

逢山开路，遇水架桥！“两路”精神激励着一代代交通人攻坚克难、奋勇拼搏，接续创造着一项项举世瞩目的奇迹。

太行深处，踏勘需面对诸多困难。沟壑纵横、山路险峻，行路难首当其冲，一不留神就有受伤的危险。项目进场之初，作为“突击队”的测量人员面对深山中的毒虫，泥泞的道路，陡峭的地势，沟壑纵横的高山峡谷，没有丝毫退缩。为早日完成对原始地形的勘测，他们每天起早贪黑，顶着近 40℃的高温，用脚步和汗水勾勒着最初的线路。“让高山低头，叫河水让路”，让当地人民出行更加方便快捷、过上好日子，成了筑路人的初心和使命。

开工后不久，大大小小的难题不断出现：工地位于群山之间，山高谷深，交通不便，想要进场施工，必须在绝壁上打通山间便道；因地质原因造成的设计变更频繁，对工程按计划推进形成了制约；林地农田较多，使用批复手续较多、批复时间较长，违法用地风险较高；当地村镇人口密集，土地资源矛盾突出，天然植被稀少，生态环保压力巨大，各类保护政策使项目部面临着亏损的风险。此外，工作面狭窄，桩基、承台施工难，高桥施工、弃土场滑坡、环境保护，使工程如履薄冰。

有难不畏难，有苦不言苦。昔榆高速公路建设者们用心血与汗水，在大山深处谱写了一曲催人奋进、荡气回肠的赞歌。任何成功的背后，都有着不为人知的付出和努力，建设过程中的每一个好成绩的取得都离不开所有人的共同努力。为了让昔榆高速公路早日通车，大家你追我赶，每天争分夺秒。在一次次的回望中，能感受到昔榆人永不放弃的坚持。一个个精彩的点滴，都被悄无声息地注入一往无前的奋进品格、勇于开拓的拼搏精神。

（二）高山峡谷间，涌现不屈信念

筑路人的豪情壮志、养路人的牺牲奉献铸就了“两路”精神，树立起永不褪色的丰

碑，激励鼓舞着一代代人奋发向上、砥砺前行。

在全省开启“交通强省”建设山西新篇章的新形势下，昔榆高速公路坚持以人民为中心的发展思想，以推动高质量发展为主题，以改革创新为根本动力，以满足人民日益增长的美好生活需要为根本目的，培育创新驱动、融合高效的发展动能，强化绿色安全的发展模式，对标一流、创新管理、转型升级，奋力打造一条“绿色、品质、平安、智慧、廉洁、美丽”高速公路。

太行山蕴含着巨大的能量。她是一条地理山脉，也是一条文化山脉，还是一条精神山脉。既有“君不见太行山，撑天拄日高郁盘”的自然壮丽，亦有八路军在这里建立抗日根据地抵御侵略的红色记忆。沿着革命足迹，昔榆高速公路建设者们挺进太行山深处，承担起昔阳至榆次高速公路建设任务。

在昔榆高速公路和顺前线督导组项目建设范围内，有古树参天、青瓦土墙、小桥流水、古迹寺庙星罗棋布的白雾村落，也有沟壑纵横、水流湍急、梯田纵横的太行山脉，亦有漫山遍野、丹华点翠、异果飘香、餐霞饮露的风力发电观光路。这里飞禽走兽遍布，是华北豹和苍鹭的自然保护区，垂直气候明显，生态环境保护标准严格；这里岩层分层裂隙，山林密布，河流纵横，深邃峡谷，桥隧比达55%，施工难度巨大；这里民族文化独特，群众思想保守，征迁工作艰巨。生态环保、安全质量、征拆维稳，都是“硬骨头”。为了修通这条山间通堑，昔榆高速公路和顺前线督导组建设者兵分三路，一路驻扎寒冷山顶区，一路驻扎梯田区，一路驻扎炎炎谷底，决心在这片崇山峻岭之间大展作为。

峥嵘岁月尽职责，不负韶华筑通途。何以筑路，在信念上要坚信愚公移山会有时，在行动上需要踏遍千山万水、披荆斩棘，肩负重任，不忘初心，牢记使命，撸起袖子加油干，全力以赴、克难攻坚。跋涉与奋进，光荣与梦想。让“特别能吃苦，特别能奋斗”的作风代代相传，逢山开道、遇水架桥，生动展现山西路桥集团的“超越自我的力度”；孜孜追求“品质路桥”“卓越路桥”，用心血、汗水与智慧走出一条改革、创新、转型的高质量发展之路。

第三节　情理交融　集聚价值引力

一　规章制度建设相得益彰

“没有规矩不成方圆”。科学合理的企业制度能够实现有章可循，规范职工行为，提高企业文化的执行力。

建立基本管理制度。前期起草并上会讨论公司管理制度60余项，其中包括综合管理类制度20余项、党建管理类制度20余项、后勤管理类制度10余项、人事管理类制度10余项，完善了公司的制度管理、公文处理、食堂管理、公车管理、内务管理、人员管理、党的建设管理等工作的规范及相关流程。

加强企业文化建设。昔榆公司自筹备起，形成了“十事十办”的工作理念，明确了“修昔贤之德，通魏榆之道”的企业文化，塑造了“绿色、品质、平安、智慧、廉洁、美丽”的企业理念，确定了“将昔榆高速公路工程建设打造成全国高速公路BIM应用示范项目”、确保“汾水杯”、争创“李春奖”的企业目标。

二 德育厚爱管理融合并进

以德树人，以情育人。开展践行社会主义核心价值观的活动，用喜闻乐见的方式、职工最熟悉的语言、最鲜活的故事，让活动接地气、有生气、更走心。大力宣传身边好人好事，积极倡导文明礼貌、助人为乐、诚实守信等行为，营造崇德向善的新风尚。用身边的事教育身边人，规范职工的安全行为。

坚持“改革创新、对标提升、高质量发展”的主线，推行科学、先进的工程项目管理技术和方法，提升建设项目的核心竞争力，提高项目管理水平，多次组织员工“走出去”，学习同类项目先进管理理念和经验。分别到隰吉公司、东二环公司、国道209项目，从“三集中”场站、小型预制构件标准化建设到计量支付管理、合同进度管理，从农民工管理到党建行政后勤，将优秀管理和建设经验“引进来”。全体员工多次集中学习党政理论、疫情防控、安全生产、集团制度，公司上下始终同学习、共进步，为公司发展打基础。

三 坚持结果导向，持续改革考核薪酬体系

按照“总额控制、分类管理”原则，持续深化“三项制度”改革，根据不同层级实际，改革全员全过程考核体系，真正发挥指挥棒作用。

第四节 同心同德 共聚创业活力

以典型感召人，以成就鼓舞人。让先进典型成为大家学习和效仿的榜样，充分发挥先进典型的示范引领作用，让典型“走”进职工心田，“活”在职工心里，引起职工的共鸣。

从昔阳，到榆次，从太行山麓，到晋中腹地，奋战着昔榆高速公路各个标段的参建人员。他们无论严寒酷暑，不惧昼夜兼程，用汗水诠释昔榆品质，用青春描绘昔榆愿景的蓝图。

“我们是工程建设的捍卫者。”这是昔榆高速公路监理工程师们常挂在嘴边的一句话。作为品质昔榆的把关人，监理时刻保持着勇往直前、勇争一流的闯劲和实事求是、实干担当的拼劲。在质量管理工作中，坚持以“品质工程、质量提升”、质量红线管理、“一线工作法”活动为主线，以全面落实质量责任制为基础，以信息化管理平台为手段，以抓人员、抓材料、抓工艺、抓制度、抓检验、严奖惩为途径，施工工艺精细化、规范化、标准化、专业化综合管控，不断加强施工质量过程管理，确保质量提升攻关行动走深走实，打造出了一条具有昔榆特色的质量管理道路。

面对施工条件复杂、任务重、施工单位管理人员相对不足等困难，监理工程师把以往“裁判式”监管模式改为“教练式”监管模式，全面组织开展“师徒带教传帮带”活动，在提升监理人员职业素养和业务技能的同时，让大家在工作中有目标、有压力、有动力。不断要求监理人员积极指导、提醒施工单位加强各个环节管理，加强样板引路、试点先行，从而真正使项目的综合效益得到保证，从源头上为昔榆公司把控质量、安全等各项指标。

质量监督员（图 7-2）始终恪守“奉献不言苦，追求无止境”的人生格言，努力发挥党员模范带头作用，不忘初心、牢记使命、以身作则、勇于担当，带领广大干部在工作中攻坚克难、勇攀高峰、再创佳绩。质量监督员拼搏努力，为实现昔榆高速公路“品质工程创建”和“确保汾水杯，争创李春奖”的质量目标奠定了坚实基础。他们始终以“时时放心不下”的责任心、“处处讲求认真”的执行力、“事事追求卓越”的使命感影响和感染着身边每一个人。

图 7-2　奋斗在施工一线的质量监督员

昔阳前线督导组的工作人员勤奋敬业、默默奉献，始终把责任扛在肩上。通过对标先进，将先进技术、经验、施工方法推广至昔阳前线督导组内标段实施，为桥面系施工标准化添砖加瓦。勇于担当、埋头苦干的他们荣获山西路桥集团“优秀共产党员”和“青年岗位能手”称号。“行万里工程路，做百年路桥人”，他们用精湛的业务、扎实的工作作风、突出的工作业绩，砥砺前行，不断提高工作质量，将各项工作想在前、干在前，充分起到了党员的模范带头作用，助力公司打好年度收官战。

工程技术部人员严谨细致地对待日常资料整理及合同上报，为保证项目施工能顺利开展，加班加点进行施工计划编制，按时完成上级要求任务。

昔榆高速公路建设者们同心同德，共聚创业活力，不畏风霜雨雪，顶着酷暑烈日，常年奋战在工程一线，以路桥人独有的情怀，用双腿丈量着昔榆高速公路的每一寸土地，用双手铺设昔榆高速公路的每一段里程，无怨无悔，将青春挥洒在这片热土上。

工程实践成果展示

第一节　路基防护　匠心凝就稳固基

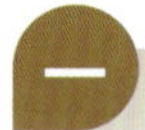

路基边坡修整与夯实

路基成型后，对路基宽填部分进行刷坡、整修，清刷坡面浮土，填补坑凹，使坡面大体平整。边坡修整完成后，采用挖掘机液压振动夯压实坡面（图 8-1）。

图 8-1　路基边坡修整与夯实

预制块安装、砌筑

砌筑时先拉线进行预制块安装（图 8-2），自上而下进行。先砌外圈进行定位，然后砌筑里层，预制块安放稳固，两骨架衔接处应处于同一高度。骨架应与边坡面密贴，骨架流水面应与草坡表面平顺。

图 8-2　预制块安装

三 砂浆勾缝

拱形骨架混凝土预制块铺砌完成后，及时采用 M10 水泥砂浆粘接牢固。勾缝采用凹缝，砌缝砂浆应采用专用工具插捣密实、饱满，缝体砂浆表面光洁、整齐（图 8-3）。

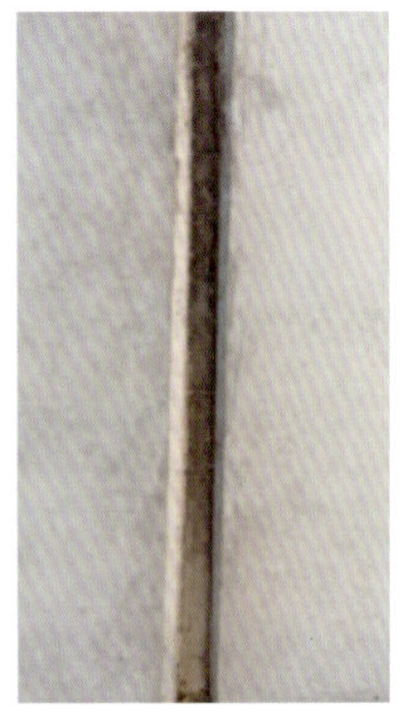

图 8-3 砂浆勾缝

四 拱架间土方回填整平

铺砌完成后，对预制块周围空隙进行土方回填、整平，在孔窗内进行植草绿化，施作拦水埂防护（图 8-4），有效防止边坡冲刷。

图 8-4 拱形骨架护坡

第二节　路面施工　精细铺出平坦途

一　路面水泥稳定碎石基层

（一）优化配合比

基于骨架嵌挤密实设计方法，设计水稳混合料（图 8-5），严格控制细集料 0.075mm 组分通过量，有效抑制路面裂缝问题，延长路面的使用寿命。

图 8-5　水稳基础配合比设计

（二）短距离双层连铺

采用“双层连铺、分层压实、一次成型”的施工工艺，实现水泥稳定碎石基层两层连续作业（图 8-6），施工效率高，缩短了工期，降低了成本，同时可以避免分层施工黏结不良、缩裂及夹层等缺点。

图 8-6　水稳基层双层连铺施工

（三）压实度控制

为了进一步减少半刚性基层裂缝，提高路面的使用耐久性，将基层、底基层压实度标准提高 2%，进一步加强集料的嵌挤效果，最大限度减少半刚性结构的内部缺陷。经实体工程验证，取得了良好的效果，见图 8-7。

（四）一布一膜养生

水泥稳定碎石基层、底基层全部采用一布一膜工艺保湿养生（图 8-8），为基层提供了良好的高温、高湿环境，利用内部水分在最佳含水率下进行养生，减轻了水车洒水对基层的扰动，减少了人员、洒水设备投入，同时锁水性好，降低施工成本。

图 8-7　压实度检测

图 8-8　一布一膜工艺保湿养生

二　路面沥青混凝土面层

（一）原材料管控

采用自加工的机制砂、矿粉、等原材料（图 8-9），有效控制工程原材料质量，杜绝因材料造成的路面质量问题，且有效提高加工产量，保障了工程质量。

（二）高程控制

采用卫星定位系统精准控制高程的路面铺筑技术，实现对路面摊铺线形、高程和厚度的三维控制，提高了路面平整度等施工质量指标，见图 8-10。

图 8-9　路面原材料自加工

图 8-10　路面铺筑

（三）混合料摊铺过程防离析措施

采用抗离析摊铺设备（图 8-11），实现半幅全宽度摊铺、成型，提高了结构层的均匀性，改善平整度和横坡。摊铺机前挡板底部采用铁链条，有效防止底部集料自由滚落，避免混合料竖向离析。

图 8-11　抗离析摊铺机施工作业

（四）沥青混合料碾压

施工过程中压路机同进同退碾压，保证了施工温度，提高了路面平整度，见图 8-12。

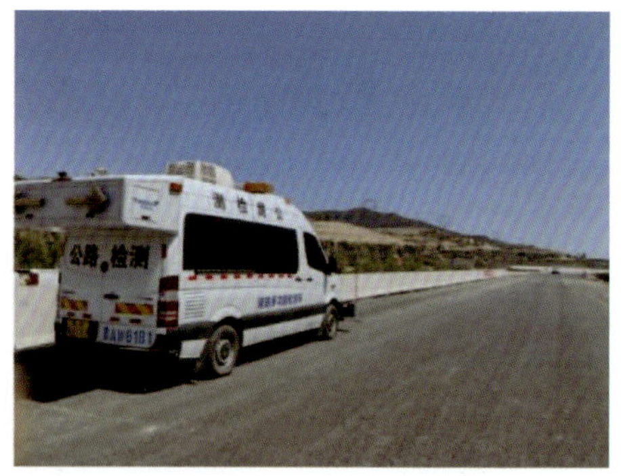

图 8-12　沥青混合料同步碾压

图 8-13　路面横坡实时监测

（五）横坡控制

采用路面横坡实时监测技术，实现了路面铺筑过程中横坡坡度的即时采集、显示（图 8-13），降低了横坡的控制难度，提升了横坡合格率。

（六）平整度控制

路面平整度自动报警技术解决路面压实后实时平整度检测慢、漏检等问题，有效节省人力，大大提升路面平整度水平。

第三节　桥梁架设　巧思架起连通梁

一　精品桥梁

东寨特大桥（图 8-14）上跨赵壁川河、X340 县道、阳左高速、C 匝道、D 匝道、F 匝道、339 国道，全长 1636m，是全线最长桥梁。该桥跨越众多构造物及现有道路，施工干扰大，现场采取的保通措施多，施工组织繁杂；另外，全桥采用激光超声波双系统桁架摊铺桥面施工新技术。

图 8-14　东寨特大桥

南沟大桥（图 8-15）跨越南沟河，桥长 968m，最大桥梁墩高 77.6m，为全线最高的桥梁。施工中采用高墩柱液压爬模施工的新技术，模板周转快，高空作业时具有良好的可操作平台。此外，采用激光垂直仪控制高墩柱垂直度，对墩身质量和安全提供了足够的技术保障。

扬子江大桥（图 8-16）长 1008m，蜿蜒如画，宛如一条玉带铺在太行山中。该桥采用装配式施工技术，建设智慧梁场，采用智慧化施工预制新技术，应用一体化 T 梁流水线制作，确保工程质量的同时，更能有效推进工程进度。

图 8-15　南沟大桥

图 8-16　扬子江大桥

二　桥梁精细化施工

引进钢筋笼滚焊机、三维激光摊铺机等先进设备，运用梁板钢筋定位胎架提高钢筋加工、安装精度和桥面铺装平整度。借助 T 梁移动底座 + 液压模板 + 智能蒸汽养生、智能张拉 + 大循环智能压浆 + 信息化管理，智慧化梁板施工。使用玄武岩断切纤维，消除桥面铺装混凝土裂缝。采用环切法破桩头、防撞护栏钢筋五线法安装、双钢板夹实心泡沫板等施工工艺，落实施工细节管控。通过落实“三检”、产品认证、首件制度，利用预应力及注浆密实度检测等手段，全面提升桥梁施工质量。

在桥梁施工过程中狠抓“两个关键”（关键工序、关键环节），严格“三个准入”（模板准入、首件准入、班组准入），推行“四个新型”（新材料、新工艺、新设备、新技术），确保“五个一百”（混凝土强度 100% 合格、Ⅰ类桩 100%、墩柱竖直度 100% 合格、结构尺寸合格率 100%、桥面平整度 100% 合格），实现“两个提升”（钢筋保护层厚度合格率提升至 98%、混凝土外观 A 级占比提升至 90%）。

（一）钢筋加工

引进钢筋笼滚焊机、数控弯曲机、钢筋自动套丝一体化设备、焊接机器人等先进设备（图 8-17~ 图 8-20），消除传统手工加工造成的加工误差和质量缺陷，提高了加工精度、质量及效率。

图 8-17　数控弯曲机

图 8-18　钢筋全自动穿丝设备

图 8-19　焊接机器人

图 8-20　钢筋笼滚焊机

（二）基础及下部施工

采用环切法进行桩头破除（图 8-21），避免了桩基顶面破损和桩基钢筋损伤，有效控制桩头高程及桩头质量。

图 8-21　环切法破桩头

严格施工前模板准入（图 8-22），执行“双首件”制度（图 8-23），采用激光竖直度仪和垂线法双控墩柱竖直度，确保混凝土质量及墩柱竖直度、保护层厚度等各项指标得到提升。

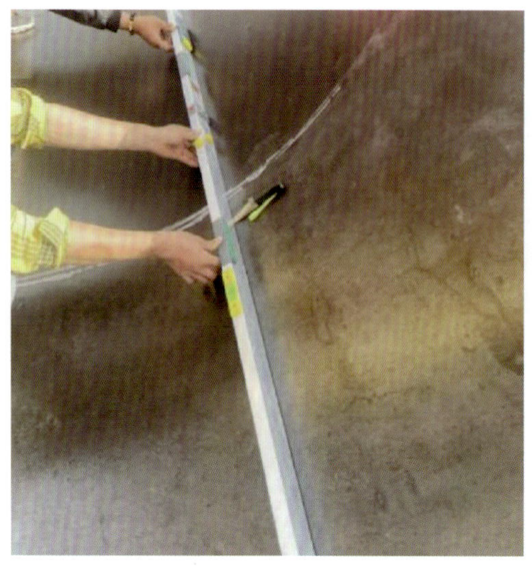

图 8-22　模板准入

图 8-23　首件认证

（三）梁板预制

T 梁钢筋采用标准胎架绑扎，见图 8-24，简化钢筋间距及波纹管坐标位置定位工序。采用液压式移动模板、移动台座、梁板蒸汽养生（图 8-25~ 图 8-26），缩短了支模、拆模、养护时间，加快模板周转，梁板混凝土表面无气泡、错台、色差等缺陷，表面光洁（图 8-27）。

图 8-24　T 梁钢筋绑扎

图 8-25　智慧梁厂整体液压模板、移动台座

图 8-26　蒸汽保湿养护

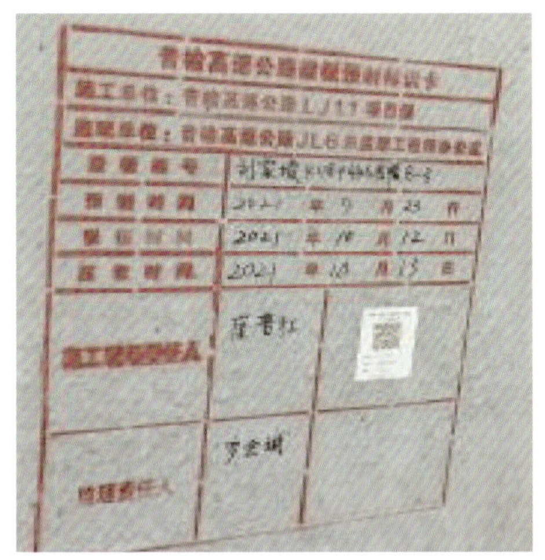

图 8-27 梁板混凝土表面质量

（四）桥面系及附属工程施工

梁板翼板外边缘凿成 45° 斜角（图 8-28），确保新旧混凝土结合质量。桥面铺装钢筋网片采用双支撑钢筋 + 菱形高程控制线控制钢筋网片定位（图 8-29、图 8-30），绑扎固定。应用水泥混凝土三维激光摊铺机保证桥面铺装高程及平整度，桥面铺装混凝土掺加玄武岩纤维提高混凝土的抗裂性、耐久性（图 8-31）。

图 8-28 梁板翼板 45° 斜角凿毛

图 8-29 桥面铺装采用双支撑钢筋固定

图 8-30 桥面铺装采用双菱形高程控制线固定

图 8-31　桥面铺装采用三维激光摊铺机铺筑施工，混凝土掺加玄武岩纤维

防撞护栏钢筋安装采用“五线法”工艺控制安装线形（图 8-32）。混凝土顶面采用四次收面工艺（图 8-33），有效预防顶面开裂，保证顶面平整度及外观线形。

图 8-32　采用“五线法”工艺

图 8-33　混凝土顶面采用四次收面工艺

 三 桥面沥青铺装层

（一）桥面精铣刨

桥面板采用精铣刨工艺（图 8-34）进行处理，铣刨刀头不少于 672 个，铣刨去除深度不小于 5mm，桥面处理后铺砂法测定粗糙度要求为 0.7~1.1mm，保证水泥混凝土铺装层的平整度与足够的粗糙度，增强与防水层的黏结性能。

图 8-34　桥面精铣刨技术

（二）桥面“1+2+1”沥青铺装层

1.“1”层防水黏结层

采用 SBS 改性沥青同步碎石防水黏结层（图 8-35），有效提升层间黏结及防水效果，碎石覆盖率达 60%~70%。撒布碎石前烘干、除尘，并采用 3‰沥青预拌。撒布后采用压路机碾压，碎石黏结嵌挤效果好。

图 8-35　SBS 改性沥青同步碎石防水黏结层

2.“1”层沥青胶砂多功能层

采用 2cm AC-5 SBS 改性沥青胶砂多功能层（图 8-36），对防水层起到保护作用，并可使桥面平整度提升。通过“改性沥青砂 + 防水黏结层”双层防水体系，进一步提升桥面防水效果，在桥面铺装层中兼具调平层、防水层、黏结层、缓冲层、保护层的作用，有效避免了桥面唧浆、坑槽病害的发生，提高桥面耐久性。

图 8-36　沥青胶砂多功能层

3.“2”层沥青混凝土面层

桥面铺装采用 4cm AC-13（SMA-13）沥青混凝土上面层 + AC-13（SMA-13）改性沥青混凝土中面层两层结构，面层原材料碎石均选用玄武岩，见图 8-37。其中，AC-13 面层在成本、效益和施工便捷性方面更有优势，而 SMA-13 面层的耐久性、抗水性、抗滑性和降噪效果更好。

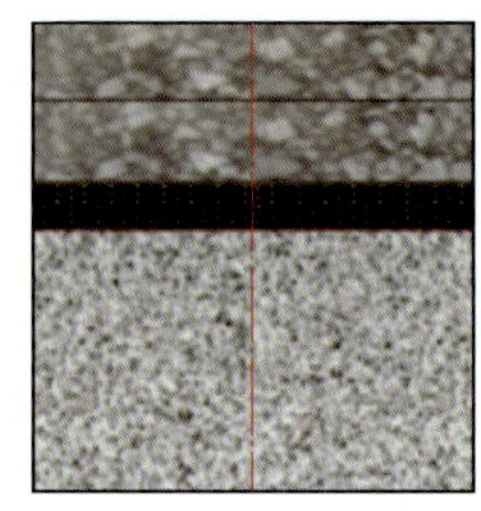

图 8-37　桥面铺装面层

1 层防水黏结层、2 层沥青混凝土面层与 1 层沥青胶砂多功能层组合后，可进一步提升桥面铺装耐久性。

4. 振荡压实技术

桥面铺装沥青混合料面层采用振荡压实技术（图 8-38）铺筑，对周围区域的振动影响更小，避免过压实或损坏集料，适用温度范围更大，沥青压实的工作时间更长，有效提高了桥面沥青层压实质量。

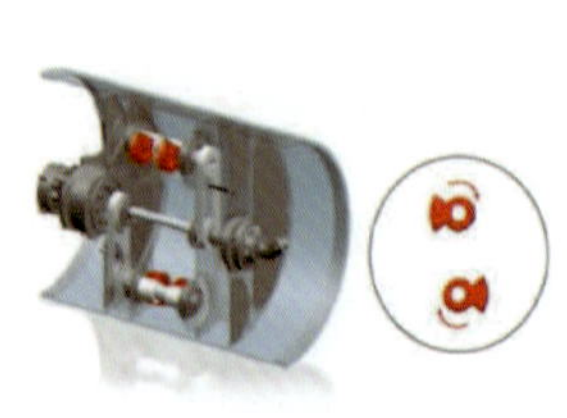

图 8-38　振荡压实技术

5. 环氧沥青混凝土铺装

刚构桥桥面采用环氧沥青混凝土（图 8-39）铺装，强度高、刚度大，高温时抗塑性和永久变形能力强，低温抗裂性和抗腐蚀性好，在同样应力水平下，表现出极好的抗疲劳性能，使桥面具有优异的耐疲劳性能和耐久性能，延长桥面铺装层使用寿命。

图 8-39 环氧沥青混凝土铺装

6. 层间结合检测

采用拉拔仪、扭剪仪对桥面沥青混凝土面层与桥面混凝土面板层间黏结效果进行黏结强度或扭剪强度检测（图 8-40），实时评价黏结质量，有效提高层间结合效果，提升桥面铺装层耐久性及使用寿命。

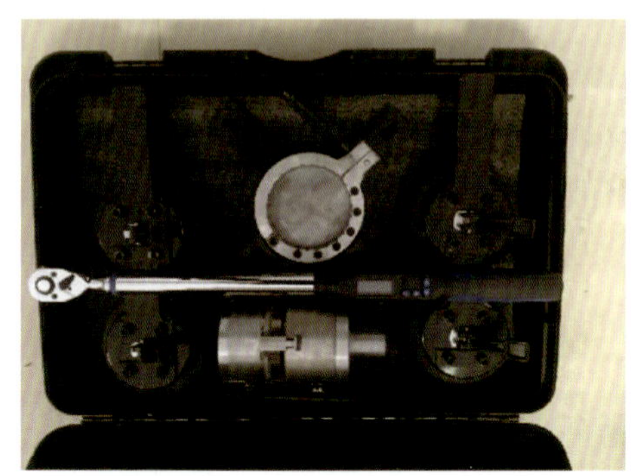

图 8-40 桥面铺装层间结合检测

第四节 隧道营造 新技凿开畅行洞

昔榆高速公路隧道施工全面树立“工法定工装、工装保工艺、工艺保质量”的理念，强化“四化”支撑，推广应用先进技术，创新工装工艺，提升工序质量。

一 聚能光爆施工

聚能光爆材料主要由聚能管、聚能罩（图 8-41）及气袋组成。其原理是通过聚能管的聚能槽，将炸药爆炸产生的动能和势能定向转换成高压、高速、高能的射流，切割岩石。采用聚能光爆，减少炮眼数量，达到提高半孔留存率、有效控制超欠挖、减少炸药和雷管消耗的效果（图 8-42）。

图 8-41　聚能管、聚能罩

图 8-42　光面爆破效果

二 螺栓孔保护罩及锁脚定位卡具

初期支拱架安装完成后，在上台阶拱脚连接板处安装连接板保护罩。保护罩采用钢板制作，整体呈梯形，顶面设置成斜面，坡度与锁脚角度相同（图 8-43、图 8-44）。保护罩在拱架内侧顶面距连接钢板 27cm，确保锁脚距拱脚的位置正确，同时为锁脚定位钢管提供基准面。该装置既保护拱架螺栓孔，又提高了锁脚的施工精度及效率。

图 8-43　锁脚定位卡具

图 8-44　锁脚锚管（杆）施工现场

三 三维断面扫描

采用“全圆扫描”方式进行扫描，利用 SCENE 软件进行数据点云抽稀，再利用隧道三维监测软件进行后期处理，得出最终成果（图 8-45）。精准分析各部位超、欠情况，通过具体数据初步估计二次衬砌浇筑混凝土用量，与实际浇筑数量进行对比，判断二次衬砌是否浇筑密实。

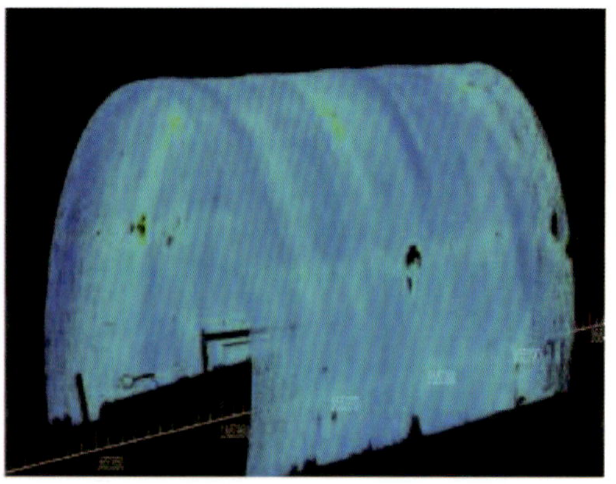

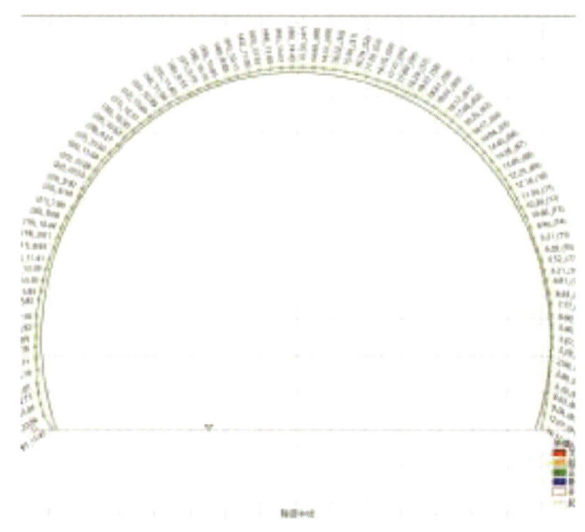

图 8-45 三维断面扫描

四 热熔垫圈激光定位

热熔垫圈激光定位装置具有多个激光光栅发射器，施工时透光点通过激光发射器投影在铺装好的土工布上（图 8-46、图 8-47），并与土工布上的热熔垫圈安装定位点对应。采用激光定位设备，定位准确，间距均匀，提高了施工效率。

图 8-46　热熔垫圈激光定位

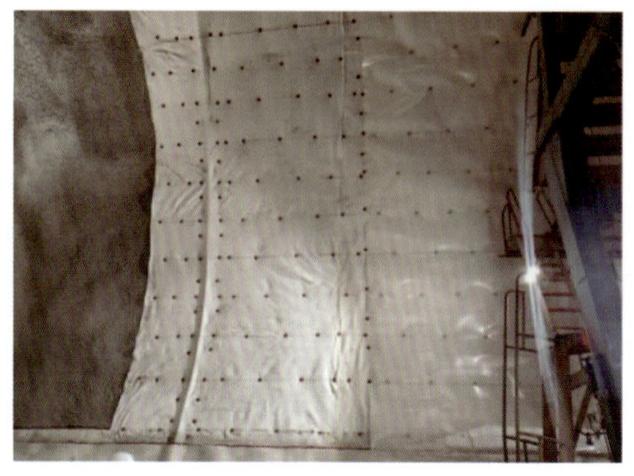
图 8-47　土工布挂设

五 止水带卡具

卡具按每一板仰拱浇筑长度制作，前后各预留 10cm，同已施作的止水带及仰拱端头模连接。安装夹具时，和仰拱预留钢筋焊接，确保止水带顺直、居中及外漏长度一致（图 8-48、图 8-49）。

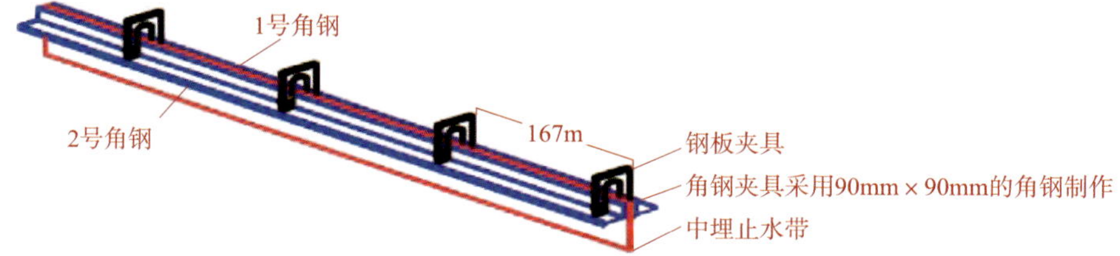

图 8-48　止水带卡具示意图

图 8-49　止水带卡具安装

六 钢筋定位卡具

采用角钢制作钢筋定位卡具（图 8-50），根据钢筋定位卡具的卡槽逐根安装衬砌钢筋，精准控制钢筋安装位置和间距（图 8-51）。

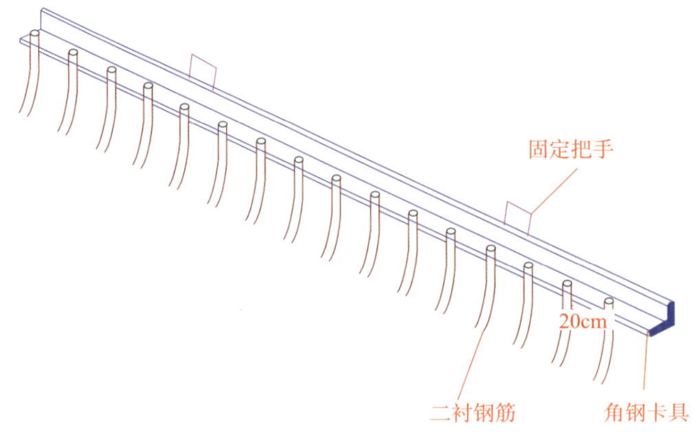

图 8-50 衬砌钢筋定位卡具

图 8-51 衬砌钢筋定位

七 二衬智能台车

（一）分流系统

布料系统由泵送管路 + 布料机构成（图 8-52、图 8-53）。根据浇筑需求，通过遥控器控制旋转对位，自行完成混凝土分配，实现二衬混凝土逐窗布料、分层浇筑。避免单窗布料等造成二衬混凝土出现集料窝、蜂窝麻面、施工冷缝等现象，保证了施工质量。

图 8-52 泵送管道分布

图 8-53 自动布料系统

（二）空洞预警系统

防脱空预警技术利用压力感应工作原理，并辅助配置声光报警装置，对二次衬砌拱顶混凝土灌注状态进行预警。当衬砌混凝土浇筑至拱顶最高点时，混凝土对感应带（图 8-54）形成压力，控制继电器线圈使声光报警器报警，从而提醒作业人员判定混凝土浇筑结束时机（图 8-55），有效预防衬砌背后脱空问题。

图 8-54 空洞预警压力感应带

图 8-55 信息化显示终端

（1）带模注浆

为防止衬砌背后出现空洞，在衬砌台车脱模、移动前严格落实带模注浆施工工艺（图 8-56）。经试验室验证（图 8-57），注浆浆液水灰比为 0.6：1 时，干缩程度最低，经济成本低。

图 8-56 带模台车预留孔注浆孔

图 8-57 水泥浆液泌水试验

（2）应急喊话系统

专门针对隧道环境设计，具有强防护、低功耗、防尘防潮、抗噪能力强、声音清晰洪亮的特点。话机可以自动接听，主叫方可进行呼叫广播，声音通过外置扬声器传给附近施工人员，从而使得信息高速、有效流通。

第五节 管理成效

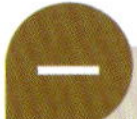 降本增效:“1+1 > 2”的协同效应

多维项目内的各个项目之间存在相互影响和相互作用的关系，通过协同管理，可以产生协同效应，从而提高多维项目的总体效率和效果。协同效应可以通过范围经济、规模经济、流程优化、管理协同效应等方面实现。

范围经济是指同时生产两种产品的费用低于分别生产每种产品所需成本的总和的状况。昔榆公司统一协调管理地材，同一区域的标段可实现资源共享，利用隧道、路基开挖的弃石加工后形成碎石，灰岩碎石用于拌制桥梁高强度等级混凝土，砂岩碎石用于边沟、中央分隔带护栏的 C30 以下等级混凝土，部分砂岩加工碎石用于特殊路基、台背处理等。以上做法可以降低原材料成本和能源消耗，并减少废弃物，有利于环境保护和资源利用。

对全线项目部、混凝土拌和厂、钢筋加工厂、试验室、预制厂、产业工人集中管理点、炸药库等进行集中建设，则属于协同效应中的规模经济。规模经济是指通过扩大生产规模，降低单位产品的成本，提高效益。集中布置临建设施和集中布置拌和站，可以减少建设成本。通过集中建设基础设施和设备，可以共享资源和技术，提高效率，降低单位成本。经昔榆公司统一协调后，各项目部与石料厂签署协议，通过区域采购、集中采购、控制限价等措施控制材料单价。例如钢材、沥青、外掺剂等集中带量采购，水泥、炸药、工业固废料等非地材集中采购等都属协同下产生的规模经济效应。

流程优化是指通过优化企业内部的业务流程，减少重复的岗位、设备、厂房等，实现节省成本和提高效率的目标。围绕项目策划定位，执行标准化实施办法。一是厂站建设标准化，在满足建设场地、费用、运输等条件的前提下，实现“集中建厂生产”，推动全线资源统筹调配，实现了钢筋、混合料和预制构件的工厂化、集约化、标准化生产，对承包人驻地建设、拌和站、钢筋加工厂的标识标牌等进行规范化建设。二是施工工艺标准化，通过实施《昔榆高速公路“施工工艺标准化”技术专项行动实施方案》，实施黄土地区预制装配式通道、涵洞成套技术，工厂化预制，现场拼装。三是施工机械标准化，配备隧道施工 9 件套，装备采用激光扫描自动找平技术的桥梁铺装机械。四是安全管理标准化，依据《安全防护标准化指南》，统一外观、标识，规范验收程序，通过安全防护标准化现场观摩会宣贯标准化建设内容。通过标准化，可以减少施工过程中的冗余和浪费，提高施工

效率和质量，降低成本。设计流程优化、采购流程优化、施工流程优化、管理流程优化等都可以带来经济效益。

管理协同效应是指通过企业间的合作或联盟，实现管理活动的效率提升和资源共享，从而提高整体效益。多维项目管理本身就是一个管理协同效应的案例，通过协同管理，可以产生协同效应，提高多维项目的总体效率和效果。在设计优化阶段，昔榆公司通过加强设计和施工之间的沟通和协调，优化设计方案和施工方案，避免了施工过程中的设计变更和返工，降低成本，提高效率；在施工阶段，昔榆公司采用会议、公告、推广现场经验交流会等措施，协调施工单位、监理单位，优化施工计划和项目管理计划，确保项目的进度和质量，提高项目管理的效率和质量；通过加强各参建单位之间的沟通和协调，优化施工组织方案和资源配置，提高各参建单位的协作效率和质量，确保项目的顺利实施。

二 技术创新与推广

（一）固废利用

多维项目管理确保了各个项目在材料使用、资源调配等方面形成合力，从而为固废利用提供更广阔的应用空间和更系统的解决方案。多维项目由多个子项目组成，集团规模化效应有助于降低固废利用的单位成本，大规模的应用场景也为固废利用技术的研发和优化提供了更多的实践机会。昔榆公司制定了统一的技术标准和监管要求，各个项目在固废利用方面达到一致的水平，有助于克服不同项目之间的技术壁垒和监管差异，为固废利用的顺利实施提供有力保障。另外，多维项目管理注重整体效益和长期发展，更加强调环境保护和可持续发展，在这种管理理念下，固废利用作为一种环保、可持续的处理方式，更容易得到重视和推广。鉴于以上，昔榆公司大力推广应用了弃渣铺筑施工便道与厂区场地，挖方弃石加工片石、碎石用于特殊路基与台背处理，工业粉煤灰填筑路基，工业钢渣铺装路面，CFB（循环流化床）灰渣改良土等固废利用项目。

（二）新技术推广与科技创新应用

昔榆高速公路多维项目管理包含了多个不同角度，形成了一个多角度、全方位的项目集合，为新技术提供了更广阔的应用场景和试验平台，吸引众多的技术供应商和研发机构参与。昔榆公司实施多维项目管理，制定了统一的规划和技术标准。这种标准化和一致性的要求降低了新技术在不同项目中推广应用的难度，促进了新技术的快速普及。技术资源、人力资源和信息资源等资源共享和协同工作，可以更高效地进行新技术的研发、试验和推广，形成合力效应。在整体项目中，先期应用新技术的项目可以起到示范和引领作用，一旦新技术在某个项目中取得成功，很容易在其他相关项目中得到复制和推广，形成良性的技术扩散机制。在多维项目管理框架下，各参建方更容易建立长期合作关系和信任机制，这为新技术的持续推广和应用提供了有力保障。政府和相关机构在制定交通基础设施发展规划时，通常会考虑新技术的推广和应用，多维项目管理可以更好地对接政策需求，获得政府的支持和引导，进一步推动新技术的推广。

昔榆公司坚持技术引领、创新驱动，倾力打造品质工程，在建设过程中注重推动理念创新、技术创新、管理创新和制度创新，推广应用了多项“四新”技术，开展了“微创新”和“五小”活动，通过科技赋能，显著提升工程内在品质。不断完善可管、可控、可视的“高速公路建养管一体化管控平台”，借助智慧建设管理中心，利用 BIM+GIS 技术，使投资管理、进度管理、安全管理、质量管理、征拆管理和运营信息监控等更准确、更便捷、更科学。

三 全面评估多维项目管理绩效

全面评估多维项目管理绩效，最终确定了五个方面及其包含的指标。

（一）财务方面

财务方面指标显示了多维项目的执行是否为组织带来了利润的增加。典型的财务指标包含利润率、成本降低率、内部收益率等。

（二）顾客（投资方）方面

项目的成功不仅是达到财务目标，更要让顾客认可项目提交物的质量，并在项目进行过程中为顾客提供增值服务。引入顾客满意度、顾客信任度等指标。其中，顾客满意度体现多维项目在为客户提供服务方面的质量、响应速度、承诺实现与效率等。

（三）内部流程方面

多维项目内部流程规范，才能实现顾客预期的测评指标。主要考虑以下几个方面：

（1）工作程序方面，包括工期、质量、一线生产人员技能和生产率等各种因素。

（2）企业竞争的核心能力方面，包括多维项目的关键技术能力水平、工程实施的效率。

（3）施工安全方面，包括安全事故率。

（4）关键资源分配方面，项目间对共享资源的争夺是不可避免的，资源（特别是关键资源）的有效利用显得尤为重要。

（5）风险防范方面，一般包括企业技术风险、操作风险、成本溢价风险等。

（四）组织学习和创新方面

为了适应工作环境的不断变革，项目管理应不断改善现有方法和技术。加强对多维项目管理人员的知识培训，使组织成员不断地学习，增进创新能力，继而转化成持续有效的组织竞争力。指标体系应包括多维项目实施过程中专业和管理知识的收集情况，管理人员技能提高情况，新技术、新机具、新工艺的应用情况。

（五）社会责任方面

公司除了盈利之外，还应该对社会负责。在公路建设中，应注重环境保护、社会影响。

昔榆公司多维项目管理绩效评估比较分析见表 8-1。

多维项目管理绩效评估比较分析　　表 8-1

项目	衡量指标		昔榆高速公路项目	同类高速项目
内部流程	安全事故率		零伤亡、零事故	负伤率 5‰
	项目风险控制		服从企业战略安排，风险控制能力强	风险较高，尤其成本溢价风险高
	技术水平		原材料合格率 100%；关键指标合格率≥ 98%，一般指标合格率≥ 96%，平均指标合格率≥ 97%，机电工程合格率 100%；交工一次验收合格率 100%；混凝土外观分级评价等级达到 A 级；工程质量一次验收合格率达到 100%；沥青路面上面层平整度标准差不大于 0.7	满足质量验收标准
内部流程	关键资源的有效利用		重大设备、模板、支架、主要材料（如钢筋）统一调配，周转利用率高	一般
	工程效率		高	一般
	项目预算单价（人工、材料、机械设备、管理成本等）		低于同类项目单价	较高
顾客	顾客满意度（按时交付）		提前交付	同样投资规模的项目需 4 年工期
	增值服务		（1）永临结合（临时用电线路用于永久用电线路；临时水井用作消防用水的永久水井；施工便道作为永久机耕道）。 （2）河道综合治理。 （3）通信网络同步建设。 （4）固废利用。 （5）利用弃土方解决耕地占补平衡	无
财务	经济效益	利润率	高	一般
		内部收益率	高	一般
		成本降低率	高	一般
社会责任	生态效益		绿色示范工程	—
	社会效益		社会评价高，影响大	一般
组织学习和创新	项目知识归集和整理		出版刊物、书籍，召开全国现场观摩会	较少
	新技术、新材料、新工艺的应用比例（百分比）		60%	20%
	员工技能的提高程度		员工技能提高快	一般

四　“数智支撑”的昔榆高速

大力发展数字经济是2023年山西路桥集团十项重点工作之一。产业数字化、数字产业化是大势所趋，也是集团新的战略导向。昔榆高速公路作为山西路桥集团的智慧建设和BIM技术双示范工程，肩负着“交通强省”信息化建设和数字化转型探索的重任。采用第五代移动通信、云计算、互联网等技术，打造了“2361”昔榆高速公路数字建造管理平台（图8-58）。基于BIM+GIS两个总体管控模块，打造了涵盖智慧监理、智慧隧道、智慧梁场、智慧云检、智慧劳务、智慧党建全业务链条的管控平台，形成了“进度、质量、安全”三大重点管控体系。通过实施一体化战略，打通了平台上各系统的数据壁垒，实现了关键数据一键抓取，原始数据自动采集、实时上传；实现了进度管理与BIM模型互联共享的突破；实现了终端设备视频回传及平台调度突破；实现了以工序为驱动、多种应用场景互联的突破，真正成为项目提前感知、智慧研判、辅助决策中心；实现了现场可视可管、进度可查可知、质量可溯可控、安全可防可纠的目标。依托“2361”昔榆高速公路数字建造管理平台，实现信息化业务“一条线”、管理“一张网”，“挂图作战”抓进度，“倒排工期”抓推进，“销号管理”抓落实，做到人人有责任，事事有人管，层层抓落实。以数字孪生技术进行全寿命周期数字化平台构建，充分发挥BIM的功能优势，实现了从决策策划、建设实施到后期运维的全寿命期的精细化管理。

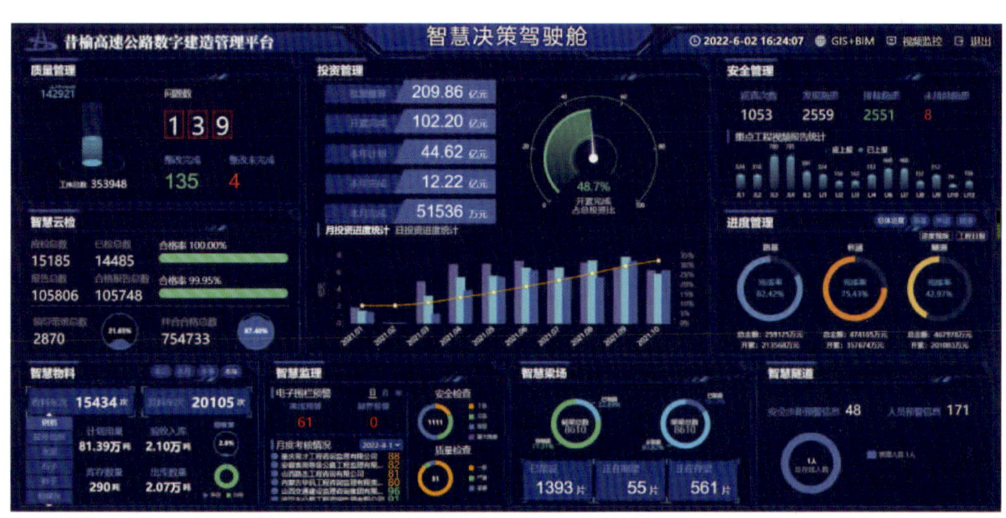

图8-58　昔榆高速公路数字建造管理平台

广泛应用BIM+GIS技术。前期策划阶段，在标段划分、征地拆迁调查、便道设计优化、场站规划设计等方面充分发挥其优势，最大限度节约工期，降本增效。山区地形条件复杂，施工便道成为项目的关键环节。在项目策划时，结合BIM+GIS技术，整体确定项目施工便道的走向及方位，结合实地踏勘进行总体策划，以“利用和改扩建现有公路资源为主、新建为辅”的主导思想，使便道和地方道路形成路网。通过合理布局新建便道，缩短材料运距，节约运输成本，方便施工通行，加快施工进度，从而达到降本增效的目的。本项目路线全长125.370km，便道全长约389.32km（主便道175.86km，支便道138.41km，材料运输便道75.05km），其中：利用国、省、县、乡道227.93km，新建161.39km。施工便道利用已有道路率达58.5%。设计阶段，利用BIM+GIS技术实现优化选线、生态选线、土石方调配合理等目的。此外，施工阶段的弃土场规划选址、水系调查、路网调查等都离不开“数智支撑”。

五 成功举办全国平安百年品质工程现场观摩会

2023年9月21日，山西路桥集团与中国公路学会联合主办第六届平安百年品质工程交流会（图8-59）。来自全国交通运输行业和公路建设领域的专家、学者、企业家围绕“平安百年品质工程”主题，深入交流探讨推动公路工程领域品质创建、绿色发展和智慧建造的新思路、新举措和新图景，共同助力加快建设交通强国。

9月22日下午，第六届平安百年品质工程交流会暨山西昔榆高速公路绿色智慧双示范工程现场观摩在昔榆高速公路项目召开，来自全国交通运输行业和公路建设领域的专家、学者、企业家进行现场观摩。昔榆高速公路全面展示了全线智慧化应用、固废利用、“2+1”桥面沥青防水层施工、植物微生态修复、无人摊铺施工及智慧路面等建设成果。

平安百年品质工程交流会是一个研究探索品质工程、绿色公路、智慧高速建设的全国性交流合作平台，昔榆高速公路通过主旨报告、论坛交流、成果展示、现场观摩等形式，深度推介平安百年品质工程建设的创新举措、先进经验和特色模式，对提升全国公路工程项目的标准化、集约化、智能化、数字化建设水平发挥了示范性引领作用。

图8-59 第六届平安百年品质工程交流会

六 琢成“品”字号管理团队

多维项目团队是由项目公司领导层、各职能部室及各项目经理部组成的管理团队。党委书记兼董事长负责整个昔榆高速公路多维项目的管理，其领导的团队是多维项目管理的控制层。各职能部门负责人对各项目部进行指导与培训，对各项目部进行协调沟通，对整体多维项目团队成员的业务水平负责，同时配合董事长开展工作。各项目部负责本项目部（标段）工作的实施，并接收各级职能部门的指令。一个结构合理、灵活高效的组织结构是进行多维项目管理的基本条件。高速公路多维项目利益相关方众多，其人员的配置合理性、权责分配的到位性、运行的高效性是一个团队能否担当的关键。

2020 年开始，组建了昔榆高速公路多维项目管理团队。针对项目建设中面临的各类内外部影响因素，充分结合项目“投资、建设、施工、运营”一体化经营的实际情况，项目管理团队采用扁平化的组织结构模式，以“安全为先、质量为本、进度为重、投资为主、科技创新、降本增效”的管理理念，树立了“深化五个推进，开展四个创新，创建三个目标，实现两个效益，打造成为绿色、品质、平安、智慧、廉洁、美丽昔榆”的管理目标，发扬了山西路桥人同心同德的融合精神、与时俱进的创新精神、勇于开拓的拼搏精神、超越自我的卓越精神，通过 3 年的努力，克服多重不利因素，按时甚至提前完成了全部既定目标。团队文明创建成果丰硕，品牌形象不断提升，社会影响力持续增强，形成了“科学、严谨、务实、高效”的工作作风。“琢之磨之，玉汝于成”，打造成管理理念人本化、管理方法专业化、管理基础标准化、管理手段信息化、管理方式精细化的“品”字号团队（图 8-60）。多维项目管理团队成员具备了以下能力或素质：

（1）“管理 + 服务”的团队文化。昔榆高速公路多维项目管理团队形成了具有行业特色的团队精神、全局意识，成员之间关系融洽，顺利完成了整个多维项目的目标。“融合、创新、拼搏、卓越”，是昔榆公司的企业精神，是从企业文化传承和发展历程中总结提炼出来的精神力量。

（2）计划和组织能力。能够制定详细的项目计划，并将任务分配给团队成员，以确保项目按时完成；能够评估风险和优先级，并制定应对策略。

（3）沟通和协调能力。具备优秀的沟通和协调能力，能够与客户、团队成员和其他利益相关方进行有效沟通；能够清楚地表达自己的想法，听取他人的建议，并及时解决问题；能够协调不同团队成员之间的工作。

（4）领导和管理能力。具备领导和管理能力，能够激励团队成员，推动项目进展，并确保项目目标的实现；具备管理和指导团队成员的能力，以及解决冲突和问题的能力。

（5）丰富的实践工作经验。管理团队各职能负责人都曾有过担任项目经理、总工的工作经历。

图 8-60 “品”字号管理团队

七 呈现“车在景中行　人在画中游”的昔榆画卷

昔榆公司积极响应绿色低碳、绿色施工、共谋交通与自然和谐共生的要求，在策划阶段提出“生态引领、低碳集约、景观融入、服务共享、智慧创新”的绿色公路建设理念，明确以“生态环保、资源节约、节能高效、服务提升”为主要特征，打造绿色公路示范工程（图 8-61）。

昔榆高速公路的外在美，源自其内在功，主要表现在以下几个方面：坚持生态选线，绕避了松塔水源保护区，八缚岭、铁桥山自然保护区，跨越松溪河湿地公园、涂河生态保护区，合理避让压覆矿产资源（图 8-62）；利用 BIM+GIS 技术科学选线，减少土地资源占用；在路基设计中，依据道路所处位置的土质、植被，尽量采用不同的生态防护形式，确保与周边环境融合；坚持绿色建设，秉承“因地制宜、合理布局、全线统一规划”建设理念，开展驻地建设，以“工厂化、集约化、专业化、配送化”的原则进行场站建设，按照“永临结合”的原则开展临时电力、临时便道、临时水井等临时工程建设（图 8-63、图 8-64）；采用智慧梁场、装配式技术推进桥梁工程的标准化、信息化、数字化、智能化绿色建设，在隧道工程绿色建设中推广应用“四新”技术，达到减碳、节能、环保的目的；坚持固废综合利用，推动低碳循环，通过自加工碎石、工业固废拌制低强度等级混凝土等固废利用措施，利用现场施工环境、弃土场、路域环境专项整治，做到绿色环保；坚持景观融合，全线隧道洞门采用人工造景（图 8-65、图 8-66）的方式，与沿线自然景观和人文景观相融合，突出体现勤奋团结的晋商文化和不畏艰险的太行精神等；以“传承企业文化，展现昔榆风采”为主题，结合山西路桥集团企业文化与沿线自然景观，在管理中心、收费站、服务区也开展了“一区一品”主题建设（图 8-67）。

图 8-61 昔榆画卷

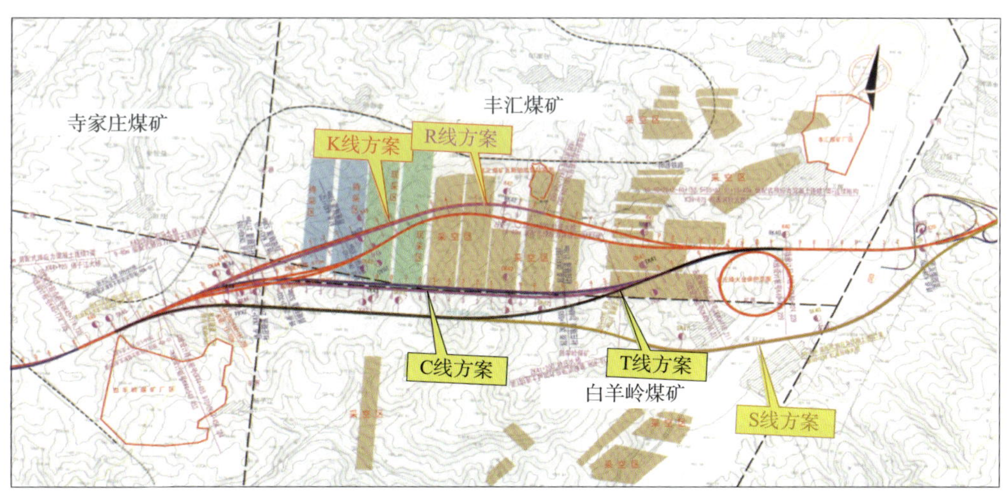

图 8-62 避让矿产资源，生态选线

图 8-63 施工便道利用

图 8-64 临时用电线路架设

图 8-65　太行山隧道洞门

图 8-66　白坡头隧道洞门

图 8-67　榆次东服务区

第四篇

PART 04

展望未来绘蓝图

第九章

CHAPTER 09

管理模式展望

第一节　特许经营建设模式

2023 年 11 月，《国务院办公厅转发国家发展改革委、财政部〈关于规范实施政府和社会资本合作新机制的指导意见〉的通知》（国办函〔2023〕115 号）聚焦使用者付费项目，提出政府和社会资本合作应全部采取特许经营模式实施，根据项目实际情况，合理采用建设—运营—移交（BOT）、转让—运营—移交（TOT）、改建—运营—移交（ROT）、建设—拥有—运营—移交（BOOT）、设计—建设—融资—运营—移交（DBFOT）等具体实施方式，并在合同中明确约定建设和运营期间的资产权属，精准且清晰地界定合同各方在项目中的权利、责任与利益关系。

一　常用的特许经营建设模式

特许经营模式在不同行业有着多样的具体实施方式。

（一）建设—运营—移交（BOT）

含义：社会资本方或项目公司承担项目的融资、建设责任，按照事先约定的标准完成项目建设后，进入运营阶段，通过运营获取收益（如向使用者收费等方式），在特许经营期限届满时，将项目资产无偿移交给政府或其指定的机构。

适用场景及优势：常用于基础设施新建项目，例如高速公路、桥梁、污水处理厂等领域。它能够吸引社会资本参与到公共基础设施建设中，减轻政府在建设阶段的资金压力，同时利用社会资本方专业的运营管理经验，保障项目运营期间的服务质量，提高项目整体的经济效益和社会效益。比如一条新建的高速公路采用 BOT 模式，社会资本方负责筹集资金进行道路建设，后续通过收取过往车辆的通行费来收回投资并获取利润，经营到期后将高速公路相关设施完整移交给政府，继续服务社会。

（二）转让—运营—移交（TOT）

含义：政府将已经建成且正在运营的存量项目的一定期限的经营权、收益权，通过合法的方式转让给社会资本方或项目公司。社会资本方接手后对项目进行运营管理，在运营期间依靠项目自身的运营收入实现盈利，待特许经营期满后，再把项目交回政府方。

适用场景及优势：比较适用于盘活已有的存量基础设施资产，像一些运营多年但运营效率有待提升的城市供水、供电设施，或者传统的市政污水处理厂等项目。这种模式的优势在于可以充分利用社会资本方先进的运营管理理念和技术手段，快速提升项目的运营水平，增加项目收益，而且政府能够在不增加新的建设投入的情况下，通过转让经营权获得一定的资金回报，实现存量资产的优化配置和价值最大化。

（三）改建—运营—移交（ROT）

含义：针对既有基础设施需要进行升级改造的项目实施的一种特许经营方式。社会资本方负责投入资金对现有设施进行改建工作，比如采用新技术、新工艺对设施进行更新换代，或者扩大设施规模、提升功能等，完成改建后进入运营阶段，通过运营产生的收益收回投资并获取相应回报，特许经营期满后把项目移交给政府方。

适用场景及优势：适用于老旧的基础设施项目，例如一些早期建设的城市轨道交通线路需要进行设备更新、车站扩建，或者老旧的医院建筑需要进行改造升级以满足现代医疗服务需求等情况。ROT 模式一方面可以借助社会资本的力量改善既有设施的状况，使其重新焕发活力，更好地满足当下及未来的公共服务需求；另一方面也给予了社会资本参与改造和运营获取收益的机会，有助于实现项目的可持续发展。

（四）建设—拥有—运营—移交（BOOT）

含义：社会资本方负责项目的融资、建设工作，在项目建设完成后，在特许经营期限内拥有项目的所有权，通过运营项目获取收益（如向使用者收费、经营附属设施等方式），等到特许经营期满，再将项目的所有权移交给政府方或其指定机构。

适用场景及优势：在一些大型的基础设施项目（特别是投资规模大、回报周期长的项目）中应用较多，比如大型港口、机场等建设项目。BOOT 模式赋予了社会资本方在一定时期内对项目的所有权，使其在项目运营决策、资产处置等方面有更大的自主性，能更好地激励社会资本投入大量资金进行高质量建设，并在运营阶段积极创新运营模式、提升服务质量，因为其收益与所有权期间的运营情况紧密相关。同时，保障了政府最终对公共基础设施的所有权和后续的管理权益。

（五）设计—建设—融资—运营—移交（DBFOT）

含义：社会资本方从项目的设计阶段就开始全面介入，负责整个项目的设计、建设、融资以及后续的运营管理工作，在特许经营期限内通过运营获取收益，期满后将项目移交给政府方。

适用场景及优势：常用于对专业性、综合性要求较高的项目，例如大型的综合交通枢纽、特色产业园区等项目。这种模式可以保证项目从最初的规划设计开始就充分考虑后续建设、运营等各阶段的需求，实现各环节的无缝衔接和协同配合，避免因不同阶段由不同主体负责而可能出现的衔接不畅、设计变更频繁等问题，有利于打造高质量、一体化的项目成果，提高项目整体的运营效率和效益。

（六）运营与维护（O&M）

含义：政府或项目所有权方保留项目资产的所有权，仅将项目的运营和维护工作委托给社会资本方或专业的运营公司，社会资本方按照约定的服务标准、质量要求等开展运营维护工作，并向委托方收取相应的服务费用。

适用场景及优势：适用于已经建成且资产所有权归属明确，但运营管理需要专业化提升的项目，比如城市公园、小型的市政道路等。采用 O&M 模式可以充分利用社会资本方在运营维护方面的专业技能和经验，在不涉及资产所有权变更的情况下，提高项目的日常运营质量，降低运营成本，保障项目持续稳定地为公众提供服务。

（七）管理合同（MC）

含义：政府或项目业主与社会资本方签订管理合同，将项目的部分或全部管理职能委托给社会资本方，由其运用专业的管理知识和技能，对项目进行管理，协助业主提升项目的运营效率、服务质量等，社会资本方根据合同约定收取管理服务费用。

适用场景及优势：通常应用于一些较为复杂的公共服务项目，如大型医院、学校等，当项目业主希望借助外部专业力量改善内部管理流程、优化资源配置、提高综合服务水平时会采用该模式。MC 模式能够在不改变项目资产所有权和运营主体的基础上，快速引入外部先进的管理理念和方法，实现项目管理的优化升级，同时社会资本方也可以通过提供专业管理服务获取收益，实现合作共赢。

以上特许经营模式的具体实施方式各有特点和适用场景，在实际应用中需要根据项目的性质、目标、资源状况以及各方的合作意愿等因素综合考虑，选择最适合的方式来保障项目的顺利实施和公共服务的有效供给。

二 高速公路实施特许经营建设模式特别需要注意的问题

高速公路特许经营建设模式涉及诸多复杂环节和关键问题，需要政府、社会资本方等各方参与者高度重视，精心规划、严格管理，以保障项目顺利实施，实现高速公路的高质量建设和持续稳定运营，为社会提供优质的交通基础设施服务。

（一）法律法规与政策环境

高速公路特许经营建设受到诸多法律法规约束，涵盖招投标、土地使用、环境保护、质量监管等多个领域。例如，在项目立项阶段，需严格依照国家关于基础设施建设项目审批的相关程序办理手续；在土地获取上，要遵循土地管理法规，确保用地合法合规。同时，高速公路行业政策变化可能影响项目的收费标准、经营期限、建设要求等关键要素，需密切关注政策动态，提前在特许经营协议中明确政策变动风险的分担及应对机制，比如因政策调整导致收费标准降低而影响收益时，是由政府给予相应补贴还是允许适当延长特许经营期限等，确保项目能适应政策环境变化并持续稳定运营。

高速公路建设有严格的行业规范和技术标准，涉及路线设计、路面结构、桥梁隧道施工、交通安全设施设置等多方面内容。在特许经营建设过程中，必须确保项目严格按照现行的国家标准和行业最佳实践进行设计、建设，以保障高速公路的安全性、耐久性和通行能力。例如，高速公路的路面平整度、抗滑性能以及桥梁的承载能力等指标都有明确的量化标准，社会资本方要组织专业团队严格把控施工质量，政府相关部门也要加强监督检查，防止出现不符合标准的情况，避免后期运营出现安全隐患或频繁维修等问题。

（二）项目前期规划与可行性研究

1. 交通流量预测

交通流量预测是高速公路特许经营建设项目前期规划的关键内容，其准确性直接影响项目的收益和可行性。需要综合考虑区域经济发展趋势、周边现有及规划交通网络布局、人口流动情况、产业结构特点等多方面因素，运用科学的预测方法和模型进行分析。如果高估了交通流量，可能导致建设规模过大，建设成本增加，后期运营中因车流量不足而难以收回投资；反之，若低估交通流量，可能出现道路建成不久就面临拥堵，无法满足通行需求，影响服务质量和项目声誉。因此，要聘请专业的交通规划咨询机构，结合历史数据和未来发展规划，进行深入细致的交通流量预测，并在项目实施过程中持续跟踪验证和适时调整。

2. 路线规划与选线合理性

高速公路的路线规划和选线不仅关系到建设成本，还影响着项目对周边区域的带动作用以及与其他交通方式的衔接效果。要充分考虑地形地貌、地质条件、生态环境、城市规划、文物保护等诸多因素，尽量避开不良地质地段、生态敏感区，同时要注重与沿线城市、乡镇的连接，方便居民出行和货物运输，促进区域经济发展。例如，选线时若忽视了对自然保护区的避让，可能面临项目审批受阻以及后续生态修复成本增加等问题；若未合理考虑与城市出入口的衔接，会造成车辆进出不便，影响高速公路的使用效率和社会效益。

3. 建设成本估算与资金安排

高速公路建设成本高昂，涉及土地征收补偿、工程建设费用、设备购置安装、建设期利息以及其他相关费用等。在项目前期需进行详细准确的成本估算，考虑不同地区的物价水平、人工成本差异以及可能出现的材料价格波动、工程变更等因素，合理预留一定的成本弹性空间。同时，要根据项目的建设进度和资金需求，制定完善的资金安排计划，明确资金来源渠道（如自有资金、银行贷款、股权融资等）及各阶段的资金投入量，确保项目建设过程中有充足稳定的资金支持，避免因资金短缺导致工期延误或工程质量问题。

（三）社会资本方选择与合作

1. 专业资质与行业经验考量

选择具备高速公路建设及运营专业资质和丰富经验的社会资本方至关重要。考察其是否拥有公路工程施工总承包相应等级资质、是否具备类似规模和复杂程度高速公路项目的建设经验，以及在道路运营管理（如收费、养护、应急救援等方面）的过往业绩等。例如，没有高速公路大型桥梁施工经验的企业，在承担包含特大桥建设任务的项目时，可能面临技术难题和施工风险，影响项目整体进度和质量，所以要通过严格的资格审查和业绩评估，筛选出有实力胜任的社会资本方。

2. 财务实力与融资能力评估

高速公路特许经营建设项目投资巨大，对社会资本方的财务实力和融资能力要求很高。需要审查其资产负债状况、现金流情况、信用等级等，确保其有足够的自有资金投入项目前期建设，并具备通过多种融资渠道（如银行贷款、发行债券、引入战略投资者等）筹集项目所需巨额资金的能力。同时，要关注其应对项目建设过程中可能出现的资金风险（如资金链断裂风险）的应急预案和保障措施，避免因社会资本方资金问题导致项目停滞或烂尾的情况发生。

3. 合作模式与责任权益界定

明确具体的合作模式（如 BOT、BOOT 等），并在特许经营协议中清晰界定双方的责任、权利和利益。例如，在 BOT 模式下，要明确社会资本方在建设阶段的工程质量责任、进度控制义务，运营阶段的服务质量标准、养护责任以及收益获取方式等；政府方则要明确自身在项目审批、监管、提供必要支持（如协助办理相关手续）等方面的职责，同时确定双方在面对风险（如不可抗力、政策调整、市场变化等）时各自承担或共同分担的范围及方式，确保合作过程中双方各司其职、权益明晰，避免出现责任推诿或权益纠纷等问题。

（四）合同管理

1. 合同条款全面性与细致性

高速公路特许经营建设的合同内容应涵盖项目全生命周期各方面，包括但不限于项目概况、建设内容及标准、运营服务要求、收费机制、特许经营期限、资产权属、风险分担、违约责任、争议解决、合同变更与终止等条款。对于建设内容及标准，要详细规定路基压实度、路面材料规格及厚度、桥梁结构安全系数等具体指标；运营服务要求方面，需明确收费系统的准确性和稳定性标准、道路养护的频次和质量要求、应急响应时间等内容，确保合同条款全面、细致、无歧义，为项目实施提供清晰准确的依据，避免后续因合同约定不明而产生争议。

2. 合同执行监督与动态调整

建立严格的合同执行监督机制，政府相关部门要定期对社会资本方的建设进度、工程质量、运营服务等进行检查和评估，对照合同条款督促其履行责任。同时，由于高速公路特许经营项目周期长，其间可能因经济社会发展、技术进步、政策变化等因素需要对合同内容进行调整，如调整收费标准、延长或缩短特许经营期限、变更部分建设或运营内容等，应在合同中明确规定合同调整的条件、程序以及相应的权益变动规则，确保合同调整合法合规、公平合理，保障项目能根据实际情况持续优化运营。

3. 违约处理与争议解决机制

在合同中明确约定违约行为的认定标准和处理措施，对于社会资本方出现的建设质量不合格、运营服务不达标、未按约定履行义务等违约情况，以及政府方未提供必要支持、擅自变更合同条款等违约行为，要制定相应的惩罚机制，如扣除保证金、责令整改、赔偿损失等，情节严重的可终止特许经营协议。此外，应在合同中构建切实有效的争议解决机制。具体而言，可供选择的争议解决方式有协商、仲裁以及诉讼等。同时，需以清晰且确切的条款，明确约定适用于本合同的法律以及管辖地，确保在项目执行过程中一旦出现争议，能够依据既定机制，迅速、公正地予以解决，切实维护合同双方的合法权益，保障项目平稳、顺利推进。

（五）项目运营与移交

1. 运营服务质量保障与持续监管

高速公路运营阶段，服务质量直接关系到过往车辆和驾乘人员的出行体验以及项目的社会声誉。要确保社会资本方按照合同约定的服务标准，提供安全、畅通、便捷的通行环境，包括保障收费系统准确高效运行、道路设施完好无损、交通标识清晰明确、应急救援及时到位等。政府相关部门需建立常态化的监管体系，通过现场检查、远程监控、用户满意度调查等多种手段，对运营服务质量进行持续监督，督促社会资本方不断改进和优化运营管理，及时处理运营过程中出现的各类问题，如修复道路病害、疏导交通拥堵等。

2. 养护计划制定与执行监督

高速公路的养护工作对于维持道路性能、延长使用寿命至关重要。社会资本方应根据道路实际状况、交通流量、使用年限等因素，制定科学合理的养护计划，涵盖日常巡查、定期养护、专项养护等内容，并明确养护的项目、频次、质量标准等。政府部门要对养护计划的执行情况进行严格监督，确保养护工作按时、按质完成，避免因养护不及时或不到位导致道路病害加剧，影响行车安全和通行效率。例如，对于路面出现的裂缝、坑洼等病害，要监督社会资本方及时进行修补处理，防止病害扩大引发更严重的安全隐患。

3. 资产移交规范与完整性要求

特许经营期满后，资产移交环节必须严格规范。在合同中要明确资产移交的范围，包括道路主体设施、附属设施（如收费站、服务区、监控设备等）、土地使用权以及相关的技术资料、运营数据等。同时，要规定资产移交的标准，如设施设备需处于正常运行状态、道路应符合相应的质量标准等，制定详细的验收程序，确保移交的资产完整、可用，便于政府后续顺利接管并继续运营高速公路，保障公共服务的连续性。此外，还要妥善处理人员安置等相关问题，确保运营服务不因项目移交出现断档情况。

第二节　精细化管理融入特许经营模式

一　精细化管理与特许经营的关系

高速公路的精细化管理和特许经营是紧密相关的，在高速公路建设管理中二者相辅相成且有机融合。

精细化管理是一种理念和管理模式，强调在管理过程中注重细节、精准操作，以提高效率、降低成本、提升服务质量等。在高速公路管理中，精细化管理包括精确的交通流量监测、细致的道路设施维护计划、精准的收费管理等诸多细节。

特许经营是一种经营模式，政府依法依规授权有关行业主管部门、事业单位等作为特许经营项目实施机构，进行特许经营方案编制、特许经营者选择、特许经营协议签订、项目实施监管、合作期满移交接收等工作，允许特许经营项目实施机构在一定期限内对高速公路进行建设、运营等活动。在特许经营模式下，企业为了实现收益最大化和履行特许经营协议中的服务标准承诺，需要实施精细化管理。

一方面，特许经营为精细化管理提供了目标导向。因为企业要在特许经营期内收回投资并获取利润，同时达到政府规定的服务质量要求，如道路安全畅通的保障程度、服务区的服务水平等。这就促使企业通过精细化管理优化资源配置，例如合理安排收费人员、精准规划道路维修资金的使用等。

另一方面，精细化管理是特许经营企业达成经营目标的有效手段。通过精细化管理，特许经营企业可以提高高速公路的运营效率，减少运营成本，提升服务质量以吸引更多的使用者，从而在特许经营期内获取更好的经济和社会效益。

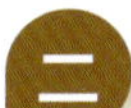

二　特许经营新模式对精细化管理的新要求

政府和社会资本合作新机制下的高速公路建设精细化管理要求从项目的各个环节入手，全方位提升管理的科学性、规范性和有效性，以更好地实现高速公路项目的经济效益、社会效益以及公共服务价值。从宏观角度来看，政府和社会资本合作（PPP）新机制对高速公路建设精细化管理提出了以下几方面要求：

（一）聚焦使用者付费与项目可行性精准把控

1. 严谨的项目可行性评估

在高速公路建设项目前期，需对项目的使用者付费潜力进行深度且精准的分析。要综合考量项目所在地区的经济发展水平、人口分布与流动趋势、产业布局以及现有交通网络状况等多方面因素，科学预测未来高速公路的交通流量及通行费收入情况。例如，分析沿线城市的经济增长预期对物流运输需求的拉动，以及居民出行习惯变化对客运流量的影响，以此来严谨判断项目依靠使用者付费实现资金平衡和合理收益的可行性，避免盲目上马项目导致后期收益不佳的情况出现。

2. 基于市场需求的项目定位与规划

依据对使用者付费的分析结果，明确高速公路项目的定位与功能规划。从车道数量、设计速度、互通立交设置，到服务区、停车区的布局与规模等，都要契合市场实际需求，确保高速公路建成后能有效吸引车流、提供高质量通行服务，实现资源的合理配置与高效利用，提高项目的市场适应性和可持续发展能力。

（二）公平规范选择特许经营者与责任落实

1. 透明公正的特许经营者选择流程

按照新机制要求，需建立一套公开、公平、公正的特许经营者选择程序。通过规范的招投标等方式，全面考察参与企业的综合实力，包括资金实力、技术能力、过往类似项目经验、运营管理水平以及信誉等多维度要素。例如，要求企业提供详细的过往高速公路建设运营业绩证明、财务审计报告、技术团队构成等资料，确保选出真正具备能力和资质的特许经营者，保障项目建设及运营质量。

2. 明确的责任界定与合同管理

在与特许经营者签订的合同中，要清晰界定政府与社会资本双方在高速公路建设、运营、养护、移交等各个阶段的权利、义务和责任。对于项目建设标准、质量要求、工期安排、运营服务质量指标、收费管理规则以及遇到不可抗力等特殊情况时的处理方式等关键内容，都要有明确且细致的约定，便于后续监督执行，避免出现责任推诿、争议纠纷等问题，保障项目顺利推进。

（三）全生命周期成本控制与质量保障

1. 全生命周期成本核算与优化

强调对高速公路项目全生命周期成本的精细化把控，不仅要考虑建设阶段的初始投资成本，如土地征用、工程建设费用等，还要充分预估运营阶段的养护维修成本、管理成本、设备更新成本以及可能面临的风险成本等。通过合理规划建设方案、选用性价比高的材料和技术、制定科学的运营管理策略等方式，优化全生命周期成本结构，确保项目在整个特许经营期内实现成本效益的最佳平衡，提高项目整体的经济性和抗风险能力。

2. 严格的质量管控体系贯穿始终

建立覆盖高速公路项目从规划设计、建设施工到运营维护全流程的严格质量管控体系。在规划设计阶段，遵循高标准的工程设计规范，确保方案的科学性、合理性和安全性；在建设施工过程中，对原材料采购、施工工艺、工序验收等环节实施严格质量监督，采用先进的检测技术和质量追溯机制，保证工程实体质量达到优良水平；在运营阶段，持续监测道路及附属设施的使用状况，定期开展质量评估，及时进行养护维修，确保高速公路始终处于良好的运行状态，为使用者提供安全、舒适的通行环境。

（四）运营管理与服务质量提升

1. 智能化运营与高效资源配置

借助大数据、物联网、人工智能等现代信息技术，打造智能化的高速公路运营管理系统。通过实时采集和分析交通流量、路况信息、气象数据等，实现对交通的动态管控，如自动调整收费车道开放数量、及时发布路况预警信息、优化道路养护资源配置等，提高运营效率，减少拥堵，提升使用者的通行体验。

2. 注重服务质量的多维度提升

高度关注高速公路运营阶段的服务质量，从收费服务、道路养护、服务区运营、应急救援等多个维度进行精细化管理。要求收费过程快速准确、便捷高效；道路养护做到及时、科学、预防性养护，保障道路通行性能；服务区提供舒适、多样化、高质量的配套服务；应急救援具备快速响应、专业有效的处理能力，全方位满足使用者的需求，提高社会满意度，树立良好的项目形象。

（五）合规监管与绩效评价

1. 严格的合规性监管要求

政府相关部门要依据新机制及相关法律法规，对高速公路 PPP 项目实施严格的合规性监管。重点监督项目在建设程序、招投标活动、资金使用、质量安全等方面是否符合合规定，确保项目运作合法合规，防止出现违规举债、利益输送等问题，维护公共利益和市场秩序。

2. 完善的绩效评价机制

建立健全绩效评价体系，从项目建设质量、运营服务水平、成本控制、社会效益等多个角度，定期对高速公路 PPP 项目进行全面、客观、量化的绩效评价。将评价结果与付费机制、奖惩措施等挂钩，激励特许经营者不断提升项目管理水平和服务质量，保障项目持续健康发展，实现公共服务的高质量供给。

第十章

CHAPTER 10

运维展望

昔榆公司持续强化经营理念，聚焦“精细管理程度最高、道路管控机制最优、交通管制时间最短、清障救援速度最快、智慧交通信息最强、服务质量评价最好”的“六最”目标，深入实施“管理、服务、数字、养护、安全”五大提升工程，积极探索开展“一路一品”经营管理，努力打造“集约畅通、舒适智能、绿色安全”的高速公路，形成山西路桥集团特色运营品牌，为全省同类项目提供借鉴。

第一节　路域经济开发

随着新增高速公路项目地形地质条件越来越复杂，桥隧比例增加，人工成本、建筑材料价格、征地拆迁补偿标准等生产要素价格的不断提高，高速公路建设成本将持续增加。建设成本不断攀升，收费模式单一，投资效益较差，项目收支不平衡的矛盾日益突出。发展高速公路路域经济，全面盘活高速公路沿线资源，提高资源利用率，对于健全高速公路产业链、创造新的业务和经济增长点、增加高速公路运营收益、保障高速公路建设高质量和可持续发展等具有重要意义。

作为山西省唯一的全产业链现代交通企业，山西交控集团全力推动经营结构向收费公路经营、基础设施建设、路域经济发展“三足鼎立”转型。坚决当好路域经济发展的开拓者，通过大力发展“交通 + 新能源”“交通 + 物流”“交通 + 数字经济”等交通关联新业态，集团 2022 年实现路域经济收入 98.16 亿元，在推动发展路径向一体融合型转变、发展方式向质量效益型转变方面取得了明显成效。

近年来，山西交控集团聚焦高质量发展主题，依托“融、投、建、养、运、服”全产业链优势，坚持在路“沿”上下功夫，用足用好辐射范围内“车流、物流、人流、信息流、资金流”等“流要素”，构建一大主导产业、两翼新兴产业、三大支柱产业和多个关联产业组成的“1+2+3+N”路域经济产业布局。山西交控集团大力拓展“服务区 +”新业态、推进服务区“综合能源岛”建设、发展“交通 + 光伏”业务、拓展交通领域环保业务、推进公路建设固废资源化利用、推广科技成果产业化和规模化应用、发展园区经济和数字平台经济以及物流经济，并在其他路域经济业务上百花齐放、竞相发展。

公路交通点多、线长、面广，对区域经济的拉动、带动、辐射作用明显，通过综合施策和资源开发利用，将业态由公路建管养运向文化旅游、现代物流、工业园区等关联产业延伸，可实现存量资源效益优化、带动区域经济增长、促进企业转型升级，促进行业的高质量发展。

 “服务区 +”融合发展

结合服务区所处的区位需求、政策优势和交通条件，分析休闲旅游、货物集散等功能开发的可行性，全面开展“服务区 + 物流”“服务区 + 文旅”“服务区 + 商业综合体”“服务区 + 特色农贸”等“服务区 +”模式，创建山西省高速服务区新业态。“服务区 + 广告”积极开发利用闲置广告资源，实现服务区内广告业务全覆盖，使路域内广告资源得到最大化利用；开发新型媒体资源，推动转型升级和深度发展，实现新的收入增长点。

昔榆高速公路共设 3 处服务区，即昔阳东服务区、昔阳西服务区、榆次东服务区，计划建设成为功能完善、服务多样、独具特色的综合性服务区。

（一）综合能源

按照“综合能源补给岛”模式，初步设计在 3 个服务区规划 6 个加油站，以及光储充供一体化充电站（图 10-1）；规划在榆次东服务区、昔阳东服务区各建设 2 座液化天然气加气站，在修文管理中心建设 1 座加油站，便利过往车辆能量补给。

（二）餐超商贸

服务区商贸零售业务按照“连锁无人超市”（图 10-2）形式进行规划设计，并结合区域特色资源，以昔阳、寿阳、和顺、榆次当地特产为依托，计划开展“农特产专营店”等特色化经营。

图 10-1　光储充供一体化充电站

图 10-2　连锁无人超市

餐饮业务结合昔榆高速公路为重要运输通道、货运车辆多、服务区消费人群以货车驾驶员为主的特点，拟按照“大排档”的档口式快餐模式进行规划设计。同时，打造“司机之家”，完善相关配套设施，提供加水、保养、汽修、临休、货运信息咨询等专业、全面的服务。

（三）近零碳服务区

昔榆公司秉承全方位资源循环利用的建设思路，预期打造智慧公厕等一体化设备，实现昔榆高速公路服务区智慧化、近零碳管控目标。

“高速公路＋”绿色运营

在高速公路服务区、停车区布设充电桩，完善电动汽车充电、电动汽车换电池等多种能源服务模式；因地制宜、有序推进高速公路服务区加氢站建设；在互通立交匝道环内、服务区、养护工区、收费站的建筑物屋顶、停车棚、边坡以及分离式隧道进出口遮光棚、中央分隔带等位置开发光伏发电项目，为服务区和充电桩提供绿色清洁电能；充分利用国家新能源汽车蓄电池梯次回收利用的政策支持，在服务区建设微型蓄能电站，整合光伏、储能、充电、电池检测、电车保养、充电桩设施维护服务等业务，建设“光储充检养服”一体化电站；建设集“光伏发电＋农业种植”于一体的农业光伏产业园区，培育种植蔬菜、果树、苗圃、中药材等农作物；开展破碎山体综合治理与土地整治开发，推进公路建设固废资源利用，打造“高速公路＋生态治理”新服务。

（一）充电站

充电桩是新型能源基础设施。昔榆高速公路拟在沿线各收费站、养护工区、隧道管理站和路段管理中心等场区建设充电桩，满足内部生产生活车辆使用，同时为过往车辆提供服务。规划在5处收费站、3处服务区、3处隧道管理站及管理中心等其他13处区域布局建设总功率不小于120kW的快速充电桩。

（二）光伏发电

图10-3　屋顶光伏

在服务区、收费站、养护工区、隧道管理站、路段管理中心以及隧道口等33处场区设置光伏发电设施，实现“自发自用、余电上网”。

1. 屋顶光伏

本项目屋顶分布式光伏电站拟采用单坡式全铺方案（图10-3），选用545W单晶硅光伏组件作为棚顶，采用压块式水泥基础，光伏组件按单坡固定倾角安装。光伏

组件经过 $4mm^2$ 直流铜芯电缆串流后汇入光伏逆变器，随后接入光伏并网柜，与国家电网相接，从而为站区提供清洁能源。

2. 地面光伏

地面固定式光伏支架主要应用在高速公路隧道中央隔离带、互通等闲置地面（图 10-4）。选用 Q235B 高强度镀锌钢支架、545W 高效单晶硅光伏组件以及配套电器系统，把产生的清洁能源就近供给隧道使用。

图 10-4　地面光伏

3. 光伏车棚

光伏车棚（图 10-5）将光伏和车棚顶结合起来，不但能实现传统车棚的所有功能，还能将太阳能转换为电能，为站区提供清洁能源，适用于高速公路沿线收费站、服务区。

图 10-5　光伏车棚

三 “高速公路 +”物流配送

充分发挥高速路网优势，探索公铁联运、专业运输、跨境运输等模式；以枢纽基地为中心，发挥服务区节点功能，在地级市城区布局二级基地，布局“枢纽基地 + 路内服务区 +

路外站点”大物流体系；开发闲置土地等资源，深度挖掘高速公路收费站和服务区周边闲置土地，建设物流仓储、分拨中心，结合城市物流配送路线，建立城市周边的“统仓统配”物流集散地，形成“快速配送 + 分布式仓储”的物流骨干网；依托公路优势，发展公路广告业，组建公路广告联营体，盘活公路沿线广告业务。

四 构建路域资产数字化管理系统

路域资产管理平台以资产全寿命周期管理为目标，以资产优化配置为核心，以资产台账管理为基础，基于 BIM+GIS、高精度地图的时空数字底座，集“资产信息、资产盘点、资产核算、资产变更、资产可视化”五大功能板块于一体，并开放给各业务信息系统使用，实现高速公路基础设施数字化，为高速公路运营、决策提供坚实的数据基础。

路域经济对推进战略纵深、推动产业融合、实现高质量发展起着重要支撑作用。昔榆公司紧跟集团公司的思考、站位、战略，紧跟时代步伐，立足长远发展，提前谋划布局，真正实现全方位的高质量发展。

第二节 智慧运营

在交通运输行业数字化转型背景下，昔榆公司总结在公路领域施工管理、建设管理、运营管理及数字化管理方面的实践经验，对高速公路的数字化运营管理进行深入研究，借鉴成熟的高速公路数字化运营管理体系，形成昔榆公司运维管理体系框架、数字化技术方法、数字化运营平台等成套理论和技术成果，实现高速公路管理业务相关信息数据的高效采集和利用，有效提升管理的质量和效率，为高速公路运营主体实现治理能力现代化提供了有力保障。

一 数字化运营管理理论

数字化运营管理理论的核心在于运用先进的信息技术，对业务流程进行深度优化，实现资源的高效配置及管理效率的显著提升。公路作为重要的基础设施，其管理工作涉及海量数据、错综复杂的业务流程以及多种变化的环境因素。公路行业的数字化转型势在必行，包括利用大数据、物联网、云计算和 5G 等技术，研发和应用专门针对公路管理的数字化信息平台与业务管理信息系统，实现对公路管理相关业务信息的全面采集、安全存储和有效利用，从而推动公路管理向更高效、更智能的方向发展。

公路专业数据涵盖五大核心组成部分：路产基础数据、业务流程数据、物联监测数据、移动互联数据和系统分析数据。一是路产基础数据，根据公路工程的专业分类、预算定额以及工程管理习惯进行细分，主要包括路基、路面、桥涵、隧道、交通安全设施、绿化环保、机电设施、房建设施等基础数据类别，为公路的建设与维护提供全面详尽的基础信息；二是业务流程数据，这类数据主要记录运营管理单位在执行业务管理流程中所产生的各类信息，如自动化办公记录、计划管理文档、经营报表、路产养护日志、安全管理报告等，是评估和提升业务执行效率的关键依据；三是物联监测数据，借助物联网技术实时监测公路（包括桥梁）的结构状态、机电设施运行情况、收费经营数据、交通及自然环境等多种信息，这些数据对于保障公路设施的安全稳定运行至关重要；四是移动互联数据，包括日常巡查管理工作中产生的路政巡查报告、养护巡查记录、电子巡查影像等数据，这些数据为及时发现和解决问题提供有力支持；五是系统分析数据，在整合路产基础数据、业务流程数据、物联监测数据以及移动互联数据之后，通过数字化平台的数据分析功能提炼出更具洞察力的系统分析数据，用于指导智能决策、优化资源配置和提升管理效能。

二 开发公路数字化运营管理系统和平台

（一）公路运营管理数字化平台

公路运营管理数字化平台（图 10-6）是一个集成了先进信息技术的系统，旨在优化公路运营管理的业务流程，提高管理效率，并确保公路的安全和顺畅运行。该平台通过数字化手段，将传统的人工操作和纸质文档管理方式转变为更加高效、准确和可靠的数字化操作和管理模式。其主要功能有：

（1）对公路的路产基础数据进行全面管理，涉及路基、路面、桥涵、隧道、交通安全设施等各部分的信息。

（2）通过数字化建模和实时监测，准确掌握路产的状态和性能，为养护和维修提供决策支持。

（3）实现公路运营管理的业务流程自动化，包括计划管理、经营管理、路产养护、安全管理等，从而可提高工作效率，减少人为错误，确保各项业务的规范执行。

（4）借助物联网技术，平台可以实时监测公路的各项指标，如交通流量、路况信息、气象数据等，经过分析处理后，为运营管理提供有价值的洞察，帮助管理者做出更明智的决策。

（5）平台支持移动互联技术，使得管理人员可以随时随地进行公路巡查、数据录入和业务处理，提升了管理的灵活性和响应速度，确保公路运营管理的及时性和有效性。

（6）基于大数据分析和人工智能技术，平台可以为管理者提供智能决策支持。通过挖掘历史数据和实时数据的价值，平台可以预测未来的路况趋势和运营风险，为管理者提供科学的决策依据。

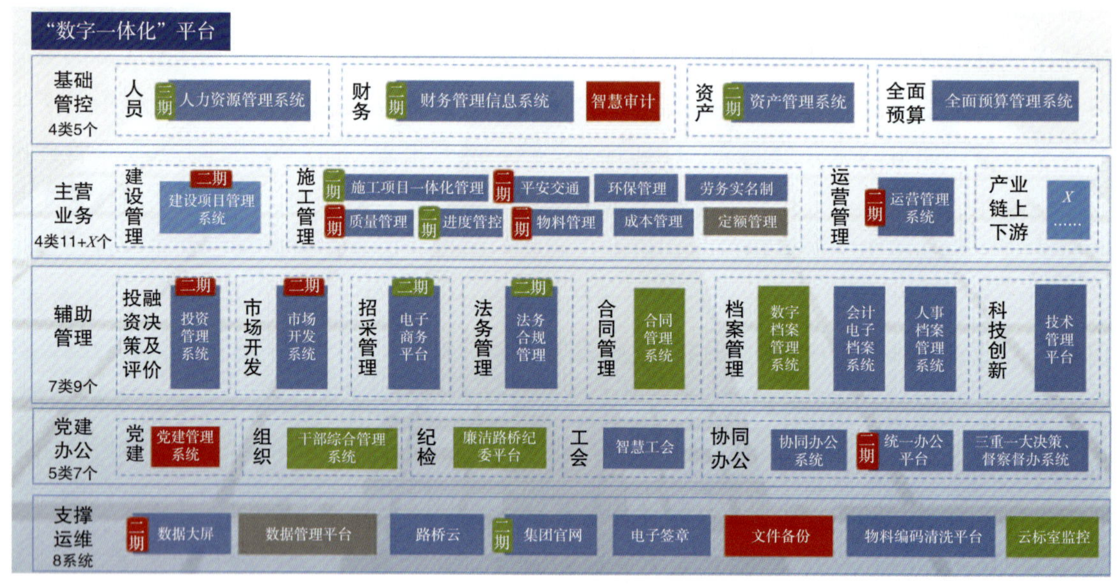

图 10-6　山西路桥"数字一体化"平台

（二）公路运营安全数字化平台

平台基于 GIS 地图构建"可视、可控、可调度、可追踪、可分析"的全新安全运营指挥调度模式，具有以下主要功能：

（1）按照安全应急预案中所有应急事件的分类描述，确定响应级别及处置预案，实现特情处理的智能化调度，并将各种应急调度资源有效整合，优化调配，实现安全管理功能。

（2）可以实时监控公路的交通状况、路况信息、气象数据等，及时发现潜在的安全隐患，并通过预警系统向管理人员发送警报，以便迅速采取应对措施。

（3）收集的大量数据可以通过高级分析算法进行处理，以识别交通流量模式、事故多发区域等，从而为公路规划和运营策略提供优化建议；此外，这些数据还可以用于评估公路设施的性能和寿命，提前制定维护计划。

（4）基于数据分析和人工智能技术，为管理人员提供智能决策支持，在发生突发事件时自动分析最佳救援路径和资源配置方案，提高应急响应的效率和准确性。

（5）具有信息共享与协同能力，可实现多部门之间的信息共享和协同工作。通过统一的数据平台，不同部门实时获取和更新公路运营信息，提高沟通效率和协作能力。

（6）移动应用与远程管理，借助移动应用技术，管理人员可以随时随地访问平台，获取实时数据、接收预警信息并进行远程管理。

（三）公路全资产建管养数字系统

基于预防性管理理论及目标实现的原理和方法，开发公路全资产建管养数字系统。一是规范路产养护作业和作业管理的各项工作，依法、依规履行养护责任。二是提高养护工作效率，降低养护成本。三是及时发现和规范处置结构的早期病害，确保路产结构安全，避免结构发生危险。四是通过系统功能的有效发挥，分析结构病害的特征、规律，制订精准养护方案和经济合理的维护计划等。

三 高速公路数字化运营能力

（一）高速公路桥梁结构数字化

高速公路桥梁结构数字化是指利用现代信息技术对桥梁结构进行全方位、多维度的数据采集、处理和分析，实现桥梁结构的量化管理和量化决策。通过对桥梁结构数据的精准把握，可以及时发现桥梁的潜在病害和安全隐患，为桥梁的维修、加固和改造提供科学依据，确保桥梁的健康、安全和正常运作。主要内容有：

（1）桥梁结构数据采集。利用传感器、雷达、激光扫描等先进设备和技术手段，对桥梁的结构形态、材料特性、应力应变、振动频率等进行全面、精准的数据采集。

（2）桥梁结构数据处理。对采集到的原始数据进行清洗、整理、归纳和分类，消除数据异常和噪声，提高数据的质量和可用性。同时，利用数据挖掘、机器学习等技术手段，对桥梁结构数据进行深度分析和挖掘，揭示数据背后的规律和特征。

（3）桥梁结构建模与仿真。基于采集和处理后的数据，利用有限元分析、有限差分分析等方法，建立桥梁结构的数字化模型和仿真系统。通过对模型的分析和计算，可以模拟桥梁在各种工况下的受力情况和变形特征，为桥梁的设计、施工和运营提供科学依据。

（4）桥梁健康监测与预警。建立桥梁健康监测系统，实时监测桥梁的结构状态和运行环境，及时发现桥梁的异常情况和安全隐患。同时，利用大数据分析和模式识别等技术手段，对监测数据进行智能分析和预警，为桥梁的维修和加固提供及时、准确的信息支持。

（二）高速公路电气设施数字化

高速公路电气设施数字化是指利用计算机技术、通信网络技术和自动控制技术等手段，对高速公路沿线的电气设施进行全方位、多维度的数据采集、传输、处理和应用，实现电气设施的智能化监测、控制和管理。通过数字化技术，可以实时掌握电气设施的运行状态，及时发现并处理设施故障，提高设施的运行效率和安全性，为高速公路的畅通运行提供有力保障。高速公路电气设施数字化的主要内容有：

（1）电力监控系统。电力监控系统是高速公路电气设施数字化的重要组成部分。该系统利用计算机技术、通信网络技术和自动控制技术等手段，对全线变电站、埋地变供电系统、照明系统等电气设施进行综合自动化监测与控制。通过实时监测电气设施的运行数据，如电压、电流、功率因数等，可以及时发现设施的异常情况和故障隐患，为设施的维修和改造提供科学依据。

（2）数据采集与传输。数据采集与传输是实现电气设施数字化的基础。利用传感器、智能仪表等设备和技术手段，对电气设施的运行数据进行实时采集和传输。这些数据包括设施的电量、能耗、温度、湿度等关键指标，为设施的状态监测和性能评估提供数据支撑。

（3）智能化控制与管理。基于采集到的数据，利用大数据分析、人工智能等技术手段，对电气设施进行智能化控制与管理。通过对数据的深度挖掘和分析，可以揭示设施的运行规律和故障模式，为设施的预防性维护和优化运行提供决策支持。

（三）高速公路收费设施数字化

高速公路收费设施数字化是指利用信息技术对收费设施进行全面、精准的管理和控制，实现收费设施的智能化、自动化和远程化。通过数字化技术，可以实时监测收费设施的运行状态，及时发现并处理设施故障，提高设施的运行效率和安全性。同时，数字化技术还可以优化收费流程，提高收费效率，减少车辆排队等待时间，提升驾乘人员的通行体验。高速公路收费设施数字化的主要内容有：

（1）ETC 收费门架监测技术。ETC 收费门架是高速公路收费设施的重要组成部分，其运行状态直接影响 ETC 收费的效率和准确性。利用传感器、摄像头等监测设备，实时监测 ETC 收费门架的运行状态，包括门架的开启 / 关闭状态、车辆识别情况、通行费用扣除情况等，确保 ETC 收费系统正常运行。

（2）收费设施安全监测。收费设施的安全运营是高速公路公司日常运营管理的核心内容。利用数字化技术，对收费设施进行全方位的安全监测，包括雷击、环境、水浸、漏电、防盗、能耗、火灾、电源等方面。通过实时监测和预警，及时发现并处理安全隐患，确保收费设施安全运营。

（3）数字化运营管理平台。搭建数字化运营管理平台，实现收费设施的集中管理和远程控制。通过平台实时监测收费设施的运行状态和数据，对设施进行远程控制和调试，提高设施的管理效率和维护水平。平台还可以提供数据分析功能，为收费设施的优化和改进提供科学依据。

附　录

附表 1

工程合同部重点工作清单、管控要点与亮点

管控内容	阶段	重点工作清单	管控要点与亮点
项目公司前期策划	施工准备阶段	**1. 前期准备** （1）跟进初设概算编制过程，核算其费用组成且参考其他项目概算批复内容，综合分析对比，查缺补漏，重点从采空区处治、特殊路基处理、施工便道、临时场地、临时用电、土石方调配等分项内容入手，保证本项目各项费用组成的准确性、合理性。 （2）借助奥维地图等手段对全线进行实地勘测，捋出便道情况并根据车流量、车道情况筛选符合工程实际的便道，捋出便道实际长度及宽度。 （3）梳理工程的特点及重点、难点工程构筑物及工程数量，对全线节点性工程进行摸排，列出理论工期，根据理论工期及实际情况对全线标段进行划分。 （4）根据图纸制作各标段预制梁及混凝土方量统计表，根据统计表制作柱状图，根据柱状图及现场便道勘测情况，按照“工厂化、集约化、专业化、配送化”原则，结合项目实际情况，因地制宜、合理布局、统一规划，确立梁场和拌和站大体位置及数量。 （5）针对项目建设中面临的各类内、外部影响因素，充分结合项目“投资、建设、运营”一体化经营的实际情况，以“安全为先、质量为本、进度为重、投资为主、科技创新、降本增效”的管理理念，确立项目总体目标、战略定位及各项具体指标（质量管理、安全环保管理、总体工期计划、投资目标、技术管理）。 （6）根据项目的特点、难度以及工程量，结合项目总工期要求，分年、季、月、旬制定进度计划，做到“长计划，短安排”，控制重点，兼顾全局。计划紧凑安排，对控制工期的项目，从人力、财力、物力各方面优先保证，各种配套计划落实到位，做好季节施工安排。狠抓重、难点工程进度，确保提前竣工。 **2. 策划编制阶段** （1）按照新建高速公路项目的建设里程、投资规模、技术难度等实际情况，本着“管理科学、对标先进、精减高效、合理设置”的原则，依据上级单位的有关规定确立项目公司规划及组织机构。 （2）充分发挥项目自投自建的优势，按施工任务区域整合的指导思想确立建设管理模式（施工组织管理、监理管理、第三方服务管理、变更管理、计量管理、索赔管理、交竣工验收管理）。 （3）针对重点、难点及控制性工程，从技术、安全、环保、质量等多方面管控，进行部署安排。 （4）坚持“资金成本最低，资金效率最高”的原则，依托上级单位强大融资优势，多渠道开展融资工作，择优选用效率最快、成本最低的融资方案及降低融资成本的措施。 （5）根据前期准备中确立的各项具体指标提出相应保障措施。 （6）树立党建业务共融理念，以健全组织、压实责任、发挥带头、调动力量等管理手段，“围绕工程抓党建，抓好党建促工程”，实现党建与项目深度融合目标，提出相应的工作体系及工作方法。 （7）整理前期各项工作，将策划书面化，并组织相关部门实地考察，对策划提出合理建议，进行修改。 （8）将修改好的策划进行装订，向上级单位备案	（1）确立编制策划的总体指导思想。 （2）充分考虑控制性工程的总体情况。 （3）借鉴相邻项目的成熟经验。 （4）定期多次组织实地勘测，保证现场实际信息的准确性。 （5）组织相关部门对工程量进行确认，保证工程量的准确性。 （6）借助第三方单位，以表格、柱状图、航拍视频等多种形式对项目实际情况进行全方面分析

续上表

管控内容	阶段	重点工作清单	管控要点与亮点
临建工程	施工准备阶段	制定、下发临建工程标准化执行要求	根据集团下发的临建标准化手册，制定临建执行要求
进度管理		**1. 项目工期的确定** （1）根据项目工程规模、关键性工程、地形地质特点和气候条件等因素，综合确定项目总工期。 （2）根据各标段施工图纸设计，结合现场实地勘察，找准各标段施工的重难点工程，如特长隧道、特大桥、高填深挖石方段等，分析制定各标段总工期目标。 **2. 进度计划的编制及下发工作** （1）结合项目实际情况，制定各项工程节点工期以及人员、机械设备的配置要求。 （2）组织各标段完成施工计划的编制和上报工作。 （3）组织召开施工计划审核讨论会，形成修改意见，补充完善施工计划。 （4）限期要求各标段修正施工进度计划。 （5）组织参建单位签订目标责任书。 **3. 劳动竞赛管理工作** 根据公司各部门管理工作要求，结合项目实际情况，制定年度劳动竞赛实施方案，以此推动昔榆项目全面建设发展。 **4. 履约与考勤** 制定人员履约、考勤管理相关制度，将各参建单位主要管理人员录入打卡考勤系统	**1. 进度计划管理** （1）制定各项工程节点工期目标，找准各标段施工的重难点工程。 （2）着重审核各标段上报计划书中的工、料、机配置及相关保障措施。 （3）进度计划的编制要根据以往的实际施工水平，确保进度计划合理、可行。 （4）计划要考虑影响施工进度的不确定因素，如雨季、冬季、相关重大检查等。 **2. 劳动竞赛管理工作** 充分发挥劳动竞赛的杠杆作用和激励作用，在各参建单位间形成“比、学、赶、超”的良好氛围，充分调动和发挥各参建单位的积极性和创造性，确保年度任务目标圆满完成。 **3. 履约与考勤** 定期检查打卡情况，加大处罚力度，确保人员在岗；重点检查有关键节点工程的项目部领导人员打卡情况，确保有效促进工地施工进度
计量管理		（1）根据相关标准、规定，依托上级单位的管理制度，结合项目特点，编制《计量支付管理办法》。 （2）组织开展制度交底、宣贯。 （3）搭建信息化管理平台，并组织培训。 （4）图纸复核、0号清单复核。 （5）工程量清单复核结果以红头文件形式报上级单位相关部门备案。 （6）熟练掌握合同条款	（1）会同设计院及有关技术部门详细进行图纸复核、清单复核，熟练掌握图纸设计、工程量清单组成。 （2）明确各章节各计量细目包含的内容及计量标准、计量规则
合同管理		**1. 前期资料移交** 与实施机构对接项目前期资料移交工作及移交协议，承继协议签订事宜。 **2. 建设项目合同签订** （1）与实施机构积极磋商，开展合同评审、法审、谈判，推进 PPP 项目合同签订工作。 （2）根据建设管理模式，与总承包分公司接洽，履行施工总承包合同签订程序	（1）及时修订，马上落实。 （2）梳理变更内容，新旧对比，组织职能部室培训交底。 （3）重点检查合同标的内容、履行方式、期限、违约责任等要素。 （4）制定验收依据，严格落实验收方案，公开公正出具验收意见

续上表

管控内容	阶段	重点工作清单	管控要点与亮点
招采管理	施工准备阶段	（1）根据项目自投自建施工模式和标段划分情况，配合上级单位完成施工单位招标选取工作。 （2）根据上级单位集采制度规定，确定本级集采材料种类及采购模式。 （3）借鉴其他项目经验，结合项目实际，编制本项目服务类招采计划	（1）结合公司实际制定制度实施细则，组织职能部室培训交底。 （2）参考完工项目，梳理制定年度采购计划。 （3）专题会议研究，形成补充意见予以完善
农民工管理	施工准备阶段	（1）农民工进场进行实名登记，同时提供体检证明和无犯罪证明，特殊工种必须持有相关上岗操作证。 （2）农民工进场后由劳务分包单位负责人和农民工专管员对农民工进行面试，合格后签订书面劳务合同。 （3）项目部组织进行岗前技术培训，包括安全、质量、环保等。 （4）在场劳务人员全部按要求签订劳务合同。 （5）劳务合同要由当地人社部门备案。 （6）项目部要为所有在场农民工办理农民工工伤保险	（1）协作单位在进场施工前签订《劳务协作单位进场承诺书》，施工单位向农民工本人宣讲《农民工进场告知书》，同时与农民工本人签订《农民工进场承诺书》，明确各方权益和责任。要求在项目部、施工现场醒目位置、农民工住地悬挂维权信息告示牌和《农民工进场告知书》，同时在施工现场、农民工驻地等劳务作业人员聚集场所安装语音播报设备，播放《农民工进场告知书》。 （2）要求年龄在18周岁至60周岁（女55周岁）之间，超龄人员坚决禁止入场。 （3）合同中明确约定合同期限、工作地点、工作内容、工作时间、劳动报酬、工资支付时间及参加社会保险等事项，同时对个人所得税缴纳进行约定。在合同中粘贴农民工本人照片。签订劳动合同时，必须由农民工本人亲自查阅确认后签字、按手印，并将其本人有效身份证复印件作为合同附件，严禁他人代签。合同签订现场必须保留影像资料。 （4）要明确工伤保险缴纳额度，并规定办理时限。要及时为新进场员工办理。不定期检查中发现未办理工伤保险的情况，将通报罚款
临建工程	施工阶段	（1）制定临建工程施工计划。 （2）根据临建工程施工计划及临建标准化执行要求，跟踪落实项目部驻地建设、工地试验室、拌和厂、钢筋加工厂、梁板预制厂、小型构件预制厂、隧道临建、施工便道及其他临时设施等场地建设工作。 （3）对各参建单位临建工程进展情况进行通报	定期对临建工程进行检查，并根据项目策划、临建标准化指南等要求，制定合理、可行的方案

续上表

管控内容	阶段	重点工作清单	管控要点与亮点
进度管理	施工阶段	**1. 进度计划的过程管理工作** （1）根据制定下发的工期计划，检查施工单位进度计划完成情况并督促落实，如未按期完成，通报处罚。 （2）工程实施过程中，实际进度落后于计划进度，且在当月无法调整时，要求施工单位提前调整下月进度计划，并寻找原因、制定相应措施，确保阶段目标计划和年度计划的完成。 （3）对影响施工进度的问题，制定针对性措施。 **2. 劳动竞赛管理工作** 根据各阶段施工的重点，每季度组织各部室对各参建单位进行考核、评比、奖罚、通报、约谈等工作。 **3. 月度综合考核管理工作** （1）根据工程、质量、安全等相关管理工作组织制定每月的考核指标任务。 （2）组织工程、质量、安全等相关部室每月月底对各参建单位月度任务目标完成情况进行考核。 **4. 过程中召开进度专项推进会和工作约谈会议** （1）定期组织全线施工单位召开进度专项推进会，分析进度症结、科学研判、精准施策，逐一解决进度滞后的问题，加快推进施工进度。 （2）针对工程进度滞后的标段，组织施工单位母体公司相关领导召开工作约谈会，预判进度滞后风险，协调解决制约工程进度的主要问题，同时要求项目部分管领导蹲点督促落实整改情况。 **5. 航拍视频管理工作** （1）下发航拍视频的相关拍摄要求及拍摄时间。 （2）定期收集、审核、汇总各标段的航拍视频，对有问题的单位进行通报、指正。 （3）将汇总好的航拍视频进行存档，定期上会供公司领导及时查看。 **6. 考勤检查** 定期检查打卡情况，加大处罚力度，确保人员在岗；重点检查有关键节点工程的项目部领导人员打卡情况，确保有效促进工地施工进度	**1. 进度计划管理** （1）制定各项工程节点工期目标，找准各标段施工的重难点工程。 （2）着重审核各标段上报计划书中的工、料、机配置及相关保障措施。 （3）进度计划的编制要根据以往的实际施工水平，确保进度计划合理可行。 （4）计划要考虑影响施工进度的不确定因素，如雨季、冬季、相关重大检查等。 **2. 劳动竞赛管理工作** 充分发挥劳动竞赛的杠杆作用和激励作用，在各参建单位间形成了“比、学、赶、超”的良好氛围，充分调动和发挥各参建单位的积极性和创造性，确保年度任务目标圆满完成。 **3. 月度综合考核管理工作** 实行重奖、轻罚，鼓励为主，促进各参建单位的积极性，确保项目部加强管理、加大投入，合理安排人员及设备，积极投入本年度的月度综合考核活动中。 **4. 过程中召开进度专项推进会和工作约谈会议** （1）定期对进度滞后的标段进行约谈。 （2）树立服务意识，千方百计解决影响进度的问题。 **5. 航拍视频管理工作** 航拍视频要拍摄及时，数据、桩号段落要准确，确保可通过查看航拍视频及时掌握现场实际施工情况。 **6. 考勤管理** 定期检查打卡情况，加大处罚力度，确保人员在岗；重点检查有关键节点工程的项目部领导人员打卡情况，确保有效促进施工进度
计量管理		（1）通过翻阅规范、复核图纸清单、现场核验，收集汇总验证资料，汇总分析当月工程量计量数据，形成计量支付月报表。	（1）实行“多部门联合、多层级管控”，充分发挥监理的现场监管作用、督导组的现场督导管控作用、质量监督部的质量检测作用、工程部的综合管控作用，各部门分工合作，统筹管理，层层审核，确保计量工程量的准确性。

续上表

管控内容	阶段	重点工作清单	管控要点与亮点
计量管理	施工阶段	（2）建立计量台账：根据实际完成情况、按照时间顺序记录完成情况。 （3）资金支付：向财务资金部提供计量支付数据依据。 （4）资料归档：根据档案管理要求，对所有计量报表及相关资料进行归档	（2）实行“重点部位、重点关注”，对隐蔽工程、线外工程、附属工程等容易超计量的地方，重点关注、重点量测，确保所计工程量全覆盖。 （3）实行“动态管控”，原则上每月一次计量，在特殊情况下，灵活调整计量周期。对控制性工程，结合实际情况，可由一月一次调整为一月两次，确保项目资金的周转利用。 （4）实行“表单化、台账式管理”，建立健全审批传递单、计量月报表、计量台账，明确计量细目、施工桩号、计算过程、支撑资料。 （5）实行“信息化管理”，充分利用信息化管理平台，规范操作流程，规避超计、漏计、错计风险，确保数据的真实性、准确性、可追溯性
合同管理	施工阶段	**1. 制度修订** 根据上级单位合同管理办法，修订更新公司合同管理制度，确保合同管理合规。 **2. 合同签订** 严格履行合同立项、起草、审批、谈判、签订、交底、备案、归档等程序。 **3. 法律审查** 联系法律顾问，对承办部门新签合同、管理制度进行法律审查，建立法审台账，并做好法审意见归档工作。 **4. 履约验收** 对合同履行情况实行动态跟踪落实，由承办部室组织相关部室对合同标的物进行验收，验收合格后，签署“合同履约验收单”，作为财务支付依据	（1）及时修订，马上落实。 （2）梳理变更内容，新旧对比，组织职能部室培训交底。 （3）重点检查合同标的内容、履行方式、期限、违约责任等要素。 （4）制定验收依据，严格落实验收方案，公开公正出具验收意见
招采管理	施工阶段	**1. 招采制度制定** 根据上级单位招投标（采购）管理制度及招采相关规定，制定公司招采管理制度并组织宣贯，确保公司招标采购程序合法合规。 **2. 招采计划编制** 协同职能部室，根据项目进展统筹编制公司年度招采计划，为领导决策提供依据，确保高效实施采购活动、切实提高采购效率。 **3. 招采程序** 招采文件编制、评审、法审、报批、备案，发布招采公告，组织开（评）标、中标公示等。 **4. 关键项目招标** 总体安全风险评估咨询、环水保咨询、跟踪审计咨询、隧道监控量测、交工检测等。 **5. 大型材料集中采购管理** 开工前对水泥、火工品等具有垄断性的材料进行集中采购。对地方材料统筹采购，采用统一协调管理，同一区域标段实现资源共享，充分利用原材料自加工优势，降低原材料采购成本。	（1）根据招标期限及内部管理规定，提前2个月完成内部决策程序，确保按时间节点确定中标供应商并签订合同。 （2）及时掌握废止制度清单，梳理现行制度清单，合规推进招采程序。

续上表

管控内容	阶段	重点工作清单	管控要点与亮点
招采管理	施工阶段	（1）组织人员对项目所在地周边的水泥材料、火工品、路基地材等潜在供应商进行实地考察，做好数据统计分析。 （2）成立谈判小组与潜在供应商开展合作谈判，从生产能力、储存能力、价格、质量、付款方式、保供措施等方面进行综合比选，择优选取综合实力强的供应商。 （3）通过战略合作方式，统筹项目需求，锁定采购单价，签订战略合作协议。 **6. 工程保险集中采购** 委托保险经纪公司从上级单位工程商业保险库内竞价选取保险公司	（3）督促各承办部门提前谋划，精准编制招标限价，与招标方案一并上报，取得上级单位批复文件。 （4）掌握索赔流程，联系保险人进行培训指导。险情发生后，及时收集一手资料。掌握索赔进度，跟踪落实、动态上报
农民工管理		（1）邀请当地人社部门对参建单位农民工管理员进行培训。 （2）充分利用微信群，及时通报最新的消息和要求，并督促进行整改落实。 （3）定期组织培训并及时进行考核，通报考核结果。 （4）进场人员全部录入系统，进行考勤打卡管理。 （5）农民工退场时签订退场确认表。 （6）建立退场花名册。 （7）发生农民工欠薪上访事件时，及时处理	（1）每月对农民工打卡情况进行检查通报。考勤要与工资挂钩，没有考勤拒绝支付。农民工退场同时退出考勤。每月进行考勤考核，对考勤不负责的项目部进行重罚。 （2）建立农民工工资台账，对农民工工资支付情况进行定时抽查，半个月抽查一次。 （3）工资与考勤、实名制相匹配。将农民工工资支付与工程款支付挂钩，没有支付农民工工资的拒绝支付工程款。 （4）工资发放必须通过农民工专户。农民工工资专户内资金必须一个月内支出，否则回收。督促参建单位加快农民工工资结算，确保平稳退场。 （5）积极宣传农民工相关政策，正确引导农民工按流程投诉。 （6）发生上访或投诉及时询问沟通，如实记录，并转交相关项目部。督促相关项目部及时处理，同时与相关母体单位快速联动。 （7）持续跟踪处理结果，督促相关单位及时处理。 （8）项目部、当事人和所属劳务单位负责人进行沟通协调，达成协议后，制作调解协议书。 （9）当事人若存在恶意讨薪行为，项目部提供相关证明资料直接上报劳动监察大队处理，移交公安部门查办。 （10）若未达成协议，且上访原因在于项目部管理工作不到位，公司将按照考勤情况和劳务用工合同签订工资情况，动用农民工工资保证金支付工资
临建工程	交工验收阶段	组织相关部室，根据清单类别，现场实测实量临建数量	充分发挥驻地监理的现场督导作用，对所有计量数据进行现场实测

附表 2

质量管理部重点工作清单、管控要点与亮点

序号	管控内容	阶段		重点工作清单	管控要点与亮点
1	项目策划	策划阶段	总体	根据集团公司管理制度及文件要求，结合昔榆高速实际，制定质量管理策划	（1）结合项目实际，重点对监理管理模式、各阶段质量管控重点、薄弱点进行策划，最终确定为四级质量管控模式（昔榆公司—第三方质检技术咨询中心—监理单位—施工单位）。 （2）质量管理重难点主要为134处高填方，900多处桥涵台背，刚构桥，16座桥涉及的50m以上高墩，3座特长隧道，后期路面、交安、机电进场后的交叉施工等
			施工	**路基** （1）组织各路基施工标段对项目总体策划进行宣贯、交底，明确各标段路基、桥涵、隧道施工质量管控重难点。 （2）审核项目部施工策划，重点是桥梁施工人、料、机的配备计划和施工方案的可行性。 （3）要求项目部对标段内的亮点工程进行策划	确定三背回填、基底处理、结合部补强处理、高填方沉降控制、挖方边坡坡度及坡面控制、高墩柱、刚构桥、钢箱梁桥、张拉与压浆、隧道隐蔽工程及防排水等重点环节/部位的措施管控清单，并制定管控措施
				路面 （1）组织各路基施工标段对项目总体策划进行宣贯、交底、明确各标段路面施工质量管控重难点。 （2）组织参建单位参观考察其他高速项目情况，引进先进工艺、技术。 （3）审核项目部施工策划，重点是桥梁施工人、料、机的配备计划和施工方案的可行性	（1）明确利用场站数量及建设标准，策划各前后场工作面人员数量、设备标准及数量。 （2）明确场站建设与材料存放、拌和、运输、摊铺标准。 （3）推进全线矿粉、机制砂、改性沥青等自加工，提升原材料管控水平
			监理	组织各监理标段对项目总体策划进行宣贯、交底，明确总监办机构设立要求，并对监理质量管控提出相关要求	明确总监办机构、人员、仪器设备要求，根据监理规范列出监理工作清单，并明确本项目监理管控重点
2	质量管理体系建设及前期准备工作	施工准备		（1）结合集团公司管理制度，参考并借鉴其他项目公司管理制度及经验，制定切实可行的昔榆高速公路质量管理相关制度。 （2）根据集团公司三大体系文件，结合昔榆高速公路实际，成立质量管理组织机构，编制下发质量责任体系、防控体系、保障体系文件，完善全过程、全流程质量管控。 （3）办理质量监督及施工许可手续。 （4）督促各项目对单位、分部、分项工程进行划分、工序拆解。 （5）组织各参建单位对昔榆公司的管理制度进行宣贯交底。 （6）督促各总监办、项目部、第三方单位建立并完善质量管理体系与制度	（1）重点对工程首件、产品认证、“三检”制、质量管理办法、监理管理办法、监控量测单位管理办法、试验检测管理办法、原材料管理办法、工程质量巡查、质量验收管理办法、质量违规处罚实施办法、外委检测管理办法、工地试验室标准化检查评价办法进行上会讨论、修订、征求意见并下发。 （2）责任体系建立与运行：与参建单位签订目标责任书、岗位责任清单，定期对质量责任人进行公示，对不尽责的单位及人员追责并处罚。 （3）防控体系建立与运行：编制下发本项目质量通病风险及防控手册，明确风险点与措施；编制质量巡查方案、隐蔽工程实施方案。 结合自身项目特点，制定符合项目实际的管控方案。明确管控责任人，组织责任人定期开会，压实质量管控责任。 （4）制定质量监督检查与培训计划，运用质量管控系统、云检系统、电子资料、监理管理系统等信息化管理平台

续上表

序号	管控内容	阶段	重点工作清单	管控要点与亮点
2	质量管理体系建设及前期准备工作	施工	（1）确保各项质量管理制度落实落地。 （2）确保电子资料填写及时、真实、有效，并与工程实体同步。 （3）确保质量管理信息化落地见效	（1）通过日常检查、月度考核、季度考核，检查质量管理制度与体系建立与运行、信息化运用、资料填写情况，对不尽责的单位及个人每月通报、处罚，对整改缓慢的责任人员进行更换处理。 （2）结合各类管控文件，自主命题，定期考核施工质量人员，确保施工质量管理人员熟知管理文件要求，强化文件落实
3	场站建设	施工准备	统一全线临建工程建设标准与质量验收标准，有效管控临建工程质量	（1）临建工程施工前集中交底，严格管控施工过程，确保了临建工程高标准建设。 （2）编制并下发临建工程质量验收文件，制定临建工程质量标准要求及验收流程
		施工	（1）组织并参与临建工程质量验收。 （2）组织总监办对项目部进行拌和站计量认证（一年一次）。 （3）拌和站试运行	（1）明确临建工程质量标准。 （2）临建实施过程中严格落实验收程序
4	试验室建设与运行及原材料管理	施工准备	（1）统一全线试验室建设与验收标准，建成统一、高标准的工地试验室。 （2）开工前完成试验室建设、备案、验收。 （3）督促施工项目部完成前期料源调查、选定及备案、配合比设计。 （4）督促施工单位完成外委检测单位备案手续。 （5）通过组织各参建方试验人员进行岗前培训及考核，重点管控试验检测人员能力水平，确保可以胜任岗位工作	（1）要求项目部、总监办母体检测机构主要负责人提前介入，重点指导跟踪试验室建设、人员配备、试验室运行管理是否符合项目公司要求，为快速备案验收打好基础。 （2）不定期组织第三方检测咨询单位对工地试验室进行指导并跟踪整改。 （3）定期组织参建方试验人员进行岗前培训及考核。 （4）依据管理规定，规划各参建单位试验室建设位置及标准、仪器数量、试验人员数量，制定试验标准化建设指南，跟踪指导试验室标准化建设，组织验收备案
		施工阶段	（1）结合实际，跟踪督促各参建单位试验室正常运行，及时提供检测数据。 （2）定期进行标准化评价检查，重点核查人员数量与专业能力，确保试验室有效运行。 （3）组织试验人员开展技术比武活动（每年1~2次）。 （4）组织试验人员培训并开展能力验证。 （5）试验检测人员发生变化时，督促办理变更手续。 （6）每年进行工地试验室及试验人员信用评价工作。 （7）持续开展原材料专项整治工作。 （8）砂岩应用的试验研究，强化固废利用，在确保质量的前提下大幅度节约成本	（1）定期组织试验人员开展技术比武活动与能力验证，及时对业务能力差的人员进行通报或清除出场，倒逼试验人员加强业务学习。 （2）每月对工地试验室进行月度评价，及时发现试验室管理及运行问题，确保各项试验工作及时准确。 （3）从料源、进场、储存、使用各环节，借助信息化系统对各类材料实施黑名单制度，对不合格的材料及时清场，并开展失职责任调查与追责，形成高压态势

续上表

序号	管控内容	阶段	重点工作清单	管控要点与亮点
5	监理管理	施工准备	（1）审核备案监理工作大纲及实施细则。 （2）召开监理及第三方工作会，强调监理、第三方工作内容。 （3）审核监理单位填报的资料。 （4）开工前依据合同检查监理及第三方人员、设备、驻地建设情况。 （5）对监理单位宣贯昔榆公司的管理制度	（1）严格考核，严把监理人员进场关，对各总监办重点岗位人员进行现场工作能力验证，解决进场人员能力不足的问题。 （2）审核监理工作大纲与实施细则，及时对监理工作计划进行指导，对突出问题召开专项会议进行强调
		施工阶段	（1）对监理及第三方工作进行专项月度考核，重点管控监理及第三方人员、设备、工作情况。 （2）建立监理人员“一人一档”，定期公示并通报。 （3）重点检查监理指令闭合情况。 （4）适时组织召开监理工作推进会、约谈会议。 （5）每年度组织监理工作总结、下年计划汇报会	（1）采用“轻速云”，每周实施监理与试验人员考试。对第一次不合格人员进行通报批评，对第二次不合格人员清除出场，大幅度提升了质量管理人员专业水平，建设中心质量管理人员能力考试合格率提升至97.9%。 （2）每月定期对监理单位的人员配备、制度体系制定与落实、现场管理等方面实行千分制考核，奖优罚劣，对监理工作重点及时进行纠偏，有效促进监理工作。 （3）定期召开监理工作座谈会议，及时疏通监理工作堵点
6	路基工程	施工准备	（1）下发路基工程施工作业指导书。 （2）复核原地基地质及高程是否与设计图纸相符。 （3）跟踪各标段完成填方用土相关试验。 （4）施工前组织检测中心、监理单位对涵洞地基承载力及基底处理进行检查验收。 （5）拟定路基工程创优、样板工程打造实施方案	（1）路基施工过程中，主要以四级质量管控机制，层层压实责任，重点针对高填深挖、填挖接合部、鸡爪沟、基底施工等重点部位，以专项检查为主，强化日常巡查，严格控制施工工艺，确保填筑厚度及压实度。 （2）结合项目实际，编制并下发路基施工质量管控的通知，明确薄弱环节、重要部位管控要求。 （3）根据昔榆项目实际，拟定样板工程打造实施方案，提前谋划亮点，以样板引路，带动全线路基质量稳步提升
		施工阶段	（1）重点落实各分项工程的技术交底制度。 （2）根据质量巡查方案加强质量巡查力度。 （3）重点跟踪并落实样板工程实施效果。 （4）适时召开路基标准化填筑、涵洞、防排水、路堑开挖“正反面”现场会。 （5）通过现场调查，分析成因，重点提升涵洞、防排水工程混凝土外观质量。 （6）定期总结亮点，并收集相关照片。 （7）每年9月开展“质量月”活动。 （8）冬季施工专项方案审核及跟踪落实情况。 （9）进行复工复产回头看，并进行条件核查。 （10）特殊季节，对水毁、冬冻春融情况进行检查并跟踪整改。 （11）对高路堤、台背回填进行沉降监测。 （12）对具备条件的路基逐段进行验收	（1）各分项工程实施前，各层级人员参与技术交底，并进行首件工程认证，对执行不力的进行处理。 （2）巡查重点为施工控制薄弱点及易发质量通病点，重点管控原地基处理、路基填筑压实度、填挖接合部、涵洞防水层处理、防护工程、防排水工程质量。 （3）严抓工前预防，严抓工中管控，对薄弱点及重点部位实施阶段性专项考核与整治。 （4）适时召开路基施工、防排水施工正反面现场会，观摩、交流、推广好的经验做法，同时对质量差的单位进行全线警示。 （5）通过无人机航拍方式，检查排水系统的完善性，效果显著

续上表

序号	管控内容	阶段	重点工作清单	管控要点与亮点
6	路基工程	验收阶段	（1）编制并下发路基交工验收的通知。 （2）与建设中心、上级单位确定路基抽检方案并确定第三方检测单位招标事宜。 （3）组织第三方单位及相关单位对路基工程进行交工前的质量检测。 （4）对交工验收中发现的问题，督促施工单位落实整改。 （5）组织各参建单位开展交工预验收工作。 （6）组织各标段、总监办准备上报资料。 （7）组织各标段、总监办对质保资料进行整理归档。 （8）对接上级主管单位进行交工验收	在交工前，由公司各部门、督导组组织相关单位逐一进行预验收，及时对存在问题进行挂销号整改，消除各类隐患及问题，确保交工验收一次通过率 100%
7	桥梁工程	施工准备	（1）阶段性对重点工程编制并下发质量月度考核方案。 （2）编制并下发桥梁桩基、墩柱、梁板施工工序流程及质量控制要点图。 （3）制定模板准入制度。 （4）制定钢筋笼机械连接、桩头破除、墩柱竖直度、混凝土外观质量、支座安装、梁板预制、张拉与压浆、桥面系及防撞墙、混凝土养生管控要点。 （5）编制并下发冬季施工质量管控的通知。 （6）编制“质量月”活动实施方案	（1）对施工重点环节通过制作小视频推广施工标准化，有效保证了重点工程关键工序的施工质量。 （2）通过明确质量管控标准及流程、实行模板准入，为后期桥梁施工实体及外观质量提升夯实基础。 （3）阶段性对重点工程编制并下发质量月度考核方案，在让各单位对质量控制形成积极氛围
		施工阶段	（1）各分项工程实施前，严格进行首件工程认证。 （2）加强对关键部位、薄弱点的质量巡查。 （3）重点对梁板预制的台座尺寸、钢筋加工台架进行专项验收。 （4）重点跟踪并落实样板工程实施效果。 （5）适时召开环切法破桩头、墩柱、梁板、桥面系、防撞墙“正反面”现场会。 （6）对模板准入制度、梁板出场认证制度的落实情况进行管控。 （7）分析混凝土外观质量影响因素，持续攻坚提升混凝土外观质量。 （8）冬季施工专项方案审核及跟踪落实情况。 （9）每年 9 月开展“质量月”活动。 （10）建立隐蔽工程台账，定期收集隐蔽工程照片	（1）对工程实体及混凝土外观技术难题，定期邀请省内外专家进行现场调研，对后场材料、混凝土配合比、混凝土拌和、前场施工工艺、养生环节进行逐一分析，持续提升工程质量。 （2）定期重点对钢筋笼机械连接、桩头破除、墩柱竖直度、混凝土外观质量、支座安装、梁板预制、张拉与压浆、桥面系及防撞墙、混凝土养生进行专项检查，对检查结果进行通报，形成高压态势。 （3）按时召开“正反面”现场会，观摩交流推广好的经验做法，同时对质量差的单位进行全线警示。 （4）严抓工前预防，严抓工中管控，对薄弱点及重点部位实施阶段性专项考核与整治，对技术难题邀请省内外专家进行质量攻坚，工程质量合格率逐年提升。 （5）通过室内试验，总结桥面铺装混凝土掺玄武岩短切纤维用量和工艺，全面推广应用

续上表

序号	管控内容	阶段	重点工作清单	管控要点与亮点
7	桥梁工程	验收阶段	（1）与上级单位确定桥梁抽检方案，并确定第三方检测单位招标事宜。 （2）组织第三方单位及相关单位对桥梁工程进行交工前的质量检测。 （3）对交工验收中发现的问题督促施工单位落实整改。 （4）组织各参建单位开展交工预验收工作。 （5）组织各标段、总监办准备上报资料。 （6）组织各标段、总监办对质保资料进行整理归档。 （7）对接上级，进行交工验收	交工前，由公司各部门、督导组组织相关单位逐一进行预验收，及时对存在问题进行挂销号整改，确保消除各类隐患及问题
8	隧道工程	施工准备	（1）编制并下发隧道施工质量控制要点。 （2）编制并下发隧道隐蔽工程管控的通知。 （3）编制并下发隧道路面及附属工程施工质量控制要点	（1）隧道施工前，明确质量管控重点、薄弱点，明确管控标准与流程。 （2）建立隐蔽工程清单，要求总监办每日上报隐蔽工程影像资料
		施工阶段	（1）强化现场质量巡查，并跟进样板工程打造，适时召开“正反面”现场会。 （2）根据制度、标准，落实二衬台车模板验收。 （3）对二衬厚度、平整度及外观进行管控，持续提升混凝土外观质量。 （4）定期对监控量测工作进行专项检查并通报，组织开展互检。 （5）审核并跟踪落实冬季施工专项方案。 （6）重点检查对文件及问题的整改落实情况。 （7）定期总结亮点，收集相关照片。 （8）每年 9 月开展“质量月”活动。 （9）建立隐蔽工程台账，定期收集隐蔽工程照片	（1）重点对超前注浆、系统锚杆、仰拱底部虚渣、防排水等隐蔽工程及喷射混凝土质量进行管控，对违反红线的单位及人员进行严肃处理。 （2）通过现场会，对总监办、项目部、班组进行奖惩，有效促进质量持续提升。 （3）要求监理对隐蔽工程全过程旁站，建立隐蔽工程台账，通过质量管控系统严格落实“三检”制，确保隐蔽工程施工质量。 （4）从模板验收、原材料、混凝土配合比、施工等方面持续提升二衬混凝土外观质量。 （5）严格管控防排水工程，阶段性进行专项整治、总结、攻坚，隧道防排水质量大幅提升。 （6）推进路面及附属工程现场会，隧道路面及附属工程质量提升明显
		验收阶段	（1）与上级单位确定隧道抽检方案，确定第三方检测单位招标事宜。 （2）组织第三方单位及相关单位对隧道工程进行交工前的质量检测。 （3）对交工验收中发现的问题，督促施工单位落实整改。 （4）组织各参建单位开展交工预验收工作。 （5）组织各标段、总监办准备上报资料。 （6）组织各标段、总监办对质保资料进行整理归档。 （7）对接上级单位，进行交工验收	交工前，由公司各部门、督导组组织相关单位逐一进行预验收，及时对存在问题进行挂销号整改，确保消除各类隐患及问题

续上表

序号	管控内容	阶段	重点工作清单	管控要点与亮点
9	路面工程	施工准备	（1）编制并下发底基层、基层施工作业指导书、质量通病防治手册。 （2）对参建单位进行制度及施工标准交底、宣贯。 （3）确定材料料源，开展配合比设计与验证工作。 （4）对全线矿粉、机制砂、改性沥青等自加工材料下发加工工艺标准及质量验收标准。 （5）核查人员、材料、设备是否符合要求，并对下承层的质量状况进行核查验收（路床、底基层与基层的高程、平整度、芯样厚度与强度等）。 （6）制定桥面及隧道路面铣刨标准。 （7）制定同步碎石封层标准化施工要求。 （8）编制并下发面层施工作业指导书、质量通病防治手册。 （9）制定面层施工前条件核查验收文件。 （10）持续逐段开展条件核查验收工作	（1）高标准要求路面单位配置摊铺、碾压及其他辅助设备，优先采用大功率抗离析摊铺设备，确保路面施工质量。 （2）各路面结构层施工前，核查路面项目部人员、材料、设备是否符合要求，并对下承层的质量状况进行核查验收，确保下承层质量。 （3）要求桥面及隧道路面采用精铣刨工艺进行处理，铣刨去除深度不小于5mm，桥面处理后铺砂法测定粗糙度要求为0.7~1.1mm。 （4）桥面采用SBS改性沥青同步碎石防水黏结层，碎石采用除尘工艺，采用0.3%的沥青预拌，保证层间结合质量，提升防水效果，增强路面耐久性
		施工阶段	（1）各分项工程实施前，严格进行首件工程认证，推行标准化施工。 （2）开展基层、土路肩、面层、透层、封层、黏层施工现场观摩会。 （3）持续检查并跟踪路面施工质量，针对水稳边部压实、离析、沥青面层渗水、压实度等质量管控重难点开展质量专项提升行动，确保路面施工质量。 （4）定期召开质量提升会议，及时解决问题。 （5）组织专家定期对混合料级配范围进行评审、优化，确保骨架结构密实。 （6）严格落实边部侧模板支挡，固定牢固，洒水泥浆，加强边部成型，推进全线水稳基层“一布一膜”保湿养生工艺。 （7）制定平整度、渗水系数等指标的周考核方案，每周进行考核通报，提升工程质量。 （8）开展生态水泥水稳基层试验段及相关试验研究，推广应用生态水泥。 （9）分析、总结基层病害，制定并下发防治措施。 （10）开展底基层、下面层施工条件核查。 （11）推进SBS改性沥青同步碎石封层碎石烘干除尘并用3‰沥青进行预裹覆，定期开展层间黏结检测、评价工作。	（1）提高验收标准，开展周考核工作，路面上面层平整度标准差控制在0.7mm以内。 （2）开展水稳层、同步碎石封层、沥青面层施工前条件核查，提前消除影响指标合格率的因素，保证路面平整度、渗水性、厚度、压实度等指标合格率有效提升。 （3）应用路面智能物联施工监控，实时监测施工数据，实现沥青路面质量智能监管。 （4）水泥稳定碎石基层采用“一布一膜”工艺保湿养生，确保养生效果，减少人员投入，周转次数高，降低施工成本。 （5）严格落实工程首件制，召开基层、土路肩、面层、透层、封层、黏层现场观摩会，统一施工标准，明确质量要求。

续上表

序号	管控内容	阶段	重点工作清单	管控要点与亮点
9	路面工程	施工阶段	（12）推进全线应用抗离析摊铺机，挡板底部设链条，防离析，提高平整度、压实度标准，提升工程质量。 （13）推进“4+4+2”桥面铺装层在山西省内首次应用，提高桥面耐久性。 （14）推进应用刚构桥桥面环氧沥青混凝土铺装。 （15）开展钢渣沥青混凝土上面层应用实践探索，并多次召开钢渣应用研讨会。 （16）秋季低温施工应用沥青面层温拌技术，保证低温环境施工质量。 （17）路面智能物联施工监控应用，实时监测施工数据，实现沥青路面质量智能监管。 （18）通过建群、监理日报、施工条件核查的形式，重点对路面平整度、渗水系数、结构层厚度等指标进行管控。 （19）持续检查跟踪各类文件落实情况	（6）开展生态水泥、钢渣等固废材料的全面试验，总结施工经验，为推广应用奠定了基础。 （7）特大桥、大桥桥面采用“改性沥青砂 + 防水黏结层”双层防水结构，有效提高桥面耐久性。 （8）采用 SBS 改性沥青同步碎石防水黏结层，碎石烘干除尘并用3‰沥青预裹覆，保证层间结合质量，确保防水效果，增强路面耐久性。 （9）应用无人摊铺、碾压机群进行路面施工，为大面积推广使用提供经验
		验收阶段	（1）与上级单位确定路面抽检方案，确定第三方检测单位招标事宜。 （2）组织第三方单位及相关单位对路面工程进行交工前的质量检测。 （3）对交工验收中发现的问题，督促施工单位落实整改。 （4）组织各参建单位开展交工预验收工作。 （5）组织各标段、总监办准备上报资料。 （6）组织各标段、总监办对质保资料进行整理归档。 （7）对接上级单位进行交工验收	交工前，由公司各部门、督导组组织相关单位逐一进行预验收，及时对存在的问题进行挂销号整改，确保消除各类隐患及问题
10	交安工程	施工准备	（1）对参建单位进行制度及施工标准交底、宣贯。 （2）编制并下发交安工程质量控制要点。 （3）编制品质工程、工程创优实施方案并宣贯。 （4）拟定样板工程打造实施方案。 （5）对重点工程、关键指标，编制并下发质量专项考核方案	（1）阶段性对重点工程编制并下发质量月度考核方案，让各单位重视质量控制，质量提升效果明显。 （2）加大工前培训、交底力度，提高质量标准，增强质量管理人员的责任意识
		施工阶段	（1）各分项工程实施前，严格进行首件工程认证，对执行不力的单位进行处理。 （2）对波形护栏立柱、护栏板、螺栓、标线、防眩板等原材料进场质量开展专项检查。 （3）重点对波形护栏立柱及防眩板竖直度、标线厚度、逆反射系数、隔离栅埋置深度、外观及线形进行专项检查整治	（1）原材料集中采购，通过进场检验、过程检验、组织验收等确保原材料及施工质量。 （2）加强工前培训、交底，明确施工标准。 （3）强化过程质量巡查，消除质量隐患。 （4）阶段性对突出问题进行专项整治，对屡改屡犯的责任人员进行约谈并通报

续上表

序号	管控内容	阶段	重点工作清单	管控要点与亮点
11	机电工程	施工准备	（1）编制本项目机电工程标准化作业指导书并组织宣贯。 （2）编制本项目机电工程材料、设备进场检测方案。 （3）编制品质工程、工程创优实施方案并宣贯。 （4）编制并下发通信、收费、监控工程作业指导书、质量通病防治手册。 （5）编制通信、监控、收费测试大纲	（1）组织宣贯标准化作业指导书，明确施工要点及工艺流程，为施工过程管理夯实基础。 （2）持续跟踪督促项目部编制完成通信、监控、收费测试大纲，明确测试时间阶段、测试方法、仪器设备，确保通信、监控和收费系统能够正常、稳定地运行，保证系统的可靠性和安全性
		施工阶段	（1）重点对基础的平面位置、工程实体质量、接地进行管控。 （2）对商品混凝土质量及模板进行把控。 （3）各分项工程实施前，严格进行首件工程认证，对执行不力的单位进行处理。 （4）对通信管道开挖、混凝土包封质量进行重点管控。 （5）重点对电缆线路的绝缘、计重设备、ETC 门架的接地电阻进行检查。 （6）监督监理单位做好设备进场开箱检查工作。 （7）做好系统功能性测试工作	（1）阶段性针对突出问题进行专项整治，如混凝土包封硅芯管裂缝、通信管道回填质量差等。 （2）强化开展计重设备、ETC 门架的接地电阻专项检测，保证数据正常上传
		验收阶段	**1. 完工阶段** （1）审核确定第三方检测单位。 （2）组织第三方单位对机电工程进行完工质量检测。 （3）对完工检测中发现的问题，督促施工单位落实整改。 **2. 交工阶段** （1）组织机电标、总监办对质保资料进行整理归档。 （2）组织各参建单位开展交工验收工作。 （3）外供电调试，并出具报告	交工前，由公司各部门、督导组组织相关单位逐一进行预验收，及时对存在问题进行挂销号整改，确保消除各类隐患及问题
12	房建工程	施工阶段	（1）组织各监理、施工、勘察设计单位联合对地基基础进行验收。 （2）参与对各类进场材料的检查验收，不定期抽查，重点关注材料与设计要求的材质及型号是否相符、质量证明材料是否齐全、有复试要求的是否进行了复试等。 （3）安装过程中，重点核查设备安装是否牢固、位置是否准确、接地是否良好、管道连接是否规范、有压力要求的是否进行打压试验。 （4）对各工序易出现的质量通病进行专项整治，切实提高工程质量。 （5）跟踪冬季施工措施的落实，保证冬季施工实体质量	通过对质量通病的专项整治活动，使得主体钢筋混凝土无外观缺陷，房心土回填避免底面沉降、地砖开裂，安装工程与设计图纸的符合性有了极大提高，内在质量及观感要求均满足设计要求

续上表

序号	管控内容	阶段	重点工作清单	管控要点与亮点
12	房建工程	验收阶段	（1）督促监理及施工单位及时完成竣工图及相关技术资料的整理及归档工作。 （2）督促相关单位做好成品保护。 （3）参加监理单位组织的工程预验收工作。 （4）督促施工单位对预验收中发现的问题进行整改落实。 （5）对接上级单位对房建工程进行交工验收	在交工前由公司各部门、督导组组织相关单位逐一进行预验收，及时对存在的问题进行挂销号整改，确保消除各类隐患及问题
13	绿化工程	施工准备	（1）分阶段编制及下发工程作业指导书、质量通病防治手册。 （2）对施工单位进场人员资质及数量进行审查。 （3）对重点工程、关键指标，编制并下发质量专项考核方案	要求总监办、项目部对进场人员进行作业指导书培训，重点讲解工艺中的难点、重点、关键点，确保后续施工质量
		施工阶段	（1）重点管控锚杆间距及深度、镀锌铁丝网搭接长度、喷播厚度、填土厚度是否满足图纸要求。 （2）积极打造绿化样板工程	施工过程中，不定时组织总监办、项目部、作业人员召开现场会，对重点、难点、关键点进行现场演示，提升施工质量

附表 3

技术管理部重点工作清单、管控要点与亮点

管控内容	阶段	重点工作清单	管控要点与亮点
技术管理体系建设及前期准备工作	施工准备阶段	（1）组织建立技术责任体系，明确各级技术人员岗位职责，编制工程项目技术管理办法、设计变更管理办法、科技创新管理办法。 （2）对接设计单位，对概预算中容易出现遗漏的项目进行跟踪。 （3）收集工可、初步设计、施工图图纸及批复文件。 （4）联系设计单位进行控制点交桩，督促施工单位进行控制点复测。 （5）组织设计单位、监理单位、施工单位开展图纸会审、设计技术交底工作。 （6）制定技术管理、固废利用、智慧建设、绿色公路、科技创新等策划。 （7）组织相关人员完成 0 号工程量清单的编制、修正审核工作，并向上级单位成本控制中心报备。 （8）确立“争创太行杯、绿色施工科技示范工程、新技术应用示范工程，创建全国高速公路 BIM 运用示范项目”等目标。 （9）开展技术课题研究，推广“四新”技术应用，形成工法及专利	（1）从临时便道、外供电线路及临时用电、隧道涌水处治、土地征拆、失地农民保险、压覆矿产补偿、涉路施工路赔补偿、信息化建设、专项费用等方面进行了追加，消除了“超概”的隐患。 （2）对设计单位交桩的控制点，加强相邻控制点联测，确保数据的准确性。 （3）审核各类设计文件是否齐全、图纸是否配套、工程数量是否一致、图纸数据是否准确、图纸前后内容是否矛盾等。 （4）避免后期施工干扰，在清单编制时对容易干扰施工的机电工程横向管道、交安工程中央分隔带混凝土护栏等进行切割。 （5）结合工程特点及管控要求，开展技术课题研究；在全线开展“四新”技术、“微创新”及科技成果应用活动；对施工技术进行总结，形成工法及专利。 （6）科技创新方面，主动申报科研课题，积极研究“四新”技术、“微创新”及科技成果，开展工法编制、申报专刊等。 （7）主动对接标杆项目，提出创建示范项目目标，例如全国高速公路 BIM 运用示范项目、全国高速公路绿色智慧双示范工程
路基工程	施工阶段	（1）根据设计文件开展对原地面复测工作。 （2）根据设计文件，结合实地地形、地貌情况，合理选择弃土场位置。 （3）根据开挖后的地质条件，动态调整上下边坡防护、路床处理形式。 （4）组织设计单位、监理单位、施工单位共同核实排水系统。 （5）针对联络通道、中央分隔带开口处，做好路基、路面、交安、机电预留位置的统一。 （6）督促各标段根据本标段情况，编制固废利用策划，并监督实施。 （7）编制专项施工方案，组织专家评审后方可实施。 （8）做好路基高边坡风险控制。 （9）按年度统计编制各标段材料差价情况，上报上级单位审批。 （10）收集路基工程施工中的“四新”技术、“微创新”、工法，申报奖项。 （11）施工中发现与设计不符的情况，组织设计、监理、施工进行四方现场踏勘，并签署现场办公会议纪要	（1）督促监理、施工单位对原地面复测数据进行对比分析，及时备案。 （2）弃土场位置尽量选择在路线下游，应满足环水保及相关规范要求。针对与原设计不符的弃土场，及时组织设计单位进行专项设计，便于后期环水保验收。 （3）针对平原区的排水沟，应提前整体规划排水系统。 （4）针对编制的专项施工方案，过程中监督检查是否严格按方案实施。 （5）组织设计单位提前对隧道联络通道、中央分隔带开口位置进行统一确定，便于预埋通信管道、铺筑路面。 （6）对占地线（界）进行复测，确保占地准确，减少纠纷。 （7）以边坡失稳滑塌病害治理为导向，控制边坡变形，防治水毁隐患，选择合理边坡防护形式。 （8）滑坡处理和填挖方路基工程等危险性较大的工程需编制专项施工方案
桥涵工程	施工阶段	（1）对桥梁位置、涵洞位置进行放样，核实桥涵位置与实地地形的准确性。 （2）根据桩基开挖后的地质情况，核实设计图纸与实地地质情况，动态调整桥梁桩基桩长。 （3）核实开挖后的涵洞、通道地基承载力，应满足设计要求，对不满足设计要求的及时上报。	（1）重点核查桥台位置是否合理，涵洞进出口的排水是否通畅。 （2）开工前，应征求村委会对涵洞、通道、天桥等构造物布设位置的意见。 （3）改路、取消通道和天桥等需征求当地政府意见，同意后方可实施。 （4）及时下发文件提醒路基施工单位实施后期附属工程的预留项目，确保后期附属工程的顺利进行。

续上表

管控内容	阶段	重点工作清单	管控要点与亮点
桥涵工程	施工阶段	（4）督促施工单位编制重大施工方案及冬季施工方案并组织专家评审后方可实施。 （5）核查附属工程的预留预埋是否划分至主体单位进行实施，并加强对桥梁防撞墙、盖梁等部位预留预埋项目的质量管控。 （6）重点做好对钢构桥施工过程的技术管控。 （7）收集桥涵工程施工中的“四新”技术、“微创新”、工法，申报奖项。 （8）施工中发现与设计不符的情况，组织设计、监理、施工进行四方现场踏勘，并签署现场办公会议纪要。 （9）按年度统计编制各标段材料差价情况，上报上级单位审批	（5）针对编制的专项施工方案，过程中监督检查是否严格按方案实施。 （6）督促监控量测单位重点对刚构桥合龙处的预拱度持续联测，并计算合理的配重，做好全过程纠偏工作。 （7）基坑开挖、支护、降水工程，大型临时工程，基础工程等危险性较大的工程，须编制专项施工方案
隧道工程		（1）复核隧道明暗交界位置、明洞长度、洞门墙形式，尽量遵循设计的“早进晚出”原则，减少对边仰坡的破坏。 （2）根据开挖后围岩地质情况，动态调整支护形式。 （3）加强对洞外控制点联测，尤其是相邻标段对打的隧道。 （4）加强对隧道预留预埋的管控力度。 （5）督促施工单位编制危险性较大工程施工方案及隧道冬季施工方案，组织专家评审后实施。 （6）施工中发现与设计不符的情况，组织设计、监理、施工进行四方现场踏勘，并签署现场办公会议纪要。 （7）按年度统计编制各标段材料差价情况，上报上级单位审批。 （8）防范洞口、洞内坍塌风险	（1）着重管控隧道明暗交界位置、明洞长度，确保整体边仰坡稳定、自然协调。 （2）制定隧道联测方案，要求相邻标段和本标段定期对控制点进行复测和联测，确保隧道贯通误差。 （3）定期检查隧道中预留预埋的位置及尺寸、风机预埋、接地扁钢等，定期反馈存在的问题，为后期机电单位安装、消防验收做好基础工作。 （4）不良地质隧道、特殊地质隧道等危险性较大的工程应编制专项施工方案。 （5）严格按照审批的专项施工方案，实行切实有效的开挖与支护施工方法及施工工艺技术标准。 （6）加强超前地质预报工作，针对存在的问题及时研究并采取相应措施；选择正确的开挖方法及有效支护手段，防止隧道塌方。 （7）实时跟进每座在建隧道的围岩地质情况，根据地质情况对隧道支护类型进行优化调整，节约了投资、缩短了工期。 （8）对太行山隧道、高峪咀隧道及杏树岩等隧道的洞内进行了亮化设计，提高了行车安全性
路面工程		（1）根据现场实际情况，组织设计、监理、施工单位核查路面工程的边沟与路基工程的急流槽、排水沟，以形成完善的排水系统。 （2）施工中发现与设计不符的情况，组织设计、监理、施工进行四方现场踏勘，并签署现场办公会议纪要	（1）核查排水系统，确保排水系统完善。 （2）核查中分带过水槽高程，确保路面超高段排水畅通，防止汇水浸泡路基。 （3）整体式路基直线段混凝土防撞护栏间设置隔水板、泄水孔。 （4）针对现场与设计不符等情况，形成变更现场办公会议纪要。 （5）推广无人摊铺、无人碾压等智慧路面施工技术。 （6）排查路堑山体渗水、出水段落，通过增设渗沟、引水渠等措施防止病害

续上表

管控内容	阶段	重点工作清单	管控要点与亮点
绿化景观工程	施工阶段	（1）结合边坡开挖情况，动态调整上边坡防护形式。 （2）组织设计单位并邀请有关专家对沿线碎落台、护坡道、上边坡植物配置、场区进行专项设计。 （3）对沿线声屏障设置段落，组织环保单位、设计单位进行现场核实。 （4）针对隧道端墙、削竹式洞门、服务区景观进行专项设计	（1）结合边坡地质情况，设置合理科学的绿化防护形式。 （2）进行现场踏勘，召开专家会，根据专家意见书，由设计单位出具绿化景观专项设计施工图。 （3）为体现昔榆特色，打造地域文化，对隧道进出口、服务区、收费站等窗口区进行景观专项设计
机电工程		（1）组织设计、监理、施工单位开展联合设计。 （2）做好外供电与机电、机电与房建之间界面划分对接管控措施。 （3）组织交安单位与机电单位共同现场核实门架、标志、摄像头等的位置，避免干扰	（1）结合施工现场实际，编制机电联合设计方案书。 （2）根据施工图断链，对交安标志牌信息进行核对，确保标志牌所示里程信息与实际相符。 （3）对交安、机电施工图中的门架、标志、摄像头位置、距离、范围等进行核查，确定符合规范要求，避免遮挡、干扰。 （4）定期组织设计院各专业与交安、机电、房建施工单位召开协调会，协调汇总因交叉施工存在的技术及界面问题。 （5）下穿路基边沟段的消防水管道埋设深度必须满足设计防冻要求。 （6）明确隧道口外供电终端杆与机电工程供电对接方式
交安工程		（1）针对收费站命名，提前征求当地意见，并出具征求意见回函。 （2）组织设计单位、施工单位、监理单位共同核查波形梁护栏类型是否与现场相符。 （3）核查设计文件中的门架标志牌、互通枢纽标志牌版面内容是否考虑断链。 （4）组织交安单位与机电单位共同现场核实门架、标志、摄像头等的位置，避免干扰	（1）根据收费站命名意见函，及时修改、完善标志牌等交安设施。 （2）结合施工图中的波形梁护栏防护形式，对现场逐段核查，确保设计与现场相符。 （3）对机电、交安施工图中的门架、标志、摄像头等的位置、距离、范围等进行核查，确定符合规范要求，避免干扰
房建工程		（1）组织设计单位对场区布置方案、房屋结构设计进行整体汇报。 （2）根据开挖后地质情况，动态调整房建地基处理方案。 （3）组织设计单位共同对场区布置、高程进行复核后方可施工。 （4）统筹考虑并提前解决房建设计、建设、运营有关问题，确保后期运营功能完善	（1）合理考虑管理中心、养护工区合建情况；综合考虑场区整体规划，重点管控场区高程。 （2）对房建场区内防排水、充电桩、加油站、加气站等，由主体、房建设计院及路衍公司、机电公司进行联合设计，确保方案合理、经济可行，避免干扰、返工。 （3）提前对接设计单位，综合考虑养护工区养护机械库、隧道管理站消防车库，提前布置充电桩、光伏板等设施
设计变更		（1）制订设计变更实施细则，各类设计变更须遵循“先批后干”审批程序。 （2）建设单位负责一般设计变更的监管及审批，并按季度报送上级主管单位。 （3）重大、较大设计变更由建设单位审核后上报上级主管单位进行审批。	（1）组织各参建单位宣贯《设计变更实施细则》，明确变更条件、变更内容、变更程序及各方职责，规范设计变更资料格式。 （2）严禁各参建单位随意变更、肢解变更、未批先建、先变后批、变而不实、瞒报不报等违规行为。 （3）施工单位、监理单位如在设计变更申请过程中迟报误报，将在履约考核及劳动竞赛评比中予以扣分。

续上表

管控内容	阶段	重点工作清单	管控要点与亮点
设计变更	施工阶段	（4）在设计变更方案确定后60日内或设计变更实施完成30日内，完成设计变更文件的审批。原则上每月召开一次设计变更专题会议。 （5）设计变更后的项目实际总造价必须控制在已批准的初步设计概算之内	（4）施工单位如在施工过程中人为制造变更、无故不执行已批准的设计变更，按合同约定处理，由此造成费用的增加由施工单位自行承担。 （5）勘察设计单位应及时完成勘察设计工作，形成设计变更文件，并对设计变更文件承担相应的责任。 （6）建设、勘察、设计、咨询、施工、监理单位未按规定履行职责、相互串通弄虚作假、违反规定程序的，将按合同约定等相关规定进行处理
总体	交工验收阶段	（1）整理汇总各类资料，包括设计变更资料、施工图资料、科技创新成果资料、固废利用资料、成本管理资料等。 （2）准备各类工程奖项申报资料。 （3）全面梳理、总结建设过程中各类成本费用，进行成本分析、成本核算，实现项目投资控制率	（1）按照《档案管理办法》等相关要求，对技术管理资料进行组卷，形成完整的技术资料档案。 （2）编制固废利用、绿色公路、智慧建设、科技创新等工作总结，形成成套经验进行推广
路基工程		核查全线边坡防护形式、防排水工程断面尺寸是否与设计相符	工程实体几何尺寸应满足设计（规范）要求
桥涵工程		核查主要结构尺寸是否符合设计要求，重点检测墩台垂直度、桥面横坡是否符合规范要求	
隧道工程		核查隧道支护形式是否满足设计（设计变更）要求，重点检测钢拱架间距与数量、衬砌厚度是否符合设计要求	
路面工程		核查路面结构层厚度、宽度、横坡等几何尺寸是否满足设计要求	
机电工程		核查监控系统、通信系统、收费系统、低压配电系统、照明系统及隧道机电是否满足设计（设计变更）要求	
交安工程		核查标志、标线、防护栏等是否满足设计（设计变更）要求	

附表 4

安全应急部重点工作清单、管控要点与亮点

序号	管控内容	阶段	重点工作清单	管控要点与亮点
1	体系建立、更新完善	贯穿全过程	1. 安全管理 **（1）安全责任体系方面：**建立健全“N+1”全员安全生产责任体系，分层级层层签订年度安全目标责任书及安全责任清单。各层级的主要负责人签订安全履职承诺书并以文件形式进行公示。实行网格化安全管理，明确责任分工，捋清岗位责任清单，网格长是所辖区域内安全生产第一责任人，全面负责、统筹协调所辖区域安全生产工作，由网格员对本区域内安全生产工作进行具体落实，负责现场盯控，确保工人个人防护用品与安全防护设施完好有效，负责各项安全设施验收等日常工作。每季度组织召开安委会、每月召开安全例会、按需召开专题会议。 **（2）安全风险防控体系方面：**组织完成总体风险评估，各参建单位根据总体风险评估结果，完成桥梁、隧道、路堑高边坡的专项风险评估工作．根据工程施工组织设计、风险评估结果以及《公路工程施工安全技术规范》（JTG F90—2015）的有关内容督促各项目部编制危险性较大工程专项施工方案，并签字备案。绘制风险分级管控四色分布图，每月开展风险辨识。强化重大风险源管控，制定措施，明确责任部门、人员，实施重点管控。 **（3）安全隐患排查治理体系方面：**制定全年安全生产监督检查计划。进行事故隐患排查、治理闭环管理。根据季节特点，开展有限空间、燃气安全、森林防火、临时用电、驻地取暖、防汛、消防等专项检查。每月坚持开展安全月度评价，对人的行为、现场安全状态、管理情况等方面进行全方位综合评价，并奖优罚劣，促进现场落实。 **（4）安全生产保障体系方面：**制定全年安全生产教育培训计划，督促各参建单位严格落实。要求单位主要负责人和管理人员初次安全培训时间不得少于32 学时，每年再培训时间不得少于 12 学时；新上岗的农民工，岗前安全培训时间不得少于 24 学时。按照有关要求落实现场安全设施投入，开展安全设施验收。严格审核安全生产费用计量。制定“平安工地”创建实施计划，危险性较大的分部分项工程开工前开展安全生产条件审核，项目部每月、总监办每季度、建设单位每半年进行自查自纠与考评打分，并向省交通建设中心报送考核结果。督促各参建单位落实安全生产责任险投保工作。积极推进项目部安全生产标准化二级达标。 **（5）安全应急救援体系方面：**编制总体应急预案，各参建单位编制专项预案和现场处置方案。每月制定应急值班表，督促值班人员在岗值守并做好值班记录。督促各参建单位建立应急救援队伍和抢险队伍，设立应急物资库，完善应急物资储备。制定并执行应急演练计划，开展各类应急演练，及时开展应急演练与评估。 **（6）信息化方面：**针对隧道、桥梁、高边坡等危险性较大工程，定人、定期、定点进行视频报告，通过上传视频，监控人员行为是否规范、安全防护是否到位、施工现场是否安全等，可实现远程监督管理。以“平安交通”五大体系大数据平台为依托，通过安全生产责任、安全风险管控、安全生产保障、隐患排查治理、应急救援处置等模块，实现远程监督管理。	（1）对全线危大工程、森林防火、防汛备汛等分区责任人进行了公示，明确各方责任和范围，切实把全员责任落实到每个班组、每个岗位、每位参建人员。 （2）与气象局联动，针对全线工程特点及所涉范围，每日发送针对性的天气变化等预警预报信息，为应对极端气象灾害提供信息支持，切实加强极端天气下安全防控能力。 （3）着力解决施工现场特种作业人员的持证上岗数量不足、人证不一的问题，组织全线特种设备操作人员进行统一培训考试，包括起重工、起重指挥员、空压机操作员、电工、焊工等。 （4）持续不断开展特种设备检验专项提升，督促落实特种设备检验登记工作，每两月邀请第三方单位对特种设备进行安全检验，确保全线特种设备始终处于可控状态。要求监理单位打印特种设备使用告知单，根据所辖标段特种设备检验登记情况加盖公章后进行张贴、公示。 （5）通过标准化建设过程，梳理完善现场管理标准、过程控制标准，全面提高参建人员综合素质，实现岗位作业标准化、作业现场标准化，取得安全生产标准化二级达标证书。 （6）每双月组织进行交叉检查，发现问题、整改问题、互相学习、互相借鉴，共同进步。 （7）在清明节、劳动节、中秋节、国庆节等节假日期间，领导班子成员及各参建单位主要负责人在岗履职并报送领导带班巡查日报

续上表

序号	管控内容	阶段	重点工作清单	管控要点与亮点
1	体系建立、更新完善	贯穿全过程	**2. 环水保管理** **（1）环保责任体系方面：**前期阶段编制环境影响评价、水土保持方案并取得主管部门批复。依法缴纳水土保持补偿费。分层级层层签订年度安全目标责任书及安全责任清单。每季度组织召开工作会、按需召开专题会议。 **（2）环保风险体系方面：**施工前由项目部完成弃渣场选址，报母体公司审批、建设单位备案。确定环水保监理监测单位（或第三方咨询单位）。弃渣场位置选址变更，报当地水利局备案。建立环境风险源防控清单，明确管控责任人及管控措施。进行环境因素识别，根据识别情况进行风险分级管控。 **3. 环保保障体系** 监督弃渣场规范使用及整治。现场落实环保设施，现场裸土 100% 覆盖、渣土运输车辆 100% 密闭运输、场站地面出入口 100% 硬化、土方开挖 100% 湿法作业、重点区域 100% 围挡、车辆出入场站 100% 冲洗。拌和站落实料仓雾化喷淋系统，设置扬尘噪声监测仪器，在拌和区域设置雾化除尘机，设置三级沉淀池、砂石分离机等环保设施。制定全年监督检查计划、培训教育计划、应急演练计划并落实。环水保监理监测单位每月进行现场查看并出具咨询意见，每季度出具环境监理、监测报告及水土保持监理、监测报告，每年出具年度总结报告。每月落实环水保智能监管平台巡查。施工完成后完善弃土场专项设计。组织完成环保、水保专项验收	
2	制度建设	前期	结合国家、山西省有关安全生产、环境保护、水土保持方面的法律法规要求和上级单位有关规定，查缺补漏，根据本项目特点完善制度建设。 **1. 制定安全生产制度** **（1）安全责任类：**安全生产委员会制度，安全生产责任制，安全生产监督管理办法，安全生产考核奖惩管理办法，安全生产会议管理办法。 **（2）安全风险防控和隐患排查类：**安全生产检查和事故隐患排查治理制度，重大危险源管理办法，安全风险辨识评估和分级管控制度，重大事故隐患挂牌督办制度，施工安全风险评估管理制度，重大隐患治理情况向政府部门和企业职代会“双报告”制度，重大危险源辨识、评价、监控管理办法，安全生产检查评价制度。 **（3）安全事故应急类：**安全生产事故管理办法，事故及灾害应急救援预案，生产经营单位负责人现场带班制度，应急值班值守管理办法，安全生产责任事故约谈制度。 **（4）安全保障类：**安全生产费用管理制度，安全生产宣传教育培训制度，安全生产考核、奖惩制度，安全设施设备管理制度，设备安全管理办法。 **（5）安全技术类：**安全技术措施管理办法，特种作业人员安全管理办法，危险性较大工程安全管理制度，安全生产技术交底制度。 **（6）其他类：**“平安文明工地”考核评价制度，其他保障安全生产的制度。 **2. 制定环水保制度** 环境保护与水土保持管理办法，生态环境保护责任制度，公路工程扬尘污染防治办法，环保违约金管理规定，环境保护目标责任考核制度，突发环境事件报告制度，环保教育培训及交底制度，环保巡查检查制度	

续上表

序号	管控内容	阶段	重点工作清单	管控要点与亮点
3	项目策划	前期	**1. 确定总体目标** （1）安全目标：构建五大体系，打造国家级平安工程；杜绝发生一般及以上安全责任事故，确保安全生产“零事故”“零伤害”；突发事件信息报送准确率、及时率100%，应急救援处置及时率100%，人员培训率100%，特种作业持证率100%，特种设备检验率100%。 （2）环保目标：坚持“保护优先、预防为主、综合治理、全员参与、损害担责”的原则；树立“不破坏就是最大的保护”的环保理念，环保意识、环保管理水平全面提升；扬尘治理“六个100%”全面落实到位；全面落实环保“三同时”原则，环境问题整改率100%；杜绝发生一般及以上突发环境事件，环保验收达到国家和山西省的要求。 **2. 完成安全费用策划** 根据本项目特点难点的分析，精准划定安全防护设施设备支出，应急救援器材、设备支出和应急演练支出，重大风险源检测、评估、监控、安全风险分级管控和事故隐患排查整改支出，安全生产检查、评估评价、咨询和标准化支出，现场作业人员安全作业防护、职业健康防护支出，安全生产宣传、教育、培训及考核奖励支出，安全生产适用的“四新”技术推广应用支出，安全设施及特种设备检测检验支出，安全生产责任保险支出，其他与安全生产直接相关的支出等安全费用投入的合适比例，确保安全费用有效投入	**1. 安全方面** （1）对高填深挖、高边坡等项目编制专项施工方案并严格执行，加强监控量测，施工和监理单位安全、技术、质量负责人每天去现场进行监督检查，同时加强作业人员安全教育培训，消除各类安全隐患。 （2）编制墩柱、梁板、桩基、吊装、爆破、隧道施工各类专项施工方案并严格执行。加强监控量测和超前地质预报，使用人员定位系统、有害气体监测系统、出入门禁系统进行实时监控，各类作业人员持证上岗。施工和监理单位安全、技术、质量负责人每天去现场进行监督检查，消除各类安全隐患。 （3）在符合相关法律、法规前提下，民爆用品储存严禁超量，建库按要求批准备案，与建筑物之间留有足够的安全距离。运输过程轻拿轻放，严禁碰撞，避免阳光暴晒，避开人口密集区。使用过程中实行“谁领用，谁负责”，各类作业人员持证上岗。 （4）加强安全教育培训、安全技术交底，各工种人员持证上岗，设备检验合格。安全管理人员加大巡查力度。搭建幸福小镇，进行人员统一管理，增强安全意识，提高工人素质。 **2. 环保方面** （1）应用环境监测系统，严格落实“6个100%”，使用环保、防尘设备。生产、生活污水经沉淀、过滤后回收利用。与地方环卫部门、乡镇政府签订协议，集中清运固废。 （2）弃渣场宜选在旱地、荒沟与植被稀疏地带，弃土场远离居民区、河流。水保监理、监测单位提早介入。施工完毕后施作坡面防护，种植紫穗槐等植被。弃渣场选址完成后及时对接属地水利部门进行备案
4	临时工程	施工准备	（1）印发统一安全标志标牌标准化文件，规范设置标准。 （2）组织对项目部、拌和站、钢筋加工场及临建驻地选址情况进行检查。 （3）组织查验活动房材料合格证及验收证明是否满足安全使用要求。 （4）组织对固集料仓、拌和设备大棚的加固情况、防雨雪和防风功能完善情况进行检查。 （5）组织对弃渣场选址情况进行实地察看、提出意见	**1. 风险点** （1）三集中、材料自加工厂人员密集、工种复合、设备繁多、工作交叉、临时用电负荷大，工人素质整体偏低，容易发生群体性伤亡事故。 （2）场地材料多，生产、运输过程存在扬尘、噪声污染，有生活生产用水、固体废渣排放，从而导致对大气、水、环境的污染。 （3）取弃土场：选址不合理带来水土流失，植被破坏，以及大气污染等问题。

续上表

序号	管控内容	阶段	重点工作清单	管控要点与亮点
4	临时工程	施工阶段	（1）开展临建设施安全验收。 （2）开展消防安全专项检查。 （3）组织对临建驻地宿舍内的用电线路布设、漏电保护器安装进行查验。 （4）组织对“两区三厂”场站内的“八牌两图”、操作规程、安全警示标志标牌进行检查。 （5）组织对施工便道通行能力、安全标志、安全设施设置情况进行验收。 （6）组织对弃渣场使用情况进行检查	**2. 控制点、关键点** （1）临建驻地、弃渣场选址。 （2）活动房的材质、防雨雪功能。 （3）拌和站避雷设施、防倾覆设施齐备。 （4）各部位安全标志牌齐全。 （5）弃渣场环水保措施到位。 **3. 创新点** （1）拌和站拌锅设置行程开关和急停按钮双重保护，有效降低清洗拌锅时伤人的风险。 （2）为进一步提高工人驻地临时用电安全，在工人驻地全面安装漏电保护器与采用36V安全电压，确保工人用电安全。 **4. 管控要点** （1）加强安全教育培训、安全技术交底，各工种人员持证上岗，设备检验合格。安全管理人员加大巡查力度，建设幸福小镇，进行人员统一管理，增强安全意识，提高工人素质。 （2）应用环境监测系统，严格落实“6个100%”，使用环保、防尘设备。生产、生活污水经沉淀、过滤后回收利用。与地方环卫部门、乡镇政府签订协议，集中清运固废。 （3）弃渣场选在旱地、荒沟与植被稀疏地带，弃土场远离居民区、河流，弃渣场选址完成后及时对接属地水利部门进行备案。水保监理、监测单位提早介入，施工中按照“先挡后弃”原则施工挡渣墙，按照设计要求分层分台阶弃渣，坡度压实度满足要求，施工完毕后进行坡面覆土绿化，完善截排水设施，种植紫穗槐等植被。 （4）项目部及临建驻地宿舍内安装漏电保护器；醒目位置设置“八牌两图”。 （5）拌和站场站醒目位置设置“八牌两图”以及操作规程。罐体安装避雷针并检验。拌和楼及罐体安装揽风绳。作业平台、储料仓、集料仓、水泥罐等部位设置安全防护装置。安装拌锅断电行程开关。场区设置砂石分离机、扬尘监测系统、设置三级沉淀池并用固定栏杆防护。集料仓安装雾化喷淋系统。 （6）钢筋加工场内划分堆料区、加工区、制作区等并设置标识牌和操作规程。钢筋原材料及半成品的堆放高度不超过2m，不高于2层。钢筋加工场内电缆线采取埋管设置方式，加工设备均设置接地装置、传动部位设置防护罩，设备旁张贴操作规程。 （7）施工便道设置便道标志牌、指路牌、限速牌、安全标语等。单车道施工便道宽度不小4m，双车道施工便道宽度不小于6.5m。边坡裸土覆盖。平交路口设置防撞桶、爆闪灯、仿真警车、广角镜等安全设施
		验收阶段	（1）组织对临建硬化场地的平整、覆土、绿化进行验收； （2）组织对弃渣场进行专项设计优化	

续上表

序号	管控内容	阶段	重点工作清单	管控要点与亮点
5	路基工程	施工准备	（1）检查路基土石方使用的机械设备检修情况及操作人员持证上岗情况。 （2）检查超过 5m 的涵洞基坑专项设计、专项方案的编制及审批备案情况。 （3）检查高边坡专项施工方案的编制及审批备案情况。 （4）检查路基操作人员、涵洞、防排水施工人员岗前培训教育交底完成情况。 （5）组织对危险性较大的 30m 以上高边坡进行安全生产条件核查。 （6）组织建立全线 34 处 30m 以上高边坡台账	**1. 风险点** 高填深挖多，占 14.8%，其中高填 5.271km/37 段，深挖 13.59km/60 段，存在软弱夹层，具有坍塌、高处坠落、机械伤害等安全风险。 **2. 控制点、关键点** （1）机械设备日常检修、维护。 （2）机械操作人员持证、培训交底。 （3）涵洞基坑专项方案编制审批。 （4）高边坡专项方案编制审批。 （5）涵洞、防护工程临时用电。 **3. 创新点** 全线装载机、平地机、压路机、洒水车等轮式机械安装倒车雷达影像一体机和倒车语音提醒装置，消除车辆行驶过程中的盲区。 **4. 管控要点** （1）对高填深挖、高边坡等项目编制专项施工方案并严格执行，加强监控量测，施工和监理单位安全、技术、质量负责人每天去现场进行监督检查，同时加强作业人员安全教育培训，消除各类安全隐患。边坡施工开挖一级防护一级。高边坡、滑坡体、危石段应设置风险告知牌，并设置必要的安全防护措施，严禁设置施工驻地。高边坡施工自上而下，严禁多级坡同时立体交叉作业。不良地质边坡在雨后或雪融后不得直接开挖。挡土墙施工排水设施完善。不良地质边坡开挖前应提前施作排水设施。 （2）做好运料车辆装卸及机械施工的指挥。压路机同时碾压时，前后间距不应小于 3m；在坡道上纵队行驶时，间距不应小于 20m。填方路基施工时在边部设置临边警戒。挖方作业做好上下交叉施工管控。高边坡开挖前设置临时排水系统。加强滑坡地段位移观测等安全措施。渣土运输车辆密闭运输。 （3）涵洞基坑防护设置安全防护栏杆，设置人员上下通道。高空作业时搭设作业平台，人员佩戴安全带。施工现场配备灭火器等消防设施。施工现场临时用电须符合施工用电安全规范要求，执行 TN-S 接零保护，满足三级配电两级保护、符合“一机一闸一漏一箱”的要求。 （4）防排水工程施工搭设人员作业平台、人员上下通道。施工现场临时用电须符合施工用电安全规范要求，执行 TN-S 接零保护，满足三级配电两级保护、符合“一机一闸一漏一箱”的要求。
		施工阶段	（1）组织对施工作业人员及机械操作人员的岗前培训教育及交底情况进行检查。 （2）组织对施工机械倒车雷达影像一体机和倒车语音提醒装置安装情况进行检查。 （3）组织对高边坡、涵洞、深基坑专项方案落实情况进行检查。 （4）组织对路基填挖方、涵洞作业、防排水作业安全设施设置情况进行检查。 （5）组织对涵洞、防排水施工现场临时用电进行检查。 （6）对全线处高边坡每周 2 次拍摄现场视频，落实检查情况。 （7）组织对民爆物品的使用、登记、管理情况进行检查。 （8）组织对机械设备的日常维修保养情况进行检查	
		验收阶段	组织对施工场地周围平整、覆土、绿化情况进行验收	

续上表

序号	管控内容	阶段	重点工作清单	管控要点与亮点
5	路基工程	验收阶段		（5）在符合相关法律、法规前提下，民爆用品储存严禁超量，建库按要求批准备案，与建筑物之间留有足够的安全距离。运输过程轻拿轻放，严禁碰撞，避免阳光暴晒，避开人口密集区。使用过程中实行“谁领用，谁负责”，各类作业人员持证上岗
6	桥梁工程	施工准备	（1）检查承台、系梁深度超过5m基坑的专项方案编制以及专家论证、审批情况。 （2）核查墩柱、盖梁使用的施工电梯、塔式起重机等特种设备的检验和使用登记、操作人员取得相应资格证书情况。 （3）检查梁板预制架设使用的门式起重机、架桥机、移梁机等特种设备检验及取得使用登记证、操作人员取得相应资格证书情况。 （4）检查特种设备安装拆卸专项方案的制定、审批情况。 （5）检查梁板吊装运输作业专项方案的制定、审批情况。 （6）检查悬臂挂篮施工专项施工方案编制与专家论证、审批情况。 （7）检查桥梁机械操作人员、施工作业人员岗前培训教育交底完成情况。 （8）组织对危险性较大的40m以上的高墩柱施工进行安全生产条件核查。 （9）组织建立全线25处40m以上的高墩柱台账	**1. 风险点** 昔榆高速公路全线桥隧占比55%，其中最高桥高89m，最大跨度155m。可能发生高处坠落、触电等各类伤害，施工安全风险高。全线森林、草木茂密，秋冬季干燥、风大，桥梁焊接作业时焊接火花四处飘散，易引发火灾。 **2. 控制点、关键点** （1）承台系梁深基坑专项方案。 （2）桥梁施工使用的塔式起重机、施工电梯、门式起重机、架桥机、移梁机等特种设备的检验及使用登记，操作人员资格证。 （3）梁板运输吊装专项方案。 （4）悬臂挂篮专项施工方案。 （5）桩基空口、高空作业、临时用电、临空临边、机械设备安全设施设置到位。 **3. 创新点** （1）使用高空作业举升车，有效保障高空作业人员安全上下。 （2）制作负弯矩张拉及横隔板作业操作平台，有效保证作业人员安全施工。 （3）制作防撞墙模板施工台车，机械化减人，有效保障施工人员安全。 （4）桥面系焊接作业推广二保焊、防火斗、防护布、消防水箱等设施，有效防止高空焊接火花造成森林火灾事故的风险。 **4. 管控要点** （1）编制桩基、墩柱、梁板、吊装等各类专项施工方案并严格执行。各类作业人员持证上岗。施工和监理单位安全、技术、质量负责人每天去现场进行监督检查，消除各类安全隐患。 （2）桥梁桩基施工的泥浆池四周设置防护围栏、防护网并设置警示提醒标志。桩基成孔后孔口加盖，设置防护围栏及夜间警示灯；桩基作业区域设置警示标志牌。施工现场配备灭火器等消防设施。施工现场临时用电须符合施工用电安全规范要求，执行TN-S接零保护，满足三级配电两级保护。符合“一机一闸一漏一箱”的要求。

续上表

序号	管控内容	阶段	重点工作清单	管控要点与亮点
6	桥梁工程	施工阶段	（1）印发统一的桥梁部分施工安全防护设置标准文件、梁板运输架设安全标准化文件、梁板存放要求标准化文件、特种设备拆卸安全管理文件、施工机械安全标准化文件、桥面系焊接施工消防安全标准化文件。 （2）组织对承台系梁深基坑、梁板运输吊装、悬臂挂篮施工、特种设备安拆专项方案落实情况进行检查。 （3）组织对塔式起重机、门式起重机、施工电梯、架桥机、移梁机等特种设备的检验及使用登记进行检查。 （4）组织对特种设备操作人员、机械设备操作手、电工、焊工等特种作业人员的持证上岗情况进行检查。 （5）组织对施工使用的机械设备日常维修保养情况进行检查。 （6）组织对施工现场临时用电进行检查。 （7）组织对桩基孔口、泥浆池、承台基坑防护、墩柱盖梁高空作业及人员上下通道、梁板预制安装、桥面系临空临边防护等安全设施设置到位情况进行检查。 （8）组织对桥梁跨线施工审批的方案内容落实情况进行检查。 （9）对全线25处高墩柱每天4次视频报告情况进行落实。 （10）组织对全线桥梁施工森林防火措施落实情况进行专项检查	（3）桥梁承台、系梁的基坑深度超过2m时，设置临边防护栏杆。承台、系梁的基坑周围设置临时排水设施，设置人员上下通道，周边设置安全警示标志及夜间发光警示标志。施工现场配备灭火器等消防设施。施工现场临时用电须符合施工用电安全规范要求，执行TN-S接零保护，满足三级配电两级保护，符合“一机一闸一漏一箱”的要求。 （4）桥梁墩柱施工设置高空作业平台，并在周围设置防护栏杆、防护网、踢脚板等。墩柱施工周边10m范围内设置警戒区，作业高度超过40m时设置2道防抛网，高于8m的墩柱钢筋模板设置揽风绳。墩柱施工中，高度40m以下时搭设人行塔梯，高度40m以上时搭设施工电梯。施工现场配备灭火器等消防设施。施工现场临时用电须符合施工用电安全规范要求，执行TN-S接零保护，满足三级配电两级保护，符合“一机一闸一漏一箱”的要求。 （5）桥梁盖梁施工设置高空作业平台，并在周围安装防护栏杆、防护网、踢脚板等设施。盖梁施工高度40m以下时搭设人行塔梯，高度40m以上时搭设施工电梯，使用的施工电梯、塔式起重机等特种设备均完成检验和使用登记，操作人员取得相应的资格证书。施工现场配备灭火器等消防设施。施工现场临时用电须符合施工用电安全规范要求，执行TN-S接零保护，满足三级配电两级保护，符合“一机一闸一漏一箱”的要求。 （6）梁板预制场醒目位置设置风险告知牌、“八牌两图”和“六十条禁令”牌。门式起重机安装自动夹轨器、监控系统、报警装置，设置人员上下爬梯及防护栏杆。存放梁板时采取防倾覆措施。张拉作业两端设置张拉挡板。预制场内安全标志标牌齐全。桥梁跨线施工时办理跨线施工相关审批手续，搭设跨线桥梁安全通道，周围设置防护栏杆、安全警示标志标牌、防撞设施、防坠落措施。作业过程安排专人指挥，现场施工人员必须佩戴安全防护用品，作业区周围设置警戒区。在下方设置安全通道，设置轮廓灯、警示灯、爆闪灯、限速牌、安全警示牌、限高限宽限速标志牌等安全设施，并采取防坠物措施，临边设置防护网。施工现场配备灭火器等消防设施。施工现场临时用电须符合施工用电安全规范要求，执行TN-S接零保护，满足三级配电两级保护，符合“一机一闸一漏一箱”的要求。

续上表

序号	管控内容	阶段	重点工作清单	管控要点与亮点
6	桥梁工程	验收阶段	（1）组织对桥面径流、事故收集池等设施完善情况进行验收。 （2）组织对桥下净空及两侧路域环境平整、覆土、绿化情况进行验收。 （3）组织对临建设施、机械设备拆除的各项安全措施落实情况进行检查	（7）桥面施工两侧设置防护栏杆，挂设防护网等临边防护，湿接缝处铺设防抛网，左右幅之间设置安全通道，并设置安全警示标志标牌；施工现场配备灭火器等消防设施；施工现场临时用电须符合施工用电安全规范要求，执行 TN-S 接零保护，满足三级配电两级保护，符合“一机一闸一漏一箱”的要求。 （8）在桥梁墩柱盖梁桥面系高空焊接时，配备焊接接火斗或防火布，在作业半径 100m 内安排专人看守，清除作业半径内的可燃、易燃物或提前洒水湿润，配备足够的灭火器材，如灭火器、清水、黄沙等，确保第一时间发现火情、第一时间报告火情、第一时间消灭火情。作业结束后检查施工作业区附近有无遗留未熄灭的火种，防止阴燃起火
7	隧道工程	施工准备	（1）洞口开挖前按设计要求检查截排水系统、边仰坡、场地硬化的完成情况。 （2）检查隧道施工使用的压力容器等特种设备的检验和使用登记、操作人员取得相应资格证书情况。 （3）检查隧道施工专项方案的编制及审批备案。 （4）组织对危险性较大的隧道施工进行安全生产条件核查。 （5）检查洞内运输车辆性能、驾驶人员持证上岗情况。 （6）检查隧道施工机械操作人员、施工作业人员岗前培训教育交底完成情况。 （7）组织对全线隧道施工森林防火措施落实情况进行专项检查	**1. 风险点** （1）隧道溶洞多，围岩差，围岩种类多，变化大。断层对隧道局部围岩稳定性有影响，地下水丰富，且有涌水现象，易发生坍塌、冒顶、中毒窒息、爆炸、触电等各类伤害，施工安全风险高。 （2）民爆物品存放、运输、使用环节可能出现各类安全隐患。 **2. 控制点、关键点** 洞口值班等级，监控量测及超前地质预报，火工品管理，隧道开挖，安全步距，通风、逃救生管道，临时用电。 **3. 创新点** （1）为了确保隧道安全施工，要求施工人员禁止将移动手机带入洞内，在洞口值班室设置带锁多格储物柜放置移动手机，一人一柜，专人管理，执行存取登记制度。 （2）应用隧道通风监控系统，在隧道内安设一氧化碳传感器、氧气传感器、二氧化碳传感器、温度传感器、风速传感器、粉尘传感器等，实时监测隧道内一氧化碳浓度、二氧化碳、氧气含量、环境温度、通风风速风量、掌子面空气中粉尘含量等参数，并将数据传送至主控计算机进行分析处理，有毒、有害气体一旦超限可自动语音报警。

续上表

序号	管控内容	阶段	重点工作清单	管控要点与亮点
7	隧道工程	施工阶段	（1）组织对洞口的截排水系统、边仰坡、场地硬化施工完成情况进行检查。 （2）组织对隧道洞口的值班室、应急物资库、门禁系统等设置情况进行检查。 （3）组织对隧道洞内掌子面开挖方法、超欠挖、上下导支护形式等进行检查。 （4）组织对开挖台车、防水板台车、二衬台车的安全性能进行验收。 （5）组织对洞内仰拱及二衬到掌子面的距离进行检查。 （6）组织对洞内通风管道、逃生管道、救生管道的设置情况进行检查。 （7）组织对洞内有毒有害气体监测、消防设施、照明、排水等情况进行检查。 （8）组织对民爆物品的使用、登记、管理情况进行检查。 （9）检查隧道洞口及洞内的安全警示标志标牌设置情况。 （10）组织对隧道洞内的临时用电进行检查。 （11）印发隧道斜井、洞口、洞内施工安全防护设置标准文件。 （12）对项目经理、总工、现场负责人视频报告情况进行督促落实。 （13）组织对渣土运输车辆及机械设备的日常维修保养情况进行检查	（3）长大隧道设置摆渡车，有效提升人员出入洞管理水平，保障人员出入洞安全。 （4）隧道内设置易燃易爆气体监测箱，检测发现易燃易爆气体超标后发出预警预报。设置应急电话，确保发生突发应急事件后可及时联系洞外救援。 （5）隧道成洞段参照运营隧道洞内反光环，每 200m 设置 LED 反光灯带，显示整体轮廓。 （6）通过智能安全帽实现隧道内人员和设备的数量、身份、定位、行走轨迹实时监控，紧急情况下可实施远程救援，增强隧道施工安全保障。 **4. 管控要点** （1）编制爆破、隧道施工各类专项施工方案并严格执行。加强监控量测和超前地质预报，使用人员定位系统、有害气体监测系统、出入门禁系统进行实时监控，各类作业人员持证上岗。施工和监理单位安全、技术、质量负责人每天去现场进行监督检查，消除各类安全隐患。 （2）在符合相关法律、法规前提下，民爆用品储存严禁超量，建库按要求批准备案，与建筑物之间留有足够的安全距离。运输过程轻拿轻放，严禁碰撞，避免阳光暴晒，避开人口密集区。使用过程中实行“谁领用，谁负责”，各类作业人员持证上岗。 （3）洞口设置门禁系统、值班室、应急物资库，设置人车分流通道，出入洞登记。隧道洞口醒目位置设置风险告知牌、“八牌两图”和“六十条禁令”牌。 （4）洞内成洞段设置限速 15km/h 标志，未成洞段设置限速 5km/h 标志、安全警示标志，每 20m 设置满足照度要求的照明灯。 （5）隧道单向掘进长度超过 150m 时采取机械通风，风机周围设置安全警示标志标牌。隧道开挖掌子面至二衬之间设置逃生、救生通道。隧道施工仰拱、二衬到掌子面的距离应满足设计规范要求。 （6）隧道施工现场配备灭火器等消防设施。施工现场临时用电须符合施工用电安全规范要求，执行 TN-S 接零保护，满足三级配电两级保护，符合“一机一闸一漏一箱”的要求
		验收阶段	（1）组织对隧道施工场地周围平整、覆土、绿化情况进行验收。 （2）组织对临建设施、机械设备、台车拆除的安全措施落实情况进行检查	

续上表

序号	管控内容	阶段	重点工作清单	管控要点与亮点
8	路面工程	施工准备	（1）检查各种施工机械设备的操作人员持证上岗情况。 （2）检查各路口安全设施、岗亭及安保人员到位情况	**1. 风险点** 道路交通管制及施工期间车辆通行安全。 **2. 控制点、关键点** 路口管控措施，巡查管理，机械安全，限车速、限车辆、限路线，摊铺作业安全。 **3. 创新点** （1）路面施工压路机前后安装安全防护栏杆，消除机械司机因盲区而造成碾压伤人事故的风险。 （2）各个路口岗亭设置门禁道闸和监控设施，实时监控路口交通管制情况。 **4. 管控要点** （1）施工期间相关道路实行交通管制，关键地段派人专门值守，加强路口管理和现场安全巡视，禁止非施工作业人员进入施工现场。限制社会车辆、人员通行。限制施工机械、货运车辆、三轮车违规载人上路行驶。限制施工车辆在各标段间随意通行。统一制作施工车辆通行证，对施工车辆进行分类管理。限制上路车辆行驶速度、行车路线。限定上路作业人员活动范围。 （2）施工现场出入口、沿线交叉口设置明显的安全警示、警告标志。机械设备停放位置周围设置安全警示标志标牌，夜间设警示灯。 （3）夜间施工时作业人员穿反光服，机械设备照明保持完好并设置反光警示标志。 （4）摊铺现场应设置警告区、施工区、过渡区、缓冲区并设置限速牌、爆闪灯、指路牌、防撞桶等安全设施。 （5）路口设置交通岗亭并配备安保人员进行交通管制。车辆半幅通行时，道路中间设置锥桶、水马等隔离设施，并根据情况设置道路指向标志、限速标志等安全设施。隧道内电缆沟槽两侧张贴反光贴及摆放反光锥桶。 （6）隧道内摊铺应采用机械通风，洞内有毒有害气体和可燃气体浓度应满足要求，作业人员佩戴防毒面具、穿反光服。沥青路面施工应采取防中暑、防烫伤、防中毒措施
		施工阶段	（1）印发路面施工、夜间施工、隧道沥青摊铺标准化文件。 （2）组织对路口岗亭及安保人员到位情况进行检查。 （3）组织对摊铺现场安全设施设置情况进行检查。 （4）组织对路面施工机械安全防护设施设置情况进行检查。 （5）组织对夜间照明、作业人员反光服、反光标志标牌到位情况进行检查。 （6）组织对路面机械维修保养、操作人员及施工作业人员培训教育交底情况进行检查。 （7）组织对隧道洞内摊铺作业通风、人员佩戴劳动防护用品等情况进行检查。 （8）组织对机械设备的日常维修保养情况进行检查	
		验收阶段	（1）组织对路域两侧环境平整、覆土、绿化情况进行验收。 （2）在施工完成后至通车运营期间，组织对道路交通管制情况进行检查	

续上表

序号	管控内容	阶段	重点工作清单	管控要点与亮点
9	绿化工程	施工准备	（1）检查施工作业人员培训教育交底情况。 （2）检查劳动防护用品发放情况	**1. 风险点** 交叉施工时，作业时前后提醒设施设置不到位，影响行车安全。 **2. 控制点、关键点** 交叉施工，作业安全，作业区域安全警示，高处作业。 **3. 管控要点** （1）加强人员培训教育，上路作业人员穿戴反光背心，作业区域前后设置反光提醒设施。 （2）施工作业人员施工时佩戴安全帽、身穿反光背心、高处作业佩戴安全带等安全防护用品。 （3）施工作业区域前后设置反光锥桶、警示标牌等安全设施；周围设置安全警示标志标牌。 （4）加强培训教育，确保交叉施工车辆通行安全。 （5）高处作业时搭设作业平台
		施工阶段	（1）组织对施工作业人员施工时佩戴安全帽、身穿反光背心、高处作业佩戴安全带等安全防护用品情况进行检查。 （2）组织对施工作业区域前后设置安全设施及安全警示标志标牌情况进行检查。 （3）组织对交叉施工车辆通行及高处作业进行检查	
		验收阶段	组织对临时存放材料场地的平整、覆土、绿化情况进行验收	
10	交安工程	施工准备	（1）检查施工作业人员培训教育交底情况。 （2）检查劳动防护用品发放情况	**1. 风险点** （1）交叉施工时，作业区域前后提醒设施设置不到位，影响行车安全。 （2）高边坡隔离栅施工易发生高处坠落。 **2. 控制点、关键点** 交叉施工，作业安全，作业区域安全警示，高处作业。 **3. 管控要点** （1）加强人员培训教育，上路作业人员穿反光背心，作业区域前后设置反光提醒设施。 （2）高边坡施工隔离栅设置施工通道，作业人员采取防坠落措施。 （3）施工作业人员施工时佩戴安全帽、身穿反光背心等安全防护用品。 （4）施工作业区域前后设置反光锥桶、警示标牌等安全设施。 （5）材料储备区域周围设置安全警示标志标牌，设置夜间警示灯。标志牌基础的基坑周围设置防护栏杆防护网、安全警示标志标牌等安全设施；材料装卸由专人指挥，周围设置安全警示标志标牌。 （6）加强培训教育，确保交叉施工车辆通行安全
		施工阶段	（1）组织对施工作业人员施工时佩戴安全帽、身穿反光背心、高处作业佩戴安全带等安全防护用品情况进行检查。 （2）组织对施工作业区域前后设置安全设施及安全警示标志标牌情况进行检查。 （3）组织对交叉施工车辆通行及高处作业进行检查。 （4）组织对高边坡隔离栅施工情况进行检查。 （5）组织对材料储备点周围环境、标志牌基础的基坑安全设施设置情况进行检查	
		验收阶段	组织对临时存放材料场地平整、覆土、绿化情况进行验收	

续上表

序号	管控内容	阶段	重点工作清单	管控要点与亮点
11	机电工程	施工准备	（1）检查施工作业人员培训教育交底情况。 （2）检查劳动防护用品发放情况	**1. 风险点** （1）交叉施工时，作业点前后提醒设施设置不到位，影响行车安全。 （2）安装隧道内机电设施时易发生高处坠落。 **2. 控制点、关键点** 交叉施工，作业安全，作业区域安全警示，高处作业，设备装卸及安装，临时用电。 **3. 管控要点** （1）加强人员培训教育，上路作业人员佩戴反光背心，进入隧道佩戴头灯、安全帽，作业区域前后设置反光提醒设施。 （2）机电设施安装作业，搭设作业平台，作业人员采取防坠落措施。 （3）作业人员施工时佩戴头灯安全帽、身穿反光背心等安全防护用品。 （4）加强培训教育，确保交叉施工车辆通行安全。 （5）材料储备区域周围设置安全警示标志标牌，设置夜间警示灯。 （6）严格按操作规程进行机电设备装卸、安装。 （7）施工现场出入口及坑、沟、坎、井、孔、洞等特殊地形地物，在危险部位设置明显的安全警示标志标牌和安全防护设施。 （8）高处作业时搭设作业平台，人员系安全带，施工作业区域前后设置反光锥桶、警示标牌等安全设施。 （9）施工现场配备灭火器等消防设施。施工现场临时用电须符合施工用电安全规范要求，执行TN-S接零保护，满足三级配电两级保护，符合“一机一闸一漏一箱”的要求
		施工阶段	（1）组织对施工作业人员施工时佩戴安全帽、身穿反光背心、高处作业佩戴安全带等安全防护用品情况进行检查。 （2）组织对施工作业区域前后设置安全设施及安全警示标志标牌情况进行检查。 （3）组织对交叉施工车辆通行及高处作业进行检查。 （4）组织对现场临时用电进行检查。 （5）组织对材料储备点周围环境、标志牌基础的基坑安全设施设置情况进行检查	
		验收阶段	组织对临时存放材料场地平整、覆土、绿化情况进行验收	
12	房建工程	施工准备	（1）检查施工作业人员培训教育交底情况。 （2）检查劳动防护用品发放情况。 （3）检查使用的施工电梯、塔式起重机等特种设备检验和使用登记情况及操作人员持证上岗情况。 （4）检查特种设备安装拆卸专项施工方案编制、审批备案情况	**1. 风险点** 高空作业多、临边较多，易发生高处坠落。 **2. 控制点、关键点** 交叉施工，高处作业，临边临空防护。 **3. 管控要点** （1）加强培训教育，高处作业搭设作业平台，人员佩戴安全带等安全设备。
		施工阶段	（1）组织对施工作业人员施工时佩戴安全帽、身穿反光背心、高处作业佩戴安全带等安全防护用品情况进行检查。 （2）组织对施工作业区域设置安全设施及安全警示标志标牌情况进行检查。	

续上表

序号	管控内容	阶段	重点工作清单	管控要点与亮点
12	房建工程	施工阶段	（3）组织对预留洞口、平交路口、安全通道等进行检查。 （4）组织对现场临时用电情况进行检查。 （5）组织对临空、临边安全设施设置情况进行检查	（2）施工完成后及时对临边部位进行围挡防护。 （3）加强培训教育，确保交叉施工车辆通行安全。 （4）人员实名制，封闭管理。在平交路口设置安全设施，施工现场各个危险场所设置安全警示标志，在楼梯口、电梯口、预留洞口设置围栏及盖板。 （5）施工通道出入口必须搭设安全通道并设置安全警示标志标牌。 （6）在尚未安装栏杆的阳台周边、无外架防护的屋面周边、框架工程楼层周边、上下跑道及斜道的两侧边、卸料平台的侧边设置 1.2m 以上的双层围栏或搭设安全网
		验收阶段	（1）组织对施工场地周围平整、覆土、绿化情况进行验收。 （2）组织对临建设施、机械设备拆除时各项安全措施到位情况进行检查	

附表 5

综合办公室重点工作清单、管控要点与亮点

序号	管控内容	阶段	重点工作清单	管控要点与亮点
1	党的建设前期策划	项目策划	（1）构建党委工作体系。 （2）贯彻落实交控集团党委“1235”工作法。 （3）抓好“党、工、团、青、妇共建活动”	**1. 构建党委工作体系** **（1）切实增强主体责任的自觉。**在思想认识上要贯彻全面从严治党要求，增强管党治党的意识。增强政治自觉，就是要坚定政治信心和勇气，自觉维护党中央权威、贯彻民主集中制；自觉增强党内政治生活的政治性、时代性、原则性、战斗性；自觉敢于直面问题，勇于自我革命，不断提高自我净化的能力。增强思想自觉，就是要不断强化“抓好是本职，抓不好是失职，不抓是渎职”的认识，充分认同落实主体责任是营造良好政治生态、厚爱干部的根本性举措。 **（2）把党的领导融入公司治理。**坚持把加强党的领导和完善公司治理统一起来，扎实推进将党建工作写入公司章程，有效推动党组织领导作用的组织化、制度化、具体化。明确党组织议事是董事会、经理层决策重大问题的前置程序，并制定制度予以保证。完善“双向进入、交叉任职”机制，推进党委书记和董事长“一肩挑”，党委委员合法进入董事会、监事会和经营班子，有效维护党委在公司各级治理结构中的领导地位。 **（3）建立党建工作责任机制。**制定党建工作的责任清单、任务清单以及制度清单，科学划定党委、党委书记、党委副书记、班子其他成员的党建工作责任。健全责任传导机制，按照“管业务、管人、管党建相统一”的原则，层层分解，确保党的工作有人抓、问题有人管、责任有人担。完善考核评价机制，层层完善党建工作责任项目体系、目标指标体系和考核评价体系，坚持用考核评价验证责任落实。 **2. 贯彻落实交控集团党委“1235”工作法** 深刻领会指导思想、主要内容、基本原则、项目类别及有关要求，围绕坚持党建工作服务生产经营不偏离 1 个中心点，抓住创新、创效 2 个关键，瞄准企业迫切需要解决的重点、痛点、难点问题，开展强基型、提质型、创新型 3 种党建工作项目化管理工作，实施“选题立项、备案登记、组织实施、督导检查、成果总结”5 个步骤的运行机制，以项目化的方式破解问题，促进党建工作和生产经营深度融合，实现提高企业效益、增强企业竞争实力、国有资产保值增值的目标。 **3. 抓好“党、工、团、青、妇共建活动”** **（1）主题党日活动。**突出政治功能，聚焦工程项目建设的重难点问题，组织党员干部、业务骨干开展收集民情民意类主题党日活动，通过方案改进和技术改造，解决项目建设中各类难题，有效将党的组织优势转化为推动工程项目建设的战斗力量。 **（2）开展学习教育活动。**为深入贯彻落实党的二十大精神，进一步提高党员队伍素质，教育和激励党员始终保持先进性、体现示范性，结合项目工作实际，按照二十大精神专题学习计划、“两学一做”学习教育计划等，坚持定期开展集中政治理论学习，提高思想认识、坚定政治方向。 **（3）一部一特色活动。**各施工监理项目部根据工作职责及实际工作情况，将党建与工作紧密结合，融入工作中，以党建为抓手引领各项工作，在工作中形成自身的特色和好的经验做法，促进交流学习。 **（4）青年文明号创建。**大力开展青年文明号创建工作，积极培养、引导公司青年团员职工开展共青团主题活动、青年突击队、青年志愿者活动、团组织建设及青年思想政治教育工作。在工作分工时要注意老、中、青结合的梯次配备，利于工作经验的传承与交流。 **（5）组织工会活动。**组织开展职工教育、文体等活动，积极开展“送温暖”及“送清凉”等慰问、帮扶活动，为困难职工做好事、办实事、解难事，做好公司妇女工作，创建“妈咪小屋”，保护妇女职工的合法权益。 **（6）落实基层党建工作联系点。**通过将基层党建工作联系点设立到各施工、监理项目部，加强对基层党建工作的指导，通过调查分析联系点党建工作中存在的问题和原因，有针对性地提出解决问题的办法和措施，并帮助解决，充分发挥党支部在企业改革发展稳定中的战斗堡垒作用。公司领导班子成员每周要深入联系点开展调查研究、指导工作 1~2 次，了解和推进基层党建工作

续上表

序号	管控内容	阶段	重点工作清单	管控要点与亮点
2	党的建设工作清单	建设期	（1）党建引领激发昔榆高速公路建设活力。 （2）打造“1235”特色党建品牌。 （3）抓好“党、工、团、青、妇共建活动”	**1. 党建引领激发昔榆高速建设活力** **（1）推动党建责任与生产经营责任有效联动。**持续将党建考核纳入劳动竞赛考核中，做到党建工作与业务工作同谋划、同部署、同推进、同考核，持续推动党建 +“工程进度、科技创新、技术管理、质量管理、安全环保、地方协调、企业文化”，开展各种活动的创建，如岗位大赛、技能比武、质量月、安全月，评比出“三晋工匠”“先进班组”“岗位能手”等，每季度劳动竞赛中，党建考核和业务考核各占一定比例。考核采用日常巡查和集中检查相结合、外业和内业相结合，形成党建责任闭环，保证责任一贯到底。 **（2）发挥党员示范作用。**按照“组织引导、小组攻关、党员挂帅”方式，组织党员干部成立“攻坚小分队”，营造党委“挂牌出题”、党支部“揭榜破题”、党员“亮牌解题”的科技攻关良好氛围。在项目全线设立 22 个党员先锋队、54 个党员责任区、48 个党员先锋岗、47 个党员示范岗，列出责任清单，定人员、定任务、定指标，通过实施包片包干蹲点项目“一线工作法”，及时解决项目建设中的难点、痛点、堵点，精准对接、一线作战，充分发挥党员干部在项目工作中的骨干和引领作用。 **（3）加强干部人才培养。**结合人才结构，通过干部交流座谈会、专业技能培训、导师带徒、传帮带等方式，不断强化队伍工作能力及专业素养，进一步锻造过硬干部队伍；通过“三带”活动（“导师带徒”“党员带青年”“支部书记带业务骨干”），在项目党支部中选派“党员指导员”，委派“群众业务员”，造就了一支知识型、技能型、专业型、创新型的业务人才队伍，推动全体职工干部在工作岗位上做出新贡献；持续深化公司“周例会、月评价、年考核”工作流程，按照每周工作业绩进行“打分”，靠综合素质“赋分”，考核结果运用到季度产值奖励及年终绩效中。 **（4）持续加强各参建单位新闻宣传管理工作。**每年年初制定新闻宣传计划，每季度根据实际情况制定新闻宣传工作要点，分别从本系统宣传、对外媒体宣传、社会宣传等方面进行。通过网络、报刊、电视台等多种媒体平台开展宣传报道。与晋中电视台建立合作关系，推出“动态早报”和“讲昔榆”两个模块，昔榆公司领导及 13 个路基项目负责人做客“早班车”栏目。同时根据工程需要，以质量、安全、廉政建设为内容，制作小视频。在全线组织施工单位、监理单位协助高效运营微信公众号，开设“工程动态”“疫情防控”“项目动态”“公司要闻”等专栏。 **（5）加强企业文化建设。成立了编委会，**明确各部室的工作职责，围绕重点进行超前谋划，围绕工程概况、集团要闻、昔榆资讯、学习交流、品质昔榆、平安昔榆、绿色昔榆、创新昔榆、智慧昔榆、红色昔榆、清廉昔榆、感悟昔榆、班组风采、员工心声、昔榆大事、光荣昔榆，完成七期《昔榆高速》、画册《昔榆高速》和《太行飞虹》以及《太行之路》司歌，全面系统展示昔榆高速公路建设风采，扩大社会影响力。 **2. 打造“1235”特色党建品牌** 立足生产经营这一中心任务，聚焦年度重点工作，紧抓创新、创效两个关键点，通过“党员职工提、基层组织选”的方式，确立 2 个“1235”党建项目化选题，激发党组织和党员在解决业务实际问题中的先锋作用，在绿色发展、科技创新方面，构建昔榆特色的“两到一品”党建品牌矩阵，有力保障“党建 + 智慧”“党建 + 绿色”各项工作落到实处。 **3. 抓好“党、工、团、青、妇共建活动”** **（1）党建引领取得成效。**以“主题党日 + 重要时间节点”为抓手，组织开展了“绿化正当时　党员先锋在行动”“缅怀先烈忆初心　砥砺奋进强党性”“凝心铸魂跟党走　实干担当建新功”等“主题党日 +”活动；赓续红色血脉，组织党员干部前往平遥古城、烈士陵园等教育基地接受红色教育，传承红色基因，讲好红色故事。

续上表

序号	管控内容	阶段	重点工作清单	管控要点与亮点
2	党的建设工作清单	建设期		（2）**实施双重党建管理**。与项目党支部开展“党建共建联建”主题党日活动，与各施工单位项目党支部形成“多方联动、上下联通、组织联合”的工作格局，作为密切联系群众破解工作难题的重要途径，将“绿色、品质、平安、智慧、廉洁、美丽”的昔榆公司愿景深深地植入全线每个党员心中。 （3）**团青优势得以体现**。完善团组织自身建设，组织开展“雷锋日”主题团日等活动；扎实开展建团100周年活动，隆重举行老团员退团仪式，不断凝聚起建设昔榆高速公路的青春力量。 （4）**工会职能充分履行**。组织开展职工教育、文体等活动，积极与省总工会、属地总工会联合开展“送温暖”及“送清凉”等慰问、帮扶活动；开展“奋进新征程 建功新时代”劳动竞赛、“安康杯”竞赛活动，在年底对表现突出的单位和个人进行记功授奖。 （5）**持续梳理典型引领**。牢牢把握项目工程建设的特点和规律，坚持用党建引领项目工程建设，抓班子带队伍，在深入一线调研之后，公司制定了为期3年的以“党委有号召，工会群团有行动，共同助力工程建设”为主题的“创先争优示范党支部”活动方案，根据工程建设业务板块分为：安全环保示范党支部、工程管理示范党支部、农民工管理示范党支部、智慧建设示范党支部、固废利用示范党支部、工程“品质”示范党支部、工地优秀试验室示范党支部、企业与地方共建示范党支部

附表 6

地方协调部重点工作清单、管控要点与亮点

序号	管控内容	阶段	重点工作清单	管控要点与亮点
1	征地拆迁前期策划	项目策划	（1）提前介入，参照初步设计对设计单位所使用的过期的政策、标准、依据进行更新。参照初步设计进行现场勘查，对其中缺项、漏项进行补充完善，委托专业机构对电力拆迁、临时用电、永久用电、林地补偿费用、耕地开垦费用进行测算，如概算预算不足及时做出调整，为征地拆迁资金提供保障。 （2）将征地拆迁按照时间、周期及难易程度进行区分，应提前拆迁影响隧道、桥梁、涵洞等控制性工程的项目，电力设施、天然气管道、大型企业等拆迁时间长的项目，以及影响梁场、拌和站等临建设施范围内的项目。坟墓、房屋、通信线路及林地，耕地、未利用地及小型拆迁物等，放在次一级进行征拆。 （3）提前规划手续办理。控制性工程先行用地与临时占地手续同步办理。符合办理先行用地条件的，办理先行用地手续；对于不具备办理先行用地条件的控制性工程用地，采用办理临时用地手续的方式进行征用。将前期手续按照需求及办理周期划分先后，可以同时办理的，同时进行办理，不能同时办理的，先办理周期长、审批手续烦琐的	（1）对于已通过用地预审、项目批准立项并完成初步设计的国家重点建设项目，属于控制工期的单体工程，以及因工期紧或受季节影响确需动工建设的其他工程，可向自然资源部申请办理先行用地。 （2）以“三同步”为工作方法，即土地报批、征地拆迁和临建、厂站施工同步进行。土地手续的办理和征地拆迁的快慢是影响工程建设整体进度的重要因素之一，如果按照正常程序，待土地报批完成后再组织进场施工，会大大增加项目成本投入，给整体利益带来损失
2	附着物清点的工作清单	施工准备	（1）会同技术部门，联系设计院到现场放线、交桩。 （2）督促各施工单位对红线范围内附着物进行准确核准。 （3）与地方政府对征地拆迁标准进行协调商定后，由地方政府成立征拆协调组并出具征拆补偿标准的通知，再与地方政府签订总承包协议。 （4）会同征拆协调组、乡镇政府、村委会、个户，对红线内附着物进行五方认证清点、确认。在赔偿标准目录范围内的，征拆协调组与各户签订地调表。 （5）清表中遇到青苗时，五方到场认证，对农作物的类型和面积进行测量和确认，按标准对费用进行测算后，征拆协调组与各户签订地调表。 （6）清点过程中遇到坟墓时，五方认证先调查情况，再按各户申报的数量登记。实际迁坟时，到现场核实具体数量和类型，按补偿标准进行计算。 （7）调查的附着物不在赔偿标准范围内的，例如房屋、工厂等大型建筑物，征拆组联系第三方评估公司进行评估，评估时五方在场。评估后，评估公司现场要求五方签字确认。评估后，用评估报告和个户谈判，同意的签订协议，不同意的继续协调。 （8）征拆评估的房屋。宅基地以土地证为准，补偿标准按照土地法规定的标准执行。房屋建筑按结构、面积成新率、室内装修，按照第三方评估计价。根据被拆迁户住宅的房屋建筑面积，按照征拆补偿标准，一次性赔偿搬迁补助费。临时过渡安置费采用货币补偿方式，按月、按平米参照拆迁补偿标准支付。 （9）与各户签订后，经个户同意方可进行清表工作。 （10）清点的附着物由五方认证后签字、盖章，完善手续。 （11）清点附着物的地调表由征拆协调组对照标准统一核算、统计，打出总表后，核对数量和金额，核对、盖章后交公司起草合同、请款	由项目公司、县（区）政府、乡镇政府、村委会和户主本人进行现场清点，经五方签字确认后，登记造册，避免后期出现推诿扯皮情况
3	永久占用土地的工作清单	施工准备	（1）会同技术部门，联系设计院到现场放线、交桩。 （2）对接各施工单位，对红线范围内附着物进行准确核准。 （3）与地方政府协调商定征地拆迁标准后，由政府成立征拆协调组并出具征拆补偿标准的通知，再与地方政府签订总承包协议。	

续上表

序号	管控内容	阶段	重点工作清单	管控要点与亮点
3	永久占用土地的工作清单	施工准备	（4）各户面积测量：会同征拆协调组、地方自然资源管理部门、乡（镇）政府、村委会、个户、报地第三方，对红线内征占土地，须现场核实权属、村界，测量，确认，现场签字、按手印确认。 （5）集体土地测量：五方开展现状调查后，报地第三方根据现场调查，按公式计算。 （6）国有土地的测量：五方开展现状调查后，报地第三方根据现场调查，用现状面积套入土地调查数据库里与图斑权属面积进行比对，算出准确面积。 （7）集体土地面积确认后，由自然资源部门出具村集体协议，附个户正式表格，一式四份，个人表格签字确认后附在集体协议后，由集体最后签字盖章。 （8）对土地权属有争议且协调组无法协调的，由村集体签字认可，村集体协调不通的，协调上一级乡镇政府代理签字认可。 （9）集体协议交回自然资源部门，自然资源部门交征拆协调组，协调组对照当地政府下发的标准进行统一计算，核对盖章后交公司起草合同并请款	
4	临时占用土地的工作清单	施工准备、施工阶段	（1）项目勘测定界成果，现场踏勘成果。 （2）项目立项文件及批复文件。 （3）临时用地协议书，包括个户签字、明细。 （4）临时用地土地复垦方案实施意见。 （5）项目所在土地利用现状标准分幅图，现场具体功能布置图。 （6）土地利用总体规划图。 （7）项目可行性研究报告。 （8）工程建设实施方案。 （9）环评报告。 （10）建设规划许可证	可以“多标合一”进行整合办理，避免出现浪费时间与金钱的情况
5	临时占用林地的工作清单	施工准备、施工阶段	（1）制定工作方案。 （2）收集项目资料。 （3）准备外业资料。 （4）现场核对，确定使用林地范围。 （5）综合处理内业资料和外业资料，编制相关报告。 （6）报送相关审批部门。 （7）主管部门进行现场查验。依据报告内容，提出使用林地的申请，由主管部门审核无误后，于林权单位公示栏进行使用林地公示，公示期满后由主管部门出具审查意见或使用林地行政许可书（具体根据各级审批权限按需进行逐级上报审核）	可以“多标合一”进行整合办理，避免出现浪费时间与金钱的情况
6	三电迁改、天然气迁改	施工阶段	（1）各施工单位交桩放线后，先行统计红线范围内及红线外影响施工的拆迁物，先与产权单位对接，会同产权单位、协调组、乡政府、村委、项目部等到现场调查。 （2）会同技术部、设计单位现场调查后，根据要求制定迁改方案。 （3）方案制定后，对方案进行审核，修改后进行谈判。 （4）完成谈判后，与产权单位及施工方签订三方协议。 （5）迁改完成后，会同技术部、工程部对工程进行验收。 （6）验收完成后，完成迁改，按合同支付迁改费用	（1）提前介入施工预算审查，防止发生不必要的费用。 （2）及时与设计院、施工单位沟通，避免二次迁改或迁改不到位的情况

续上表

序号	管控内容	阶段	重点工作清单	管控要点与亮点
7	只补不征工作清单	施工准备、施工阶段	只补不征地涉及红线补征地、改河改沟、改移路、蒸发池、高低位水池、边角地、孤岛地等。 （1）对于红线补征地，取得征地的设计图纸，协调征拆协调组、自然资源部门、乡镇政府、村委会、个户、项目部工作人员对红线补征占土地面积进行现场核实，核实权属、村界、是否属于基本农田，测量并确认，现场签字、按手印。 （2）对于改河改沟、改移路、蒸发池、高低位水池征地，取得征地的设计图纸，施工单位放线后现场核实方案。若方案可行，协调征拆协调组、自然资源部门、乡镇政府、村委会、个户、项目部工作人员，对征占土地面积进行现场核实，核实权属、村界、是否属于基本农田，确认面积后现场签字、按手印。若现场调查后认为设计方案不可行，通知公司技术部门、设计代表会同征拆协调组、乡镇政府、村委会、项目部到现场重新选择路线，现场五方确认后，设计代表重新出图，按照变更图纸征地。 （3）对于红线占地后形成的不宜耕种的边角地和没有路耕种的地，同当地政府协商好具体赔偿范围和条件，协调当地政府出具相关的会议纪要，通知各乡镇政府、村委会按会议纪要标准，各自统计数量和类型，由五方共同到现场认证统计的量是否符合赔偿的标准范围。 （4）对于个户土地和集体土地，确认面积后，由征拆协调组出具村集体协议，附个户正式表格，一式四份，个人表格签字确认后附在集体协议后，由集体最后签字盖章。 （5）集体协议交至征拆协调组，对照当地政府部门下发的标准统一计算，核对盖章后，交公司起草合同、请款	提前与征拆协调组沟通协调，集体地不予计量，不予补偿
8	只补不征现状调查	施工准备、施工阶段	（1）红线补征地、改河改沟、改移路、蒸发池、高低位水池、边角地、孤岛地等征地前期，调查时注意避开厂矿、房屋、坟墓等，及时优化方案。 （2）只补不征土地按照图纸征地后，会同征拆协调组、乡镇政府、村委会、个户对红线内附着物进行五方认证清点、确认，在赔偿标准目录范围内的，征拆协调组与各户签订地调表。 （3）清表中遇到青苗时，五方到场对农作物的类型和面积进行测量和确认，按产值或按青苗进行赔偿，套入拆迁补偿标准后，征拆协调组与个户签订地调表。 （4）清点的附着物与个户确认后，须经个户同意方可进行清表工作。 （5）清点的附着物，由征拆协调组、乡镇政府、村委会、个户、公司进行五方认证后签字、盖章并完善手续。 （6）清点附着物的地调表由征拆协调组对照标准统一核算、统计，然后打出总表，核对数量和金额，盖章后交公司起草合同、请款。 （7）与地方政府签订合同、付款后，各乡镇政府找征拆协调组向地方政府请款，批准后征拆款转入乡镇政府，各村委会与个户签订协议后，向乡镇政府请款，征拆款转入村委会后向个户支付	前期如实调查，并进行五方认证签字，避免后期发生纠纷
9	前期策划	项目策划	（1）办理手续时提前谋划，将手续按照办理时间、重要程度进行分类，周期长及重要的要件提前办理（如压覆矿产资源协议、失地农民社保），防止制约进度。 （2）同类型手续合并办理，节约时间，节约成本	（1）上报资料时仔细检查，确定要件准备到位，不缺项漏项。

续上表

序号	管控内容	阶段	重点工作清单	管控要点与亮点
9	前期策划	项目策划		（2）利用容缺机制，准备好必要内容后先行上报，在政府部门审查的过程中，将剩余内容补充完善。 （3）对工可征地拆迁估算总费用进行分解，按照行政区域、类别将费用进行拆分统计，细化各项费用，实现全面预算管理，精确补偿。 （4）提前介入，对项目概算进行调整，对设计单位所使用的过期的政策、标准、依据进行更新，对缺项、漏项进行补充完善，委托专业机构对电力拆迁、临时用电、永久用电、林地补偿费用、耕地开垦费用进行测算，参照各项结果对概算进行调整。 （5）对失地农民社保等需要实地测算的内容，按最新政策进行现场勘测，并二次测算，防止出现费用不足的情况
10	工程可行性研究	项目前期	（1）向发展和改革部门提交可行性研究报告、项目计划书、资金预算等材料，进行审批。 （2）发展和改革部门对材料进行初审。 （3）发展和改革部门召开专家评审会进行审议。 （4）发展和改革部门上会研究决定。 （5）发展和改革部门将修改意见以书面通知形式通知项目单位。 （6）修改完成后再次提交至发展和改革部门进行审批。 （7）审批通过，收到批复	
11	土地预审	项目前期	（1）预审申请报告。 （2）预审申请表。 （3）初审意见。 （4）印证文件。 （5）主管部门核查意见。 （6）现场踏勘论证报告。 （7）界址点坐标。 （8）项目公司委托书及相关证件复印件。 （9）现状图。 （10）规划图。 （11）占用永久基本农田示意图（含城市周边范围线）。 （12）土地利用总体规划修改方案及基本农田补划方案。 （13）项目面积明细表	（1）线路较长，涉及村镇较多。 （2）需提前调查有没有非本项目遗留的历史违法图斑

续上表

序号	管控内容	阶段	重点工作清单	管控要点与亮点
12	建设项目选址意见书	项目前期	（1）建设单位至规划部门申请办理“建设项目选址意见书”。 （2）规划部门审查相关资料及图纸。 （3）规划部门现场踏勘。 （4）规划部门初步评审及终审。 （5）规划部门批准后出具“建设项目选址意见书”。 （6）建设单位持受理单至规划部门领取“建设项目选址意见书”	
13	项目立项批复	项目前期	工程可行性研究代项目立项批复	
14	投资人招标	项目前期	由相关单位出具中标通知书	
15	投资协议	项目前期	上级公司与合作公司签订投资协议	
16	特许经营权协议	项目前期	（1）拟定合同。 （2）双方对合同条款协商一致后签订	
17	项目核准备案	项目前期	（1）提交相关资料至发展和改革部门进行审批。 （2）规划设计方案审查和总平面图预审。 （3）环境影响报告、水土保持方案并联审批。 （4）取得批复	
18	初步设计		（1）设计单位完成初步外业验收、初步设计。 （2）完成技术审查，设计咨询单位出具审查意见。 （3）组织完成初步设计评审会。 （4）设计单位完成初步设计修改	
19	施工图设计		（1）设计单位完成施工图设计。 （2）完成技术审查，设计咨询单位出具审查意见。 （3）组织完成施工图设计评审会。 （4）设计单位完成施工图设计修改	
20	环境影响评价	项目前期	（1）现场踏勘，收集现场情况，项目选址、选线、布局符合区域、流域和城市总体规划，符合环境和生态功能区划。 （2）项目所在区域环境质量满足相应环境功能区划标准。 （3）编制环境影响评价报告书、环境影响登记表。 （4）内部审核。 （5）按分级权限提交环保审批部门进行审核。 （6）取得环保部门批复	（1）计划编制应标准化。 （2）深入分析工程的设计意图，为环境影响评价提供准确数据

续上表

序号	管控内容	阶段	重点工作清单	管控要点与亮点
21	水土保持影响评价	项目前期	（1）现场收集水土资源情况。 （2）环境敏感点分析。 （3）结合材料编制水土保持方案。 （4）自然资源部门进行初步评审。 （5）专家评审，从技术可行性、环境影响、风险防控三方面进行。 （6）主管部门官网公示。 （7）出具批复文件	要具备科学性和可操作性
22	防洪影响评价	项目前期、项目策划	（1）外业踏勘调查、河道断面测量。 （2）河道演变趋势分析。 （3）设计洪水分析计算。 （4）跨河大桥工程实施后壅水分析计算。 （5）跨河大桥工程实施后冲淤分析计算。 （6）跨河大桥工程建设对河道防洪的影响分析。 （7）跨河大桥工程防洪影响综合评价。 （8）工程影响防治措施。 （9）编制报告，提交水利部门审查。 （10）水利部门组织专家评审。 （11）水利部门下发批文	多方位收集资料，对现状、规划、整治的实施情况要进行对比说明
23	地质灾害影响评价	项目前期、项目策划	（1）建设单位在项目可行性研究阶段向自然资源部门提出申请。 （2）自然资源部门对评估项目进行登记。 （3）建设单位委托评估单位进行评估。 （4）委托专家对报告进行评审。 （5）相关单位下发批文	
24	地震影响评价	项目前期	（1）成立项目地震安全性评价报批工作组。 （2）编制项目地震安全性评价审批申请报告。 （3）向有关部门提交项目地震安全性评价申请报告。 （4）跟踪审批流程，对需修改地方做出修改。 （5）获取地震安全性评价审批文件	
25	压覆矿产资源登记备案	项目前期、项目策划、施工准备、施工阶段	（1）收集可行性研究报告及批复文件。 （2）勘界单位提供勘界报告。 （3）勘界坐标点抽析，送省自然资源厅审批大厅查询压覆情况。 （4）到测绘主管部门调取项目所在范围的 1：10000 地形图，进行矢量化。 （5）搜集项目所在地的区域地质图，并进行数字化。地形图叠加区域地质图，作为基础数据图件。	

续上表

序号	管控内容	阶段	重点工作清单	管控要点与亮点
25	压覆矿产资源登记备案	项目前期、项目策划、施工准备、施工阶段	（6）项目压覆范围内存在多种复杂的资源勘探权、采矿权，需搜集各类地质报告并有专家签字和批复文件。 （7）编制报告，成图，计算每个矿区、每层矿的资源量。 （8）项目单位对项目的申请函、信息表、承诺书、委托书、其他相关文件盖章、签字，编制单位对压覆报告、承诺书盖章、签字。 （9）资料齐全后，送省自然资源厅矿保处开具压覆报告评审委托书。 （10）由山西地质博物馆评审室组织专家进行评审。 （11）评审完毕后，编制单位修改报告，所有专家签字确认。 （12）将报告和专家签字送至评审组织机构再次确认，主要包括压覆范围、压覆量、协议等。 （13）由评审组织机构出具该项目专家论证意见书，完成压覆报告编制。 （14）由地级市政府选取有资质的第三方，对压覆矿产资源进行安全论证评价，并组织专家进行论证。 （15）协调各矿权单位签订相关协议（包含煤层气）	
26	征占用林地审批	项目前期、项目策划	（1）项目单位将符合要求的申报材料报省政务中心林业厅窗口。 （2）省林业厅按要求审核。 （3）委托第三方进行外业勘查，对林地按地类、林种、权属、森林类别进行划分。 （4）计算森林植被恢复费。 （5）计算林木补偿费。 （6）计算林地补偿费。 （7）缴纳相关补偿费用。 （8）将材料提交至国家林业和草原局进行申报。 （9）国家林业和草原局审核并出具相关批文	林业部门与国土部门采用的数据库不一致，在实际土地、林地补偿的过程中会造成一定的重复补偿。为了避免此类情况，应采用上图作业的方式，将项目占用土地与林地上图比对，对于重叠的部分进行现场核实确认，确保不出现重复补偿的情况
27	失地农民社保	施工阶段	（1）协调当地政府对村民情况进行摸底。 （2）协调当地政府制定被征地农民基本养老保险补贴方案。 （3）协调当地政府、村委会将征地面积、基本养老保险补贴资金以书面形式告知承包户。 （4）计算失地农民养老保险并由当地政府盖章确认。 （5）公示补贴方案及补贴申请。 （6）配合政府组织听证会。 （7）乡镇政府审核后将相关材料逐级上报审批。 （8）足额缴纳基本养老保险补贴费用。 （9）取得批复文件	前期需与各地政府商议集体土地面积是否纳入各村总面积中，避免出现二次计算的情况
28	文物调查与普探	项目策划、施工准备	（1）对于省重点项目，省文物局事先征求县文管所意见，划定文物保护点，提出文物避让点，出具避让意见。 （2）立项后、出线路设计方案前，设计方案经山西省行政审批局审核后进行前期文物调查，委托山西省文物局勘探中心进行调查后，需要避让的改设计，避让不了的进行勘探。	如存在施工中未了解清楚、造成文物被破坏，应及时上报当地文管所，由当地主管部门处罚并给出整改意见。公司委托第三方制定保护方案，经专家评审后根据方案进行保护

续上表

序号	管控内容	阶段	重点工作清单	管控要点与亮点
28	文物调查与普探	项目策划、施工准备	（3）山西省文物局勘探中心委托勘探队，对可能埋有文物的地方进行勘探，勘探后如果发现文物，由相关部门发掘文物并出具报告。 （4）县文管所没有给出征求意见的，施工中发现文物后要及时上报县文物局，县文物局报市文物局再报山西省考古所，由山西省考古所发掘并出具报告	
29	建设用地审批	项目策划、施工准备	（1）土地预审批复。 （2）地质灾害评估。 （3）土地复垦方案及专家评审意见。 （4）土地勘测定界报告。 （5）社会稳定风险评估。 （6）涉及各县区土地调查。 （7）征地公告，听证会会议纪要。 （8）用地申请报告。 （9）社保审核意见。 （10）林地批复。 （11）压矿协议或承诺。 （12）违法占地情况处理。 （13）用地规划指标落实。 （14）补充耕地信息确认单。 （15）建设项目用地土地分类面积汇总表。 （16）建设项目用地勘察测定界址点坐标成果表	（1）土地组卷过程中，因压覆矿产资源协议较难取得，前期可先协调当地政府取得政府承诺函，用于土地组卷的办理。 （2）组卷完成并上报时，要确保各类资料完整完善，避免后期补正
30	开工许可证	项目策划、施工准备	（1）项目已列入公路建设年度计划。 （2）施工图设计文件已经完成并经审批同意。 （3）建设资金已经落实，并经交通主管部门审计。 （4）征地手续已办理，拆迁基本完成。 （5）施工、监理单位已依法确定。 （6）已办理质量监督手续，已落实保证质量和安全的措施	
31	供地手续	施工阶段	（1）用地单位提出申请。 （2）提交相关资料至自然资源部门。 （3）自然资源部门对资料合法性、真实性进行审查。 （4）自然资源部门上会审议。 （5）通过土地市场网、当地土地有形市场和相关媒体，公示申请人、项目名称、申请用地面积等情况。 （6）拟定供地方。 （7）自然资源部门领导会审。 （8）报县级人民政府审批。 （9）核准建设用地	

续上表

序号	管控内容	阶段	重点工作清单	管控要点与亮点
32	不动产登记手续	验收阶段	（1）用地单位向自然资源部门提出供地申请。 （2）用地单位出具拟供地红线及相关文件。 （3）自然资源部门审查合格后，向县级人民政府询地块规划条件。 （4）县级自然资源部门向地级市交易中心发函，商请委托评估机构审计土地成本，评估地块市场价。 （5）用地单位根据规划条件函出具勘测定界报告书及公示出让红线图。 （6）县级自然资源部门制定土地供应方案，完成内部审核后报县级人民政府领导审批。 （7）县级人民政府领导批复后，县级自然资源部门汇总资料，报地级市土地矿产交易中心实施招拍挂。 （8）地级市土地矿产交易中心初审通过后，现场踏勘，上会复审通过后发布土地使用权出让公告。 （9）公告结束后，土地受让人签订成交确认书，缴纳出让金价款，签订出让合同。 （10）县级自然资源部门组织交地，签订交地备忘录	

附表 7

督导组重点工作清单、管控要点与亮点

序号	管控内容	阶段	重点工作清单	管控要点与亮点
1	路基工程	施工准备	**1. 进度管控** 结合年度进度计划，做好“以点带面、先行开工”，制定路基工程先行施工清单，详细列出人、才、机计划配置情况（重点是互通、枢纽、梁场等控制性工程的精细管控计划）。 **2. 质量管控** （1）结合进度计划，策划制定路基样板工程清单、隐蔽工程清单、薄弱部位管控清单。 （2）督促落实各项专项施工技术方案的审批备案工作。 （3）组织召开质量专项提升会，宣贯整体施工计划及重点工作清单，明确精细化管控要求，统一质量管控思想。 （4）配合质量部制定质量评比方案及奖惩考核制度。 （5）组织督导组人员学习路基规范及图纸。 **3. 安全管控** （1）做好冬季施工安全条件核查，针对冬季施工人员进行安全技术交底、安全教育培训。 （2）根据各标段所在地政府关于疫情防控相关要求，配合属地政府做好疫情防控及农民工返乡返工相关工作	（1）以“解决难点、疏通断点、打通堵点”为原则，盯紧关键环节，组建攻坚团队，倒排工期，挂图作战，按照日汇报、周例会机制，对互通、枢纽、梁场建设等控制性工程进行落实。 （2）按照“防控盯”的思路，落实年度计划人、材、机的配备，组织召开协调问题的会议并落实。 （3）联合工程合同部组织召开进度推进会，约谈项目部母体公司推进施工进度。督导组层面无法解决的，上报昔榆公司领导，借助公司力量推进施工进度。 （4）针对班组制定奖惩分明的考核制度，营造“比、学、赶、超”的氛围，激发班组高质量建设活力。 （5）每逢节假日前夕，组织所辖监理单位，组成联合、交叉检查组，对工程进行无死角检查，采取集中检查、总监办间交叉检查的形式，确保各类安全隐患消除在萌芽状态
		施工阶段	**1. 进度管控** （1）按照集团临建、便道标准化建设及昔榆公司临建、便道标准化质量验收要求，进行现场质量管控。 （2）按照周计划督促跟踪路基前期准备进度完成情况，持续推进路基土石方、防排水工程、涵洞工程的施工进度，重点督促梁场段路基、防排水、互通、枢纽施工队伍进场。及时纠偏，做好动态控制工作。 （3）督促所辖标段农民工进场登记、工资发放及信访维稳等工作，发现问题及时向相关部室反馈。 **2. 质量管控** （1）要求监理组织项目部做好技术交底工作，明确施工质量要求，加强质量管控。 （2）加强原地面处理管控力度，对路基原地面处理、涵洞地基承载力及基底处理进行重点巡查。 （3）持续要求路基填方、涵洞工程严格按照精细化管控要求进行施工，落实首件制，并进行专项巡查。对填挖接合部、“三背”回填等薄弱部位进行重点管控。 （4）重点对边坡防护工程进行质量管控，落实首件制，采取技术交底 + 专项巡查 + 监理管控 + 破坏性检查等措施加强质量管控。 （5）加强路床质量管控，实行标准化管理、标杆管理的“双标管理”，落实首件制，召开正反现场观摩会，组织阶段考核，激发施工单位争先创优的积极性。 （6）要求路基填方段做好临时排水设施，排查涵洞清淤疏通情况，降低雨季边坡水毁程度，督促雨季后进行水毁修复。	（1）实行“双标管理”（标准化管理、标杆管理），通过落实优质优价管控制度、正反现场观摩会、阶段考核，激励施工单位树立标杆、争先创优的积极性，将标准化建设理念转化为参建人员的行动自觉。 （2）改变监理工作思路，转变传统监理模式为“教练式监理”模式，借助“服务管理”的手段，变被动为主动，通过“上门服务”，解决制约工程进度的技术、质量等内部因素，精准服务，营造良好的内外施工环境。 （3）督导组派遣业主代表组建监理日常报检群，对日常报检照片排查出的质量问题进行严格把控。

续上表

序号	管控内容	阶段	重点工作清单	管控要点与亮点
1	路基工程	施工阶段	**3. 安全管控** （1）落实施工现场标准化施工要求，对基坑围挡、高空作业、标志标牌进行重点关注。 （2）督促现场落实文明施工要求，通过定时洒水、覆盖边坡、覆盖车辆等措施治理扬尘污染。 （3）完善路域环境整治，对裸露边坡喷混、洒土覆盖、清理孤石。 （4）落实民工住宿条件及取暖设备，排查用电、用火安全隐患	（4）坚持问题导向，定期收集汇总影响施工进度、质量、安全的因素，列出问题清单、责任清单，分管领导现场督导，实行问题“销号管理”及“限时办结管理”；每旬召开进度推进会，分析、预判滞后风险，提出解决措施。 （5）雨季来临前，督促路基单位做好临时排水，确保路基不被雨水冲刷，在加强质量管控的同时，消除进度隐患
		验收阶段	（1）召开交工验收专题会议，明确任务分工，参与路基交验。 （2）组织路基、路面单位，对接路基交验相关事宜，进行路基交验。 （3）针对路基交验过程中发现的问题，形成台账，督促路基单位整改，推进路基交验进度	
2	桥梁工程	施工准备	**1. 进度管控** （1）按照昔榆高速公路整体施工计划，细化到年度计划、季度计划、月度计划，跟踪每日进度。 （2）制定年度施工计划，先行开始临建、便道及桩基施工，按照周计划跟踪进度完成情况，及时纠偏，做好动态控制工作。 （3）督促项目部各部门人员、机械配置进场，准备原材料，方案编制、评审。 （4）建立重点、难点及控制性工程（梁板预制安装、刚构桥）的进度计划详细表，严抓进度计划、四项准入、施工管理、考核检查、分析总结，预警纠偏，制定应对措施。 （5）督促梁场建设、门式起重机安装调试、场地硬化及模板进场等相关工作。 **2. 质量管控** （1）联合监理，对项目部开展人员履约工作检查。 （2）督促项目部办理刚构桥相关手续。 （3）联合监理，对每个施工队伍进行质量、安全交底。 （4）落实桥梁下部、上部模板准入制度，严格管控进场模板。 （5）联合质量部结合每年度进度计划制定样板工程清单。 **3. 安全管控** （1）组织督导组人员学习桥梁规范及图纸。 （2）督促项目部提前谋划相关安全设施、养护及保温设备的采购	（1）以点带面，做好先行开工点施工工作，率先展开桥梁桩基、下部结构的施工。 （2）结合公司总体策划要求，发挥“一家人”管理＋服务的理念，细化项目部前期策划方案，探索在全面管控的前提下高质量推动各项工作的有效落实。 （3）按照“防控盯”的思路，落实人、材、机的配备，组织召开协调会，解决问题
		施工阶段	**1. 进度管控** （1）根据每年度施工计划及进度会议要求，现场督促、落实进度完成情况，检查工、料、机的投入是否满足施工要求。 （2）根据各个标段工程实际进度与计划，及时实施纠偏措施（督导组例会、工程专项推进会、监理例会）。	（1）督导组业主代表进入各个标段的监理日常报检群，对日常报检照片，查摆问题，严格把控质量。 （2）召开桥梁湿接缝、防撞墙、桥面铺装施工观摩会，引领规范化、标准化施工。

续上表

序号	管控内容	阶段	重点工作清单	管控要点与亮点
2	桥梁工程	施工阶段	（3）持续督促各标段桥梁的施工进度，按照“周保旬、旬保月”的措施，监督、落实进度，及时调整进度计划，发现问题后预警并及时纠偏。 （4）督促编制审核完成各年度施工计划，对时间节点及人、材、机配备进行策划，重点对控制性工程（刚构桥、梁板预制安装）进行细化。 **2. 质量管控** （1）打造“教练式”监理管控模式，总监、驻地监理在现场手把手教学，全过程巡查。 （2）实行桥梁下部精细化管控，对钢筋笼机械连接、环切法工艺、墩柱竖直度、混凝土养生进行专项巡查。 （3）执行“双首件”认证措施。 （4）推广墩柱、梁板施工新技术应用（如墩柱爬模、移动台座、液压模板）。 （5）落实墩柱、梁板施工“台账化”管理，建立墩柱、梁板混凝土的各项指标数据台账，实时进行监控。 （6）关注墩柱、梁板外观、质量“双提升”。邀请第三方，增加检测频率。重点攻坚，同时邀请行业专家对混凝土外观提升进行指导。 （7）落实桥面系工程“定标立准”管理，从施工班组到总监办统一思想，监理对施工点开展手把手式教学管理，项目部按照定标立准要求进行施工，总结定标立准后的施工经验，班组间交流学习。 （8）对刚构桥等重难点工程，实行“专人专管”措施，派遣经验丰富的桥梁工程师进行全过程管控。 **3. 安全管控** （1）落实冬季施工方案、设备“条件核查”措施，并对冬季施工项目开展台账化管理。 （2）执行现场桩基施工、墩柱高空作业、桥面系施工安全防护标准化。 （3）检查春季防火，重点检查接火斗、防火布及消防水箱使用情况。 （4）落实梁板运输、安装规范化作业、特种设备“一月一检”制度。 （5）落实停工后的安全管理事宜（路口封堵、农民工驻地管理等）	（3）针对刚构桥，按照计划最终合龙时间，提前计算材料、物资需求量，倒排出每日完成量。每日关注进展情况，每日纠偏，每三天总结调整。如遇项目部无法解决的人员、机械、材料投入问题，积极联系其母体公司协调辅助解决，确保工程按期完成。 （4）对于施工管理好、质量细节佳的样板工程，召开正面现场会，并对施工单位发放奖励，促进施工管理与质量控制的互相学习、交流、指导。对于施工管理较差、质量保障不到位的工程，召开反面现场会，举一反三、引起重视，杜绝类似问题再次发生
		验收阶段	（1）与质量部确定桥梁抽检方案。 （2）落实桥下整治、生态恢复。 （3）组织监理及项目部对桥梁进行交工前的质量检测，列出问题清单，对检测出的问题召开反馈会，督促项目部整改。 （4）组织各参建单位开展交工预验收工作，汇总预验收的问题，督促现场整改	
3	隧道工程	施工准备	**1. 进度管控** 制定施工总体计划，详细列出隧道工程人、才、机计划配置情况。重点是斜井、竖井的施工计划。	（1）安排现场监理驻守隧道，挂图作战，通过日汇报、周例会机制，落实隧道施工进度。 （2）按照“防控盯”的思路，落实人、材、机的配备，组织召开协调会，解决问题。

续上表

序号	管控内容	阶段	重点工作清单	管控要点与亮点
3	隧道工程	施工准备	**2. 质量管控** （1）结合进度计划，制定隧道质量控制要点清单、隐蔽工程清单、薄弱部位管控清单。 （2）督促落实隧道专项施工技术方案的审批备案工作，关注斜井、竖井施工方案、隧道涌水处理方案的编制。 （3）组织召开质量专项提升会，宣贯整体施工计划及重点工作清单，明确精细化管控要求，统一质量管控思想。 （4）制定隧道施工质量评比方案及奖惩考核制度。 （5）组织督导组人员学习隧道规范及图纸。 **3. 安全管控** 落实隧道门禁系统、通风、排水、防尘设备的进场安装	（3）组织召开进度推进会，约谈项目部母体公司推进施工进度，督导组层面无法解决的，上报昔榆公司领导，借助公司力量推进施工进度。 （4）针对班组制定奖惩分明的考核制度，营造“比、学、赶、超”的施工氛围，激发班组高质量建设活力。 （5）节假日前夕，组织所辖监理单位，组成联合、交叉检查组，对工程进行全方位检查，采取集中检查、总监办间交叉检查的形式，确保各类安全隐患消除在萌芽状态
		施工阶段	**1. 进度管控** （1）跟踪隧道工程进洞前期准备工作完成情况，主要关注拌和站建设、农民工驻地建设、人员进场、材料储备、台车拼装等情况。 （2）落实前线工作法，现场关注隧道施工进度，随时协调解决进度障碍，推动施工进度。 （3）督促所辖标段农民工进场登记、工资发放及信访维稳等，发现问题及时向相关部室反馈。 **2. 质量管控** （1）对施工材料进行定期和不定期抽检，管控施工材料质量。 （2）加强洞口及明洞工程质量管控，重点关注洞口排水、边仰坡处理施工质量。 （3）持续加强开挖工程质量管控，要求监理、监控量测单位定时监测，严格控制超欠挖。 （4）持续管控支护、衬砌施工质量。开展首件工程认证，利用工序 APP 对超前注浆、系统锚杆、仰拱底部虚渣、防排水等隐蔽工程进行重点管控。开展现场观摩会、技术比武大赛、劳动竞赛，提升喷射混凝土、二衬混凝土质量。 （5）对附属设施工程进行质量管控，落实首件制，组织样板工程观摩会，重点对电缆槽、洞内外装饰进行质量管控。 **3. 安全管控** （1）重点巡查洞口排水系统、洞内抽水系统、反光标志张贴的完善情况，保障施工人员及洞体结构的安全。 （2）定期开展隧道安全隐患排查，对门禁系统安装使用、安全步距、通风管道、逃生通道进行重点排查，并下发安全隐患巡查单，要求整改。 （3）督促现场落实文明施工要求，通过定时洒水、覆盖边坡、覆盖车辆等措施治理扬尘污染。 （4）落实农民工驻地住宿条件及取暖设备，排查用电、用火安全隐患	（1）通过正反现场观摩会、阶段考核，激励施工班组树立标杆、争先创优的积极性，将标准化建设理念转化为参建人员的行动自觉。 （2）改变监理工作思路，转变传统监理模式为“教练式监理”模式，借助“服务管理”的手段，变被动为主动，通过“上门服务”，解决制约工程进度的技术、质量等内部因素，精准服务，营造良好的内外施工环境。 （3）督导组派遣业主代表，组建监理日常报检群，通过日常报检照片，查摆问题，严格把控隧道施工质量。 （4）坚持问题导向，定期收集、汇总影响施工进度、质量、安全的因素，列出问题清单、责任清单，分管领导现场督导，实行问题“销号管理”及“限时办结管理”；每旬召开进度推进会，分析、预判滞后风险，提出解决措施。 （5）雨季来临前，督促施工单位完善排水系统，确保洞顶及边仰坡不被雨水冲刷，排查河道是否被弃渣堵塞，在加强质量管控的同时，消除进度隐患

续上表

序号	管控内容	阶段	重点工作清单	管控要点与亮点
3	隧道工程	验收阶段	（1）参加昔榆公司交工验收专题会议，明确任务分工，参与隧道交验。 （2）组织路基、路面单位，对接隧道交验相关事宜，进行隧道交验。 （3）针对路基交验过程中发现的问题，形成台账，督促路基单位整改，推进隧道交验进度	
4	路面工程	施工准备	**1. 进度管控** （1）制定路面施工计划，先行开始临建、拌和站建设，按照周计划跟踪进度完成情况，及时纠偏，做好动态控制工作。 （2）督促各个标段做好路面施工准备工作，提前谋划所需物资、机械、协作队伍进场。尤其是做好路面备料、拌和站调试、水稳摊铺设备进场等工作。 **2. 质量管控** （1）从监理层面，统一管控思想，提升业务能力，严把材料关、首件认证关、模板准入关及试验检测关等细节，发挥专业监理人员作用。 （2）联合总监办、质量部及试验检测中心，对进场原材料质量进行把控，对外露工程模板实行准入制度，不合格的材料坚决不能入场。 （3）联合质量部组织召开路面质量标准提升会和首件认证推进会，针对重新进场的队伍做好技术交底工作，做实首件认证。 **3. 安全管控** 落实路口交通岗亭安保人员24小时值班制度，进行交通管制	（1）开展“教练式”督查和“红线行动”，联合解决质量通病问题，树立“一次督查就是一次现场教学”的总体思路，以规范、细节管控教学点开展技术交底现场会，采用正反对比法，剖析容易出现的不规范问题、问题的后果及解决方法，为解决质量通病给出了标准答案。 （2）不定期组织召开施工协调会，路基、交安、绿化、机电标段围绕路面施工展开，通过优化施工工序，着力解决工程间、工序间交叉施工造成的污染问题，尽可能避免交叉施工带来的路面污染，全力保障路面“零污染”施工理念的落地执行。 （3）对现场开展质量管控，采取技术交底＋专项巡查＋监理管控＋破坏性检查的方法。针对日巡查、专项检查、综合大检查及上级检查发现的问题，形成清单化台账，销号制落实，进一步健全完善管控机制，全面推进品质建设取得新进展。 （4）对于施工管理好、质量细节佳的样板工程，召开正面现场会，并对施工单位给予奖励，促进互相学习、交流、指导；对于施工管理较差、质量保障不到位的工程，召开反面现场会，举一反三、引起重视，杜绝类似问题再次发生
		施工阶段	**1. 进度管控** （1）督导组不定期组织召开施工协调会，以路面施工为中心，优化施工组织，合理安排工序，减轻交叉施工对进度的影响。 （2）对列出的问题进行跟踪落实，采取销号制进行管控。 （3）组织召开枢纽保通交叉协调专题会议，落实交通恢复工作前的各项工作。 **2. 质量管控** （1）落实水稳、沥青施工的前期准备工作（配合比验证、原材料备料），并完成试验段铺设工作。 （2）督促各单位雨季完成临时排水系统，要求施工单位合理安排工序，做好雨季和特殊天气条件下的施工安排。 （3）按照品质工程建设要求，落实全幅摊铺机施工。 （4）联合质量部组织召开水稳质量管控要求提升会，对原材料进场、试验检测、施工工艺及前后场施工进行严格控制，狠抓细节管理，形成常态化管控机制。 （5）开展底基层、下面层施工条件核查，实行层层验收。 （6）落实桥面铣刨、隧道混凝土面层施工、铣刨及同步碎石封层标准化施工要求，提升整体路面平整度。 （7）联合质量部组织召开沥青质量管控要求提升会，对原材料、试验检测、施工工艺及前后场施工进行严格控制，大力提升平整度要求，落实细节管控，派专人每日连续检测平整度，每周考核通报，形成常态化管控机制。	

续上表

序号	管控内容	阶段	重点工作清单	管控要点与亮点
4	路面工程	施工阶段	（8）定期组织专家组对路面配合比、现场摊铺及钢渣试验段进行现场技术质量指导，召开路面质量提升会议。 （9）落实附属工程“定标立准”管理，从施工班组到总监办统一思想，监理对施工点手把手式教学管理，项目部按照“定标立准”要求进行施工，总结施工经验，班组间进行交流学习。 **3. 安全管控** （1）加强路面施工安全管控标准化（出入口交通管制、交通安全布控等方面），召开现场会，持续关注路面施工安全管控措施。 （2）做好环保施工“六个百分百”治理工作，抓好拌和站、便道出入口及工地现场的扬尘治理工作。 （3）树立路面“零污染”意识，从组织准备、交通管制、过程管控方面入手，尽可能避免交叉施工带来的路面污染，全力保障路面“零污染”施工理念的落地执行	
		验收阶段	（1）开展路域环境整治。 （2）组织监理及项目部对桥梁进行交工前的质量检测，列出问题清单。对检测出的问题召开反馈会，督促项目部进行整改。 （3）组织各参建单位开展交工预验收工作，汇总预验收的问题，督促现场整改	
5	交安工程	施工准备	**1. 进度管控** 对交安工程的重难点、工期节点及资源配置等进行详细梳理、分析与策划，制定施工进度计划、材料进场计划。 **2. 质量管控** （1）督促落实各项专项施工技术方案的审批备案工作。 （2）组织召开质量专项提升会，宣贯整体施工计划及重点工作清单，明确精细化管控要求，统一质量管控思想。 （3）制定质量评比方案及奖惩考核制度。 （4）组织督导组人员学习交安工程规范及图纸。 （5）从监理层面统一管控思想及提升业务能力知识水平，严把材料关、首件认证关及试验检测关等细节管控，发挥专业监理人员作用。 **3. 安全管控** 督促项目部提前储备安全围挡材料	（1）按照“防控盯”的思路，落实年度计划人、材、机的配备。 （2）组织召开交叉协调会，从整体考虑，协调各项目部具体施工计划，解决问题。 （3）针对班组制定奖惩分明的考核制度，营造“比、学、赶、超”的施工氛围，激发班组高质量建设活力。 （4）节假日前夕，组织所辖监理单位，组成联合、交叉检查组，对工程进行无死角检查，采取集中检查、总监办间交叉检查的形式，确保各类安全隐患消除在萌芽状态
		施工阶段	**1. 进度管控** 跟踪落实交安工程施工进度，及时纠偏，做好动态控制工作。 **2. 质量管控** （1）组织监理、第三方检测机构对波形护栏立柱、护栏板、螺栓、标线、防眩板等原材料开展专项检查。 （2）各分项工程实施前，严格进行首件工程认证，对线形外观、灌缝处理施工质量进行严格把控。	（1）改变监理工作思路，转变传统监理模式为“教练式监理”模式，借助“服务管理”的手段，变被动为主动，通过“上门服务”，解决制约工程进度的技术、质量等问题，精准服务，营造良好的内外施工环境。 （2）督导组派遣业主代表，组建监理日常报检群，对日常报检照片查摆问题，严格把控质量

续上表

序号	管控内容	阶段	重点工作清单	管控要点与亮点
5	交安工程	施工阶段	（3）重点对波形护栏立柱及防眩板竖直度、标线厚度、逆反射系数、隔离栅埋置深度、外观及线形进行专项检查整治。 （4）通过组织观摩会、正反面现场会、邀请专家指导的方式，对中央护栏施工进行指导。 **3. 安全管控** （1）钻孔设备采用除尘装置，全线推广。 （2）落实施工段落安全围挡事宜	
		验收阶段	（1）参加昔榆公司交工验收专题会议，明确任务分工，参与交工验收。 （2）组织交安单位，对接交工验收相关事宜。 （3）针对交验过程中发现的问题，形成台账，督促交安单位机进行整改，推进交工验收进度	
6	绿化工程	施工准备	**1. 进度管控** 对绿化工程的重难点、工期节点及资源配置等进行详细梳理、分析与策划，制定施工进度计划、材料进场计划。 **2. 质量管控** （1）督促落实各项专项施工技术方案的审批备案工作。 （2）组织召开质量专项提升会，宣贯整体施工计划及重点工作清单，明确精细化管控要求，统一质量管控思想。 （3）制定质量评比方案及奖惩考核制度。 （4）组织督导组人员学习绿化工程规范及图纸。 （5）从监理层面统一管控思想，提升业务能力知识，严把材料关、首件认证关及试验检测关等细节管控，发挥专业监理人员作用。 **3. 安全管控** 督促项目部提前储备安全施工围挡材料	（1）按照“防控盯”的思路，落实人、材、机的配备。 （2）组织召开交叉协调会，从整体考虑，协调各项目部具体施工计划，解决存在的问题。 （3）针对班组制定奖惩分明的考核制度，营造“比、学、赶、超”的施工氛围，激发班组高质量建设活力。 （4）节假日前夕，组织所辖监理单位，组成联合、交叉检查组，对工程进行无死角检查，采取集中检查、总监办间交叉检查的形式，确保各类安全隐患消除在萌芽状态
		施工阶段	**1. 进度管控** 跟踪落实绿化工程施工进度，及时纠偏，做好动态控制工作。 **2. 质量管控** （1）现场施工严格执行首件工程认证，对喷混植生、紫穗槐扦插、植生带码砌的施工质量进行严格把控。 （2）通过优秀班组评选、样板工程认证、现场破坏性检测等手段加强质量管控。 **3. 安全管控** （1）严格落实现场安全施工工作要求，对高空作业的安全防护措施应用、现场作业区围挡进行重点管控。 （2）督促做好路域环境整治工作，清理施工现场的裸露边坡、孤石等	（1）改变监理工作思路，转变传统监理模式为“教练式监理”模式，借助“服务管理”的手段，变被动为主动，通过“上门服务”，解决制约工程进度的技术、质量等问题，精准服务，营造良好的内外施工环境。 （2）督导组派遣业主代表，组建监理日常报检群，对日常报检照片查摆问题，严格把控质量
		验收阶段	（1）参加昔榆公司交工验收专题会议，明确任务分工，参与交工验收。 （2）组织绿化单位，对接交工验收相关事宜。 （3）针对交验过程中发现的问题，形成台账，督促绿化单位整改，推进交验进度	

续上表

序号	管控内容	阶段	重点工作清单	管控要点与亮点
7	机电工程	施工准备	**1. 进度管控** 制定机电施工计划，提前熟悉现场，督促人员、材料、机器进场，按照周计划跟踪进度完成情况，及时纠偏，做好动态控制工作。 **2. 质量管控** （1）从监理层面统一管控思想，提升业务能力知识水平，严把材料关、首件认证关、模板准入关等细节管控，发挥专业监理人员作用。 （2）组织监理对项目部、施工班组开展技术交底。 **3. 安全管控** 落实机电施工安全标准化（施工区域警示，安全防护用品，坑、洞等周边警示）	（1）按照“防控盯”思路，落实人、材、机的配备。 （2）组织召开交叉协调会，从整体考虑，协调各项目部具体施工计划，解决存在的问题。 （3）针对班组制定奖惩分明的考核制度，营造“比、学、赶、超”的施工氛围，激发班组高质量建设活力。 （4）节假日前夕，组织所辖监理单位，组成联合、交叉检查组，对工程进行无死角检查，采取集中检查、总监办间交叉检查的形式，确保各类安全隐患消除在萌芽状态
		施工阶段	**1. 进度管控** 督导组不定期组织召开施工协调会，以路面工程为中心展开施工，通过优化施工组织，合理安排工序，减少交叉施工影响进度的问题。 **2. 质量管控** 落实机电混凝土施工“精细化”管控，尤其是对通信管道开挖、混凝土包封质量进行重点管控。 **3. 安全管控** 落实现场施工人员防护装备的配备及现场警示标志的设置	（1）改变监理工作思路，转变传统监理模式为“教练式监理”模式，借助“服务管理”的手段，变被动为主动，通过“上门服务”，解决制约工程进度的技术、质量等问题，精准服务，营造良好的内外施工环境。 （2）督导组派遣业主代表，组建监理日常报检群，对日常报检照片，查摆问题，严格把控质量
		验收阶段	（1）落实“工完场清”的施工原则，及时清扫已完成的现场。 （2）组织监理及项目部，排查混凝土基础回填等现场完工实体，列出问题清单，督促项目部整改。 （3）组织各参建单位开展交工预验收工作，汇总预验收的问题，督促现场整改	

参 考 文 献

［1］傅道春．建筑业企业项目群管理模式研究［D］．上海：同济大学，2006.

［2］张斌．项目群管理模式的实践探索［J］．施工企业管理，2023（6）：96-97.

［3］杜琤．项目群管理模式在山区高速公路建设中的应用研究［D］．重庆：重庆交通大学，2009.

［4］胡毅．基于可持续发展战略的上海世博会项目群管理研究［D］．上海：同济大学，2007.

［5］王祎望，杜纲，齐庆祝．项目群管理模式研究［J］．西安电子科技大学学报（社会科学版），2004（3）：75-79.

［6］张瑾，潘冬，任遵义，等．山东省高速公路路域经济发展思路研究［J］．中国工程咨询，2023（10）：53-57.

［7］易小年，郭冲圆，邓辉，等．高速公路数字化运营管理体系［J］．创新世界周刊，2022（8）：87-98.

［8］马燕萍．关键链技术在项目进度管理中的应用研究［D］．上海：上海交通大学，2015.

［9］范双成．建立高速公路精细化管理工作标准的探索与实践［J］．中国质量，2010（12）：39-42.

［10］王欣．高速公路建设的精细化管理探讨［J］．工程建设与设计，2024（11）：231-233.

［11］李龙．浅析高速公路施工技术精细化管理［J］．工程技术，2022（1）：34-37.

［12］张亮．高速公路施工技术精细化管理研究［J］．工程建设与设计，2021（12）：209-211.

［13］杨浪太．高速公路施工技术与管理优化策略［J］．城市住宅，2020（5）：253-254.

［14］王吉．高速公路施工技术精细化管理分析［J］．设备管理与维修，2020（8）：7-8.

［15］段志刚．高速公路施工技术精细化管理分析［J］．建筑技术开发，2020（4）：88-89.

［16］张立广．高速公路施工技术精细化管理研究［J］．价值工程，2015，34（20）：56-58.

［17］龚璟．高速公路施工技术精细化管理研究［J］．冶金丛刊，2017（9）：191-192.

［18］王文斌．高速公路施工技术精细化管理探究［J］．中国管理信息化，2020（10）：140-141.

［19］喻久．高速公路施工技术精细化管理研究［J］．华东科技（综合），2019（5）：158.

［20］樊庆良．探究高速公路工程施工的精细化管理［J］．商品与质量，2016（4）：236.